国家出版基金项目
NATIONAL PUBLICATION FOUNDATION

“十三五”国家重点出版物出版规划项目

中国社会科学院世界文明比较研究中心组织编写

青少年世界文明教育文库

汝 信 主编

俄罗斯文明

东西文化交汇之光

Russian Civilization

East Meets West

于 沛◎著

云南大学出版社
YUNNAN UNIVERSITY PRESS

图书在版编目（CIP）数据

俄罗斯文明：东西文化交汇之光 / 于沛 著—昆明：云南大学出版社，2020
（青少年世界文明教育文库 / 汝信 主编）
ISBN 978-7-5482-3938-3

Ⅰ. ①俄… Ⅱ. ①于… Ⅲ. ①文化史—俄罗斯—青少年读物 Ⅳ. ①K512.03-49

中国版本图书馆CIP数据核字(2020)第000892号

俄罗斯文明

东西文化交汇之光

Russian Civilization

East Meets West

于 沛◎著

策　　划：王盟沣
责任编辑：万　斌
装帧设计：见　功

出版发行：云南大学出版社
印　　装：昆明瑆煋印务有限公司
开　　本：787mm×1092mm　1/16
印　　张：14.25
字　　数：220千
版　　次：2020年12月第1版
印　　次：2020年12月第1次印刷
书　　号：ISBN　978-7-5482-3938-3
定　　价：69.80元

地　　址：云南省昆明市一二一大街182号（云南大学东陆校区英华园内）
邮　　编：650091
电　　话：（0871）65033244　65031071
网　　址：http://www.ynup.com
E-mail：market@ynup.com

主编　汝信

主编简介

汝信，男，教授，汉族，1931年出生，江苏吴江人，1949年毕业于上海圣约翰大学。1956年师从著名学者贺麟先生，攻读黑格尔哲学专业研究生，毕业后留中国社会科学院哲学所从事研究工作。1978年晋升研究员，任哲学所副所长。1981—1982年到美国哈佛大学做访问学者。1982—1998年先后任中国社会科学院副院长，并曾兼任哲学所所长，国务院学位委员会副主任。现任中国社会科学院学部委员、咨询委员会顾问。在国内外学术机构中曾担任的主要职务有：中华全国美学学会会长、中国政治学会会长以及国际哲学与人文科学理事会副主席、东德科学院外籍院士、韩国启明大学名誉哲学博士等。主要从事西方哲学史特别是德国古典哲学、美学的研究。主要著作有《黑格尔范畴论批判》（与姜丕之合著，1961年上海人民出版社）、《西方美学史论丛》及《西方美学史论丛续编》（1963年上海人民出版社）、《西方的哲学和美学》（1978年山西人民出版社）、《美的找寻》（1992年中国社会科学出版社）、《看哪，克尔凯郭尔这个人》（2008年河南大学出版社）、《西方美学史》（2008年中国社会科学出版社）。此外，还有译著多种，并主编《西方著名哲学家评传》（10卷）、《世界文明大系》（12卷）和《当代韩国》（季刊）等。

目　录

总 序

“青少年世界文明教育文库”开始和读者见面了。由中国社会科学院组织编写，云南大学出版社出版这一套读物的主要目的是向中国当代的年轻朋友们介绍自古至今世界上一些主要文明的历史发展概况，普及不同文明的基本知识。

习近平同志在党的十九大报告中指出：“中国特色社会主义进入了新时代。”在新时代，我国人民正热火朝天地努力建设中国特色社会主义，为实现中华民族伟大复兴的“中国梦”而奋斗着。在全面深化改革和向全世界开放的形势下，增进中国当代的年轻人对世界上各种文明的认识和了解具有十分重要的意义。随着经济全球化趋势的加速进行和科学技术的迅猛发展，世界正变得越来越小，成为名副其实的“地球村”。各个国家都在政治、经济、文化、教育等领域进行着广泛的交流合作，现代信息技术的广泛应用更是把世界的各个角落联结成关系密切、相互依赖的整体，形成了一个庞大的网络。当代社会的快速发展，也产生了一系列全球性的问题，如贫富差距、环境污染等。这些问题都关系各国人民的切身利益，需要人们加强合作，共同协力应对。在这样的国际形势下，开展不同文明之间的对话与交流，增强各国人民和各民族的相互理解和友谊，显得尤为必要。我们希望，这套“青少年世界文明教育文库”能对此有裨益。

近年来，我们对世界文明进行了深入研究，得出几点基本看法，愿与读者朋友们分享。

第一，纵观人类历史，世界上出现的各种文明都是特定的人群在不同的环境和具体历史条件下的活动的创造物，都有其自身的产生和演变的过程，都有其自身的特点和优缺点，在不同的历史时期起着不同的作用。因此，必须充分肯定文明的多样性。一切文明成就都是对全人类文明做出的宝贵贡献，都应得到同样的尊重

和承认。各国人民有权自主选择符合自己国情的发展道路，保持自己的传统和价值观，去创造和发展自己的文明。有人抱着“西方中心论”的观点，总以为西方文明天生优越、高人一等，以西方文明的价值和标准去评判其他文明，甚至妄图以此一统天下，这种文化霸权主义是一种完全错误的历史观。

第二，世界文明发展的历史告诉我们，不同文明之间需要经常交流互鉴，乃至相互交融和吸收，一种文明要不断从另一种文明获得和补充营养，取得新的活力，才能茁壮成长。一种文明不管曾经多么辉煌，一旦把自己封闭起来与世隔绝，就会逐渐丧失创新和前进的动力而走向衰落。因此，对文明本身的发展来说，相互间的对话和交流是必不可少的。可是西方却有人宣扬所谓“文明冲突论”，把不同的文明说成彼此无法沟通、相互敌对的力量，断言文明之间的差异必然导致激烈的对抗和冲突，并把其他文明看作对西方文明的威胁。这种错误的理论不仅违反历史事实，而且危害当代世界和平与发展。

第三，面向世界上丰富多样的不同的文明，应如何正确对待呢？我们认为，中国传统哲学所崇尚的“和而不同”的思想，诠释后可以作为处理不同文明相互关系的基本原则。所谓“和而不同”，首先是要充分承认和尊重世界上不同事物的存在，肯定和允许不同文明之间的差异、区别和分歧，求同存异，使它们之间的矛盾和分歧得到调和，避免对抗和冲突，在和平共处的基础上努力促进不同文明间的对话和交流，加深相互理解，互相宽容，平等相待，尊重对方，彼此借鉴，共谋发展，使世界文明更加绚丽多彩。

我们学习和了解世界文明，归根到底是为建设中国特色社会主义文明服务。我们不仅要了解和弘扬中华文明的光辉成就，而且也需要了解关于世界上其他文明的知识，这样才能进行比较研究，通过对话和交流，充分借鉴和吸收世界文明的一切积极成果，使中华文明更加发扬光大。

汝　信

2018 年 6 月 8 日

第一章　俄罗斯文明概述

第一节　古代东斯拉夫人的生活

在几十万年以前，欧亚大陆上已有人类生存。在伏尔加河、顿河、第聂伯河和奥卡河流域的考古发掘中，发现了自旧石器时代早期至中石器时代、新石器时代的人类遗址。

关于斯拉夫人的起源，最早的记载见于1世纪末至2世纪初的古罗马文献。一些著作在谈及古代的民族时，已提到维内德人，即斯拉夫人。被后人称为古罗马最伟大的史学家的塔西佗在《日耳曼尼亚志》中，也记述了斯拉夫人的生活，他同样把斯拉夫人称为维内德人。《日耳曼尼亚志》是研究德国史的宝贵史料，以至今天的德国人仍把斯拉夫人称作维内德人。斯拉夫人最早居住在西起奥得河、东抵第聂伯河、南至喀尔巴阡山、北临波罗的海的广袤地区。今波兰境内的维斯瓦河河谷，被认为是斯拉夫人的摇篮。在塔西佗笔下，斯拉夫人游荡于山林之中，“以劫掠为生”，“他们有固定的栖身之所，他们有盾，而且喜欢步行，矫捷善走”。

“斯拉夫”是古代日耳曼人东部民族与斯基泰人联合，并开始大规模迁徙后自己使用的名称，按照斯拉夫语，其含义有“荣誉、光荣”的意思。东欧地区的很多非斯拉夫人也被斯拉夫化，斯拉夫人是欧洲人口最多的民族。中古时期的东欧诸国多为斯拉夫民族所建，4—5 世纪时，斯拉夫人居住在维斯瓦河以东的东欧平原上，后逐渐分为东、西、南三支。他们的生产方式与日耳曼人相差无几。

4—6 世纪时，斯拉夫人中出现了部落联盟，即原始社会后期形成的部落联合组织。这些部落联盟多由有血缘关系的或相邻的、利益相同的部落组合而成。斯拉夫人的经济生活以农业为主，同时还狩猎、捕鱼、养蜂，从事畜牧业。5—7 世纪时，原始斯拉夫人的各部族开始了大迁徙，历时两个世纪的民族大迁徙，使大批斯拉夫人进入多瑙河流域、巴尔干半岛。斯拉夫人还乘船在希腊海面航行，直抵地中海的克里特岛。这样，斯拉夫人由原来的东、西两支逐渐分成三支：西支称为维内德人、东支称为安特人、南支称为斯拉夫人。而在实际生活中，斯拉夫人被认为是各支斯拉夫人的总称。

安特人，即东斯拉夫人，是俄罗斯人、乌克兰人和白俄罗斯人的祖先。6—8 世纪时，东斯拉夫人的社会生产力有了明显的提高，其农业生产工具有了明显的进步，已较广泛地使用了带铁头的犁、耙、镰刀、铁斧和铁锄，用牛、马进行耕种，还开始实行了轮耕制。手工业产品的质量和产量都有所提高。由于冶金业的发展，其已能制出锋利的刀剑、匕首、长矛等武器。纺织、制陶、木工、皮革制造、骨制品加工等也有了不同程度的发展。生产的发展促使商品交换频繁，使各地区东斯拉夫人之间的联系更加密切了，东斯拉夫人同拜占庭帝国及其他中亚、东北欧国家及地区也开始了经常的贸易联系。从 8 世纪起，东斯拉夫人逐渐分为三大群体：北部群体、东部群体和西南群体。

8 世纪后生产力的迅速发展使东斯拉夫人的社会结构发生了根本的变化。氏族制度日趋瓦解，为农村公社所代替。家庭已是独立的生产单位，若干家庭或大的家族按地域关系结合为农村公社。在南方，农村公社被称为“维尔福”，在北方称为“米尔”。村社内的森林、荒地、草原、水源为集体所有，是公共财产，任何一个家庭都可以在那里放牧、狩猎、采集、捕鱼、养蜂采蜜。耕地也是集体财产，分配给每个家庭使用。土地的分配最初是暂时的，定期重新分配，后来土地逐渐固定下来，和劳动产品一样，成为家庭的私有财产。私有财产的出现，导致并加快了村社内的贫富分化。原来公社的酋长利用职权强占良田，逼迫俘虏无偿地为自己劳动，他们很快成为富裕的贵族，而一般的村社社员则成为仅仅经营小块土地的农民。由于种种原因，农民的地位很不稳定，大部分人成为被奴役、被压榨的对象。

9 世纪时，东斯拉夫人的原始公社社会结束了。他们和其他的斯拉夫人一样，跨越了奴隶制阶段，从原始社会进入了阶级社会——封建社会。这时，东斯拉夫人很少被称为安特人。（在拜占庭等的史料中，东斯拉夫人开始被称为罗斯人。“罗斯”一词，原是芬兰人给经过波罗的海来到芬兰的瑞典人所起的绰号。瑞典人是这些城市居民的统治阶级，即王公贵族，而广大居民却是斯拉夫人。王公贵族在社会生活中很快被斯拉夫人同化，所有的东斯拉夫人，也都被称为罗斯人了）

第二节 俄罗斯国家的源头基辅罗斯

东斯拉夫人进入封建社会后，先后形成了一些以城市为中心的国家，称为“公国”。这些公国的规模都很小，其中最主要的是北方的诺夫哥罗德、南方的位于第聂伯河中游的基辅。基辅城建在第聂伯河畔，地理位置十分优越。9 世纪时，生活在斯堪的纳维亚半岛的瓦良格人加速了对东斯拉夫人的侵犯。当时的瓦良格人正处于由原始社会向阶级社会转变的过程中，他们贪婪地想获取更多的土地和财富。862 年，瓦良格人的酋长留里克及其兄弟西涅乌斯和特鲁沃尔应诺夫哥罗德贵族之请，率兵前来平息叛乱。叛乱平息后，留里克在诺夫哥罗德立国称王，建立了统治东斯拉夫人的留里克王朝。瓦良格人的军队继续推进到东斯拉夫人的其他城市和地区，先后占领了西德维纳河和伏尔加河的上游地区。

留里克死后，其亲戚奥列格即位，任诺夫哥罗德大公。882 年，奥列格率军南下，占领基辅。然后以基辅为中心，继续征服四周其他地区，将东斯拉夫人的部落和非东斯拉夫人的一些部落都纳入自己的统治范围，从而建立了以基

辅为中心的罗斯国家，史称基辅罗斯或古罗斯。基辅罗斯的版图辽阔，西起喀尔巴阡山，东北与位于伏尔加河流域的保加利亚王国接壤，东迄顿河，北起波罗的海南岸，南至黑海—里海平原。

基辅罗斯虽然留有不少原始公社制度的残余，但毕竟已是一个早期的封建国家了。在建立封建国家的过程中，东斯拉夫人同强大的拜占庭帝国有着密切的联系。拜占庭高度发达的经济和文化，对基辅罗斯后来诸方面的发展产生了重大的影响。

基辅罗斯

基辅罗斯剥削人民的主要方式是“索贡巡行”，即征收贡赋，这是由基辅罗斯当时落后的生产力和生产关系决定的。每年的 11 月到次年的 4 月，由大公本人或大公委派他人率领亲兵，到居民家中野蛮地强征贡品，如粮食、毛皮、蜂蜜、蜂蜡等。对敢于反抗者决不留情，将其作为俘虏抓走。开春后，将掠夺来的贡品、俘虏和战俘运到君士坦丁堡出售，以换回纺织品、酒和水果等奢侈品供王公贵族享受。还有一部分贡品留下，作为酬劳分配给亲兵。每年的索贡期间，王公在征收贡品的同时，还在当地的行政、经济中心受理各种案件。每年的“索贡巡行”实际上是公开的武装掠夺，对于东斯拉夫人是一场灾难和浩劫，经常激起人民的反抗。

基辅罗斯的大公在对内加强统治，极力掠夺人民财富的同时，伺机对外扩张，通过发动战争以获取更多的利益。为了控制前往黑海的商路，基辅罗斯的大公、王公和大贵族多次发动侵略拜占庭帝国的战争。907 年，奥列格发兵近 9 万人、战船 2000 艘攻打拜占庭，获胜后得到巨额贡银以及领事裁判权和免交贸易税等特权。911 年，基辅罗斯又向拜占庭帝国首都君士坦丁堡发起进攻。拜占庭被迫签订了丧权辱国的和约，基辅罗斯再次取得了在拜占庭经商免交贸易税的权利。拜占庭还允许基辅罗斯大公派出的代表、大贵族及商人居住在君士坦丁堡，并负担他们的费用。941 年，伊戈尔大公从海路进攻君士坦丁堡，而拜占庭人早有准备，奋勇抗击，将其打败。944 年，伊戈尔卷土重来，获得了胜利。拜占庭帝国与基辅罗斯签订了新的和约。此后，基辅罗斯不仅在商业上享有特权，而且两国还建立了军事同盟。

伊戈尔死后，其子斯维亚托斯拉夫即位，继续奉行对外侵略扩张的政策。965 年，斯维亚托斯拉夫开始远征北高加索，用 3 年的时间打败了保加尔人、哈查尔人，打开了通往东方的道路，此时基辅罗斯的疆域已扩展到了东方。斯维亚托斯拉夫死后，他的 3 个儿子为争权发动了延续 8 年之久的内战，国家几乎瓦解，基辅罗斯由盛转衰。长子亚罗波尔克先杀死了奥列格，但很快又被弗拉基米尔杀死。最终由弗拉基米尔·斯维亚托斯拉维奇掌握了大权，成为基辅罗斯新的大公，将濒于分裂的基辅罗斯统一起来。

弗拉基米尔大公为全力对付骁勇善战的佩切涅格人的进犯，在第聂伯河左岸、苏拉河沿岸和首都基辅等地修建了坚固的防线，有效地阻止了佩切涅格人的袭击，保住了罗斯人的家园。此后，基辅罗斯继续对外扩张，打败了波兰和立陶宛，兼并了加利支，不断将领土向西部拓展；对内则坚决镇压人民的反抗，使东斯拉夫人全部处在自己的控制之下。

弗拉基米尔大公死后，他的儿子们为争权，在刀光剑影中进行了殊死搏斗。长子斯维亚托波尔克杀死了 3 个弟弟后，一度掌握了基辅罗斯政权，但不久又被弗拉基米尔大公的另一个儿子雅罗斯拉夫推翻。经过反复的斗争和较量，雅罗斯拉夫终于在 1036 年成为基辅罗斯土地上新的独裁者。他学识渊博，善于学习，制定了《雅罗斯拉夫法典》。这部法典虽然没有涉及封建土地所有制和封建依附关系等问题，但却较全面地反映了基辅罗斯的城市生活，是一部早期的社会治安文献。雅罗斯拉夫还通过政治联姻的方式，与欧洲的一些国家建立了良好的关系。他在内政外交方面都为基辅罗斯的发展做出了重要的贡献，因此被后人称为“智者”。

10—11 世纪时，基辅罗斯的社会生产力有了明显的提高。首先是农业经济有了明显的发展，在农业生产中人们已经开始使用铁铧犁、铁铲、长短镰刀、手锄、耙子等新式农具，耕地面积不断扩大，古老的伐林耕作制逐渐被二圃制所代替，农产品的品种有所增加，产量也不断增加。与此同时，手工业和商业也有了相当大的发展。

11 世纪时，基辅罗斯的封建土地所有制开始形成。土地在社会经济生活中的价值不断提高，使王公和大贵族对土地的追求和占有越来越严重。在他们用各种方式占有更多土地的同时，农民的土地在不断减少。随着农村土地关系的变化，阶级关系同时也发生了重大变化。广大农民逐渐贫困化，一些人沦为依附农民。统治阶级为了获取更多的利益，逐渐放弃了收入没有把握的索贡制度，开始使用征税的方法代替它。赋税是和土地紧紧地联系在一起的，所以大公、王公、大贵族凭仗权势，利用各种机会尽可能地占有土地，建立起自己的庄园，成为大土地所有者，加快了基辅罗斯的封建化进程。

第三节 “罗斯受礼”和基辅罗斯时期的文化

10 世纪前，东斯拉夫人信奉多神教，这是一种与原始社会相适应的、信仰并崇拜多位神灵的宗教。东斯拉夫人信奉的神有恶神、善神、太阳神、雷电神、战神、武器神等。一般认为，多神教是由原始的万物有灵论、图腾崇拜、祖先崇拜向高一级的单一主神教及一神教演变的一个阶段。东斯拉夫人的多神教亦如此。他们婚丧嫁娶的复杂仪式与多神教有密切的关系。

在与拜占庭帝国长期的接触、贸易和战争中，罗斯人对基督教早已不陌生。9 世纪下半叶，东正教已经在同是斯拉夫人国家的保加利亚传播。10 世纪中期，伊戈尔大公的一些亲兵，还有他的妻子奥尔加已经接受洗礼信奉基督教。987 年，拜占庭帝国发生大的动乱，强大的封建主进逼帝国首都君士坦丁堡。拜占庭向基辅罗斯求援，双方缔结同盟。988 年，拜占庭皇帝将安娜公主嫁给弗拉基米尔大公，弗拉基米尔则接受希腊正教派的基督教，并宣布基督教为国教，命令罗斯人接受洗礼。基辅市民在第聂伯河畔接受希腊牧师的洗礼时，弗拉基米尔大公下令，将多神教原先崇拜的佩伦神像抛进河中。“罗斯受礼”就是在基辅罗斯大公弗拉基米尔的推动下完成的。

原始社会产生的多神教已完成其历史使命，不能在新的封建社会历史发展时期继续为统治阶级服务，因此，需要有一种新的宗教。弗拉基米尔大公接受基督教，是为了“把对北方征服者的军事统治同拜占庭皇帝后裔的神权专制制度合为一体，从而成为他的臣民在地上的主人和在天上的庇护者”。罗斯人按照东正教教义皈依基督教后，基辅罗斯教会仿效东正教教会的模式组织起来。此后，基辅与君士坦丁堡之间的政治、经济和文化联系日益密切了。997年，基辅设置了大主教区。不久，在诺夫哥罗德、契尔尼哥夫、波洛次克、佩列雅斯拉夫尔、苏兹达尔等城市都建立了主教区。一直到12世纪，大主教和主教几乎完全由希腊人担任，基辅罗斯的教会处在拜占庭帝国君士坦丁堡牧首的教权之下。

基督教传入基辅罗斯是一种进步的历史现象。首先，它对于提高基辅罗斯新兴的封建主的地位，维护他们的根本利益，强化以大公为代表的封建主阶级的统治，巩固和发展基辅罗斯的封建关系，都有重要的意义。其次，它密切了基辅罗斯与拜占庭帝国的联系，加强了两国之间的文化交流，有利力地促进了基辅罗斯封建文化的发展。由于基辅罗斯的基督教是以希腊正教的形式出现的，正教不同于西方的天主教必须用古罗马的语言拉丁语做祈祷，而可以使用本民族的语言做祈祷，这就为发展本民族的语言文化创造了有利的条件。基督教还扩大了基辅罗斯与欧洲其他国家的交往，使其在了解和接受欧洲文明的同时，不断提高自己的国际地位。

基督教成为基辅罗斯的国教后，大公将大量的土地赠予教会，教会在大公的支持下，无所顾忌地强占农民的土地。除了王公贵族外，教会也成为封建大土地所有者。封建土地所有制不断强化，使许多自由农民也被迫处于依附地位。

中古前期，拜占庭帝国的文化发展居欧洲诸国之首。基辅罗斯在保存东斯拉夫文化传统的同时，广泛汲取了拜占庭文化的精华。这首先表现在宗教建筑方面。弗拉基米尔大公接受基督教后，于989—996年在基辅修建了什一教堂，为此他捐献了自己收入的1/10。这座教堂有3个中殿，是十字圆顶的六柱结构，它是罗斯第一座石砌建筑。11世纪初，弗拉基米尔大公的两个儿子在切尔尼戈夫、特穆塔拉干等地也修建了风格各异的教堂。

1037 年，雅罗斯拉夫扩建基辅时，修建了至今保存完好的圣索菲亚大教堂。这座教堂位于基辅市中心，堪称古罗斯建筑艺术的杰作。圣索菲亚大教堂外观近正方形，上端为拱形，冠以 13 个穹隆顶，四周是面对广场的环绕走廊。教堂内部装饰有半壁大理石浅浮雕、镶嵌图画和彩色图画。这些艺术品生动地反映了当时人们的生活，其中一幅社会风俗彩画，是欧洲 11 世纪唯一的世俗写生。雅罗斯拉夫在修建圣索菲亚大教堂的同时，还修建了类似圣索菲亚大教堂的伊利娜教堂、格奥尔基教堂。1045 年—1050 年，在诺夫哥罗德也建有一座宏伟的圣索菲亚大教堂。这座教堂有 5 个圆顶，在西南角有一个高出的圆顶塔楼。基辅罗斯的建筑和西欧的建筑一样，被认为是重要的艺术门类之一。这些有代表性的宗教建筑，是斯拉夫建筑与拜占庭建筑的融合，对以后罗斯建筑艺术的发展产生了重要的影响。

1990年，联合国教科文组织将基辅的圣索菲亚大教堂列入《世界遗产名录》

在基督教传入基辅罗斯之前，东斯拉夫人在社会生活实践中，已创造出各类不同的文字。其中最为成熟的是西里尔字母，它以其创始人西里尔的名字命名。这是 9 世纪后半期保加利亚创造的斯拉夫字母。它以当时希腊宗教文字的字母为基础，又增加了符合东斯拉夫人、南斯拉夫人发音特点的新字母，如 ш、у、ж 等，使之成为一套为人们所能接受的、系统的新字母。在 10 世纪，西里尔字母开始得到广泛推广，在漫长的岁月中不断完善，一直为俄罗斯人、白俄罗斯人、乌克兰人、保加利亚人、塞尔维亚人所使用。文字的产生，对罗斯文化的发展产生了极其重要的推动作用。

同任何一个国家的文学一样，基辅罗斯的文学也首先是从民间口头文学发展起来的，其最重要的代表是存在于 9—12 世纪的《壮士歌》（或称《壮士史诗》）。它在人们中广泛流传，因为它反映了人民的喜怒哀乐，生动地塑造了罗斯农民的英雄米库拉・谢利亚尼诺维奇和勇士伊里雅・穆罗梅茨的形象。弗拉基米尔大公在位时，基辅罗斯国家富强，人民对他的崇敬与怀念在《壮士歌》中也有描述，称他是“可爱的红太阳弗拉基米尔”。除了《壮士歌》外，在社会上层还较广泛流行《侍卫歌》，它主要是为王公等上层统治者歌功颂德的。

基辅罗斯最著名的文学作品，是成书于 1185 年—1187 年间的《伊戈尔远征记》。这是一部闻名世界的抒情史诗，作者至今无从确定。它反映了社会的现实，是时代的产物，通过描述诺夫哥罗德—塞维尔斯克王公伊戈尔 1185 年发兵攻打波洛夫齐人失败、被俘，后又重返祖国的故事，说明一个小公国尽管勇敢善战，但力量毕竟有限，只有各公国联合起来，才能战胜敌人。正如马克思所说的那样，“这部史诗的要点是号召罗斯的王公们在一大帮真正的蒙古军的进犯面前团结起来”。此外，这部史诗的艺术成就也令世人赞叹，后来的俄罗斯作家称其是斯拉夫人民诗篇中最美丽、最芬芳的花朵。

古罗斯有悠久的编史传统。10 世纪末 11 世纪初，在基辅和诺夫哥罗德，人们已经开始编撰编年史。基辅罗斯第一部完整的编年体通史是完成于 1073 年的《往年纪事》。它记述的时间范围上至斯拉夫人的起源，下至 1110 年，内容极其丰富，涉及政治、经济、宗教、历史、地理、文学、艺术、国际关系等方面的内容，保存了大量有价值的历史文献资料。但是这部通史却带有明显的“官修”色彩，它所关心的只是王公、贵族、大封建主及宗教领袖的活动，而对广大农民及城市平民的生活只字不提。《往年纪事》是由基辅彼切尔修道院的修道士涅斯托尔编纂修订的。他博学多闻，通晓罗斯、拜占庭、保加利亚等的语言文字。在他的努力下，《往年纪事》在记述历史过程时语言准确、鲜明、生动，对历史事件的描绘让人如临其境，对历史人物的描写栩栩如生，语言运用技巧高超。这是部编年体通史同时也是一部文学名作。

罗斯人对本国地理和外部世界地理的认识随着封建国家的发展和罗斯大公权力的不断扩大而不断加深。在《往年纪事》的概论中，第一次具体、准确地描述了基辅罗斯和东欧的地理状况，如森林、草原、山川、海洋、湖泊、水道、山口等。此外，该书对各地区斯拉夫人和非斯拉夫人的历史与现实分布情况也有较全面的叙述。对于基辅罗斯及东欧以外地区的地理状况，如西欧、北非、中近东地区，《往年纪事》大量引用了拜占庭人的著作进行了补充。

以基辅为中心的早期封建国家罗斯的建立，为教育的萌发和发展创造了有利的条件。特别是基督教传入基辅罗斯后，其加强了与文化高度发达的拜占庭的联系，此时迫切需要大量有文化知识的神职人员，这对基辅罗斯文化教育的发展产生了更直接的促进作用。10 世纪新文字的推广使用，使基辅罗斯的教育进入了一个新的发展阶段。

10 世纪末，弗拉基米尔大公开始兴修教堂时，即命令神甫物色社会上层人士的子弟，准备送他们去识字读书。11 世纪始，文化知识首先在统治阶级中开始普及。人们已经认识到学习的重要性和书籍的巨大文化意义。他们说：“读书能带来多么大的好处啊……我们可从书中学到智慧和忍耐……书籍让人奔向产生智慧的宇宙的万川之源；书籍是汲之不竭的深潭。”据《往年纪事》记载，1028 年雅罗斯拉夫大公在诺夫哥罗德集中了 300 名神甫等神职人员的子弟读书。在斯摩棱斯克、加利奇等地，也都兴办了教会的或世俗的学校，接受儿童读书学习。在基辅、苏兹达尔等地的女修道院，还开办了女学堂，女孩子在那里除了学习识字、阅读外，还学习唱歌、缝纫等。

罗斯人在生产实践中，逐渐加深了对客观物质世界的认识，积累了不少生产知识。在农牧业、天文历法、数学等方面，知识积累均达到了一定的水平。罗斯人的农牧业知识虽然不系统，但他们已经了解了动物生长、繁殖，以及农作物栽培的实际应用技术。西欧人广泛采用的儒略历从拜占庭传入基辅罗斯，代替了东斯拉夫人以前的历法，1 年 365 天，每 4 年多一天为闰年，将基督诞生之年作为纪年的开始，每年的 3 月 1 日为一年之始。这种纪年法促进了数学的发展。那时人们已经能运用分数和算术的四则运算法进行计算，并使用斯拉夫字母来表示数字，尽管他们当时还不知道阿拉伯数字。1136 年，诺夫哥罗德一修道院的执事基里克完成了基辅罗斯的第一篇数学文章。罗斯人在生产实践中，还建立了自己的度量衡制度。在基辅罗斯时期，罗斯人的音乐、舞蹈、绘画随着基督教的传入，也在传统斯拉夫文化的基础上，广泛吸收并融会了基督教文化的一些精华，得到了较大的发展，对以后罗斯文化的发展产生了重要的影响。

第二章　俄罗斯统一国家的建立

第一节　金帐汗国对基辅罗斯的统治

1054 年，智者雅罗斯拉夫病故，他的 3 个儿子经过了短暂的“三王子联合执政”时期后，为争夺大公的位置开始了混战。基辅罗斯由此走向衰落、瓦解，陷入了封建割据局面。长年的封建割据战争严重地削弱了基辅罗斯的国力，外患的威胁日渐增加。11 世纪中叶，游牧民族波洛伏齐人开始进犯罗斯。佩列雅斯拉夫尔王公弗拉基米尔・莫诺马赫同波洛伏齐人进行了多次的战争，名望大增。他极力想改变基辅罗斯走向解体的趋势，但却无能为力。1125 年，弗拉基米尔・莫诺马赫死去后，基辅罗斯分裂成为许多独立的地方公国。这些公国主要有基辅公国、佩列雅斯拉夫公国、契尔尼哥夫公国、斯摩棱斯克公国、木罗姆－梁赞公国、弗拉基米尔－苏兹达尔公国、图罗夫－平斯克公国、加利奇－沃伦公国、波洛次克－明斯克公国、诺夫哥罗德－谢维尔斯克公国、特穆塔拉干公国和诺夫哥罗德共和国。12 世纪时，基辅大公的政权虽已名存实亡，但当时那些独立的公国在名义上还承认基辅大公为宗主，而后来则完全独立了。

1223 年 5 月，蒙古人从外高加索地区入侵罗斯，在卡尔卡河畔战胜了罗斯军队，但他们没有继续前进，而是回撤了。蒙古人即蒙古族，是游牧民族，饲养牛、羊、马、骆驼等牲畜。12 世纪时，氏族公社集体所有制开始崩溃，迅速向封建社会过渡。私有财产的积聚和生产力的发展，加快了贫富分化，蒙古社会内部已经出现了贵族、牧民和奴隶三个不同的阶级。1206 年，贵族铁木真用武力统一了蒙古，国号大蒙古，结束了各部长期分裂的局面。他被推举为成吉思汗。成吉思汗在蒙古建立了领户分封制度，将牧民编为十户、百户、千户和万户，成吉思汗的亲属及心腹担任十户那颜、百户那颜、千户那颜、万户那颜，而成吉思汗作为蒙古大汗，拥有至高无上、生杀予夺的权力，这是一种具有草原游牧民族特点的封建制度。

成吉思汗即位后，旋即开始了大规模的军事征讨，建立了成吉思汗帝国，即大蒙古帝国。1227 年，成吉思汗在攻打西夏时病死在军中，不久，蒙古分为四个汗国，由其子孙统领各汗国。1235 年—1242 年，蒙古军队开始了第二次西征。1237 年 12 月，成吉思汗的孙子拔都率蒙古军攻打罗斯东北部的梁赞。梁赞王公尤里·伊戈列维奇拒绝向蒙古军投降，于是派人向其他公国求援，但均被拒绝，被迫孤军奋战。12 月 21 日，蒙古军攻进城内，屠杀平民，焚毁城池。占领梁赞后，入侵大军继续横扫罗斯其余各地，占领了弗拉基米尔及临近的公国，直逼诺夫哥罗德。蒙古军一路烧杀劫掠，仅 1 个月内就毁城 14 座，莫斯科也未能幸免。

金帐汗国军队在战斗中

1240 年，蒙古军占领基辅，这时它虽然已经占领了罗斯的大部分，但仍继续西进，先后攻打了波兰、捷克、匈牙利、摩尔多瓦、瓦拉几亚、特兰西瓦尼亚、克罗地亚，到达亚得里亚海沿岸后，因遭到当地人民的激烈反抗，被迫从中欧返回罗斯，定都萨莱，在伏尔加河下游建立了金帐汗国（钦察汗国），开始了对罗斯长达两个多世纪的统治。

金帐汗国统治罗斯各公国的方法很有特点，就是继续保留各公国的政权，使罗斯继续处于封建割据状态，同时分别加强对各公国的控制；在罗斯各公国的王公之间挑拨离间、制造矛盾，利用罗斯人自己的手消灭那些不服从金帐汗国统治的王公。金帐汗国要求罗斯各公国的王公们必须向其称臣，接受册封，向金帐汗国缴纳贡品，服军役。金帐汗从全罗斯诸王公中挑选出一人，册封他为“弗拉基米尔及全罗斯大公”，赋予其不少特权。凡受册封者，需负责征缴罗斯各公国对金帐汗国的贡赋，同时有权将弗拉基米尔城及周围地区划入自己的领地。罗斯的王公们非常重视这一称号，为此不择手段进行争夺，金帐汗则利用他们之间的矛盾从中得利。

1243 年，弗拉基米尔－苏兹达尔的王公雅罗斯拉夫·弗塞沃洛多维奇在萨莱被册封为弗拉基米尔及全罗斯大公，这样，他就从蒙古人那里得到了统治全罗斯的权力。谁不服从，谁就将受到严惩。1245 年，契尔尼哥夫的王公就是因为反对他的统治而被杀害的。金帐汗虽然给予弗拉基米尔及全罗斯大公很大的权力，但并不信任他。1246 年，雅罗斯拉夫因卷入蒙古上层统治阶级的权力之争，而被人下毒杀死，他的儿子亚历山大·雅罗斯拉维奇继任大公之位。

蒙古统治者为了维护自身利益，不断强化对罗斯的控制。1257 年，金帐汗派出官吏在罗斯各公国进行户籍调查，并一一登记造册，作为征收赋税、服军役、服徭役的依据。在此基础上，罗斯广泛建立了“八思哈”（突厥语，意为镇守官）制度。“八思哈”是由部分居民组成的特殊的军事组织，由蒙古人担任指挥，分为十户、百户、千户、万户等，其主要任务是稽查赋税的交纳情况，监督罗斯人的社会生活，加强对罗斯人的思想和军事控制。金帐汗极力拉拢罗斯的王公贵族，给他们许多特权，使其为自己服务；对罗斯的教会，更是极少过问，明文规定不干涉修道院院长、修道士、牧师以及崇奉圣母神像和圣僧的人，教会和王公贵族一样，也享有许多特权。

罗斯人民受到蒙古统治者和本国王公贵族的双重压迫，生活状况不断恶化，进行了积极的反抗。蒙古对罗斯的入侵和统治，给罗斯人民带来了无穷无尽的灾难，生产力的严重破坏延缓了罗斯社会发展的进程，逐渐拉大了其同西欧文明的差距。蒙古人的政治、经济制度，以及他们的文化、习俗等，对罗斯后来的发展产生了重要的影响。

第二节　莫斯科公国的兴起

14 世纪，因蒙古的入侵而遭到严重破坏的社会生产力逐渐得到恢复。这首先表现为农业得到了较迅速的发展。如耕地面积扩大了，一些密林山野和荒废的土地被辟为良田，铁制农具得到了更广泛的使用，三圃制的耕作方法得到了进一步的推广。随着农业生产的发展，农副业生产有了明显的改进，畜牧业、养蜂业、狩猎业和园艺业都有了不同程度的发展。

被蒙古入侵者焚毁的罗斯城市一度荒凉，从 13 世纪末开始恢复。东北罗斯的一些城市，如诺夫哥罗德、普斯科夫、莫斯科、特维尔、下诺夫哥罗德等，从 14 世纪起，又逐渐走向繁荣，成为手工业和商业活动的中心。在俄罗斯中央集权国家形成的过程中，莫斯科公国是统一事业的核心。莫斯科地处奥卡河支流莫斯科河与亚乌扎河两岸，是斯拉夫人维亚季奇部落建立的城市。1147 年，在编年史中第一次提到了莫斯科这个城市。1156 年，莫斯科周围建起了木墙，它由苏兹达尔一个王公的领地，逐渐发展成为东北罗斯中心的重要城市，莫斯科公国自 13 世纪末起，成为罗斯一个强大的公国。该公国的第一位王公是达尼尔·亚历山大罗维奇。

从 14 世纪开始，莫斯科公国加快了对周围公国的兼并，消灭封建割据势力，领土几乎扩大了两倍，其在东北罗斯的政治经济地位不断提高。但当时最强大的是特维尔公国，其重要原因之一，是它从金帐汗国那里取得了不少特权，特维尔的大公米哈伊尔·雅罗斯拉维奇被金帐汗册封为弗拉基米尔及全罗斯大公。莫斯科公国的崛起是在伊凡一世达尼洛维奇在位的时期。伊凡·达尼洛维奇的绰号是“卡里达”，意即“钱袋”，他为了取代特维尔大公的地位，“去充当汗的卑鄙工具，从而窃取汗的权力，然后用以对付同他竞争的王公们和自己的臣民”。1328 年，他因残暴地镇压了特维尔人民起义而受到金帐汗赏识，终于得到了金帐汗的册封诏令，很快又取得了代表金帐汗向全罗斯征收贡赋的权力。伊凡·达尼洛维奇是强盛的莫斯科公国的奠基人，当他死时，强大的莫斯科公国已经为分裂的罗斯联合成为一个统一的国家奠定了基础。

1341 年，伊凡·达尼洛维奇的长子伊凡·伊凡诺维奇即位。他继续了伊凡·达尼洛维奇的事业，致力于建立统一的俄罗斯国家。季米特里·伊凡诺维奇在位时，莫斯科公国战胜了特维尔、梁赞的军队，不断扩大自己的版图，国势日盛。罗斯人民迫切希望摆脱蒙古的统治，建立统一的国家。在莫斯科公国走向强大的同时，金帐汗国却因内讧而日渐衰落。

1378 年 9 月 8 日中午，罗斯军队与蒙古军队在库利科沃发生战斗。双方进行了激烈的肉搏战，罗斯军队伤亡惨重，在撤退中得到己方伏兵的及时支持，反败为胜，大胜蒙古军。库利科沃会战以罗斯军队获全胜结束。季米特里·伊凡诺维奇因功绩卓著，获得了“顿斯科伊”（意为顿河王）的称号。这场会战从根本上动摇了蒙古在东北罗斯的统治，莫斯科公国作为罗斯统一事业的核心力量，进一步得到了加强。罗斯在建立统一国家的道路上，迎来了胜利的曙光。

瓦西里一世、瓦西里二世继承了季米特里·伊凡诺维奇的事业，同蒙古人及封建分裂势力进行了持久的斗争。当瓦西里二世即位时，他的叔父加利奇王公尤里·季米特里耶维奇认为应该由他来当大公，挑起了罗斯王公间的内讧。尤里暴死后，他的两个儿子继续封建分裂活动。罗斯王公的内讧削弱了莫斯科公国的国力，蒙古人趁虚而入，大败罗斯的军队，瓦西里二世成了蒙古汗的俘虏，莫斯科公国用 20 万卢布的巨款才将他赎回。瓦西里二世回国后继续统一事业，历经艰难，甚至被挖去双眼，成了失明的大公，但他最终战胜了分裂势力。到他在位后期时，莫斯科公国已在政治上重新控制了许多公国，已拥有东北罗斯一半以上的领土。

第三节　俄罗斯统一国家的形成

瓦西里二世的长子伊凡·瓦西里耶维奇，即伊凡三世，于1462年即位后，莫斯科公国的统一事业进入了最后的关键阶段。伊凡三世于1463年兼并了雅罗斯拉夫公国，1474年又兼并了罗斯托夫公国。诺夫哥罗德是一个独立的封建共和国，同时又是“罗斯诸共和国的首领”，成为建立俄罗斯统一国家的严重障碍。

15世纪中叶，诺夫哥罗德已不可逆转地走向衰落。在领主政体下，极少的领主握有大权，横行霸道。在诺夫哥罗德没有公理，没有公正的法律，人民的生活非常贫苦，阶级矛盾空前尖锐。领主们为了对付人民暴动、遏止莫斯科公国的统一进程，于1470年与波兰－立陶宛结盟。以马尔发·鲍列茨卡娅为首的亲波兰－立陶宛派公开反对建立统一的俄罗斯国家，扬言诺夫哥罗德不

莫斯科公国

愿意做莫斯科大公的世袭领地。1471 年春，伊凡三世决定进军诺夫哥罗德。夏季，其先头部队已经进入诺夫哥罗德。7 月 14 日，双方在舍隆河岸展开激战，莫斯科公国军队获胜，杀伤敌军近 3 万人。莫斯科公国的另一支军队在德维纳河也获大胜，歼灭敌军 1.2 万人。诺夫哥罗德被迫求和，保证不再反对莫斯科公国，断绝与立陶宛的同盟关系。

伊凡三世的下一个目标是特维尔公国。1484 年，莫斯科公国进军特维尔，特维尔大公米哈伊尔·鲍利索维奇迫于伊凡三世的军事压力，表示接受伊凡三世的条件，同时又暗中勾结立陶宛，准备反对莫斯科公国。伊凡三世发现后，果断地向特维尔再次发起进攻，特维尔公国的王公、大贵族见大势已去，纷纷表示效忠莫斯科公国。1485 年 11 月，伊凡三世占领了特维尔。伊凡三世兼并了诺夫哥罗德和特维尔之后，还剩下只在名义上独立的梁赞及普斯科夫未统一。此时，东北罗斯基本上已经统一在莫斯科公国的版图内。1485 年，莫斯科公国的大公开始被称为“全罗斯”的大公。

15 世纪后半期，罗斯的封建生产关系与社会生产力有了明显的发展，农业和农村手工业在遭到蒙古人的破坏后又得到了恢复。手工业日益脱离农业，形成了一系列新的手工业部门。与此同时，出现了不少新的集镇和城市，货币地租在封建经济生活中已成为和徭役地租、实物地租一样重要的纳贡方式。城市手工业也得到迅速发展，除了传统的冶铁、制陶、制革、面包制作外，还出现了许多新工艺、新技术和新的生产部门，如建筑用砖、铜铸炮、轧制金属、锻造铁板、金银首饰加工等。这一切都推动了商品货币关系和国内外贸易的迅速发展，为统一国家的形成奠定了政治和经济基础。

从 14 世纪末起，金帐汗国日趋衰落。15 世纪上半叶，金帐汗国因内讧分裂为喀山汗国、诺盖汗国、阿斯特拉罕汗国、克里木汗国、西伯利亚汗国。金帐汗国的残余势力已无力像以前那样奴役罗斯了。在此形势下，伊凡三世不再像以前那样向金帐汗国纳贡，而只是将征收来的一部分贡赋以礼品的形式送去。1478 年，莫斯科公国不再继续向金帐汗国交纳任何贡赋。1480 年，阿合马亲自率领重兵直抵奥卡河，准备用武力收取贡赋。莫斯科公国闻讯后，派伊凡三世的长子伊凡·伊万诺维奇率军前去御敌。到 11 月，天寒地冻，蒙古军队缺乏粮食和饲料，官兵衣着单薄，且在征战中已经疲惫不堪。此时立陶宛因为内部发生动乱，又要同克里木鞑靼人作战，卡什米尔只能自食其言，没有派援军来帮助阿合马。在已经联合起来的罗斯军队面前，阿合马绝望了，于 11 月 11 日带兵撤回。不久，阿合马在一场内讧中被杀，金帐汗国进一步分裂，蒙古人对罗斯人 200 多年的统治彻底结束。

伊凡三世摆脱了金帐汗国的统治后，不停地扩大自己的势力，极力向北方、乌拉尔、伏尔加河流域扩张。他还于 1500 年起开始收复被立陶宛侵占的土地。到 1505 年伊凡三世死去时，他已为建立中央集权的、统一的俄罗斯国家奠定了坚实的基础。其子瓦西里·伊凡诺维奇，即瓦西里三世即位后，最终完成了东北罗斯统一的任务。

瓦西里三世坚定地奉行其父伊凡三世的政策。1507 年—1508 年同立陶宛交战后，签订了有利于莫斯科公国的停战协定。1510 年兼并了普斯科夫。1517 年，瓦西里三世果断地将梁赞王公伊凡·伊凡诺维奇监禁起来，彻底地兼并了梁赞。

莫斯科公国于 1512 年恢复了对立陶宛的军事行动。1514 年 7 月，瓦西里三世率领罗斯军队从莫斯科出发，第三次远征斯摩棱斯克。罗斯军队用攻城火炮、火绳枪向城内发起猛攻，守军伤亡惨重。7 月 30 日，立陶宛大公停止抵抗，斯摩棱斯克并入罗斯国家。

瓦西里三世完成了罗斯国家的统一。在他 1533 年去世时，俄罗斯国家的领土已从 1462 年的 43 万平方公里扩大到 280 万平方公里。俄罗斯的疆域北达白海，南至奥卡河，西抵第聂伯河上游，东至乌拉尔山支脉，已经成为欧洲领土面积最大的国家。当时的俄罗斯是中央集权的专制国家。大公的权力高度集中，对平民百姓和王公贵族都有生杀予夺之权。伊凡三世既被称为“全罗斯的沙皇”“专制者”，也被认为是“真正的东正教”世界的领袖。为了强化俄罗斯国家的中央集权统治，当时的一个僧侣菲洛费还杜撰出“第三罗马”的理论。他认为人类的历史就是三个帝国的历史，前两个帝国——罗马帝国和拜占庭帝国已经灭亡，因为它们背叛了基督教；而俄罗斯帝国是永恒的，因为它是东正教的真正保护者。

中央集权的统一俄罗斯国家是建立在农奴制基础之上的，直至 19 世纪末，俄国都是一个农奴制的国家。但是，由封建割据到建立中央集权的国家仍是历史的进步，正如恩格斯指出的那样，“日益明显日益自觉地建立民族国家的趋向，是中世纪进步的最重要杠杆之一”。14 世纪以来，罗斯经济文化的发展为中央集权国家的形成奠定了基础，而罗斯人民摆脱蒙古征服者的奴役的强烈愿望，以及为了更有力地抵御立陶宛－波兰、日耳曼骑士团的需要，加速了统一的中央集权国家的形成过程。分散的罗斯联合成为一个有统一政府、统一领导的统一国家，也逐渐为俄罗斯统一国家奠定了民族共同性的基础，形成了俄罗斯民族。

第三章 俄罗斯统一国家形成期间的文化

第一节 建 筑

蒙古人的入侵延缓了罗斯经济社会的发展，也使罗斯的文化发展停滞、衰退。直到13世纪末、14世纪初，罗斯才从蒙古征服者的蹂躏中开始得到恢复。俄罗斯统一国家形成期间，各种形式的文化发展是和罗斯经济的振兴、城市的重建同时发生的。

诺夫哥罗德没有受到蒙古入侵者的直接奴役，但受到日耳曼骑士团等来自西方的威胁，尽管如此，它的文化发展却没有像罗斯其他地区那样，一度被中断。13世纪末，诺夫哥罗德宗教建筑的结构开始发生变化。以往正方体的四柱单顶形结构与正方形布局相结合，用三叶形的顶盖代替了半圆形穹顶的旧式屋顶。建于1292年—1294年的尼古拉教堂，是蒙古入侵罗斯后诺夫哥罗德的第一座石制建筑。14世纪中叶，诺夫哥罗德建筑艺术的代表是1345年建成的救主堂、1352年建成的圣母升天堂。这些建筑的风格反映了新旧两种建筑艺术思想的交替。14世纪后半期的代表是菲奥多尔·斯特拉季拉特教堂、伊林街上的救主堂。15世纪30年代，叶夫菲米大主教在诺夫哥罗德内城修建了宏伟的大主教宫，想以此提高诺夫哥罗德的地位。

普斯科夫的建筑艺术也有较大的发展。在宗教建筑方面，普斯科夫的建筑与诺夫哥罗德的风格接近，但更简单古朴，尤其是精美的钟楼别具一格。最著名的是建于14世纪中期的市内的大教堂，其他著名的教堂还有扎普斯科维耶主显教堂、格奥尔基教堂、耶稣升天教堂。在世俗建筑方面，最著名的是石结构的军事工事、堡垒。为了加强防御力量，普斯科夫在扎普斯科维耶四周建起了石墙。特维尔的建筑同样以石结构为主，独具特色，代表性建筑是米哈伊尔·亚历山德洛维奇王公的宫殿及教堂，以及米哈伊尔·阿尔汉格尔教堂等。

在莫斯科公国，伊凡·达尼洛维奇在位时，即14世纪20年代到40年代，建筑艺术有了迅速进步。1326年，莫斯科建造了第一座石砌的教堂——圣母安息大教堂，即乌斯宾教堂，它取名于弗拉基米尔的同名教堂，是当时克里姆林宫新修的四座教堂中的一座。另外的三座是伊凡·列斯特维奇尼克教堂、博拉救世主教堂、大天使教堂，建于1329年—1333年。克里姆林宫是罗斯封建城市的内城，即市内建有防御工事的那一部分。内城多建在市中心或城

克里姆林宫

内高处、河岸边。1337 年，克里姆林宫失火，两年后，在它周围建起了新的柞木墙，更加美观坚固。莫斯科克里姆林宫在 1367 年筑起了石墙、石堡，它不断地扩建，向四周发展，逐渐在莫斯科市中心形成了一个著名的建筑群。

莫斯科克里姆林宫的大规模建造始于 1485 年。来自普斯科夫、罗斯托夫、特维尔和意大利等地的建筑师，及罗斯各地的能工巧匠云集莫斯科。各地建筑师、工匠之间的交流、切磋，对于提高罗斯建筑艺术水平有重要的促进作用。15 世纪末，克里姆林宫已经建起了接近意大利风格的大墙和塔楼，塔楼之间由城墙相连。为了加强克里姆林宫的军事防御功能，还挖了护宫壕沟，建起了中国式的城墙，作为第二道防线。1516 年，克里姆林宫的主要建筑基本完成：高耸的圆形塔楼、曲折的防御线、宏伟庄严的殿堂、厚厚的城墙。此时，它已成为莫斯科的象征，同时也是欧洲最坚固的城堡之一。

第二节　文学和编年史

蒙古的征服，日耳曼、瑞典的不断侵犯，对罗斯文学的发展产生了深刻的影响。在建筑、贵金属首饰加工、图书制作、工艺品生产，以及编年史的编撰工作因异族的奴役和侵略而遭到破坏、出现停顿甚至倒退时，罗斯的文学却在这一特定的历史条件下，依然在发展。文学作为社会意识形态之一，是一定的社会生活在人类头脑中的反映，它以生动的艺术形象表达作者的思想感情。因异族对罗斯的侵略、征服、奴役，以及人民的反抗斗争，爱国主义文学成为这一时期罗斯文学的主要内容。

民间广泛流行的《壮士歌》，热情地歌颂了人民心目中的英雄。在关于伊利亚·穆罗梅茨的《壮士歌》中，主人公伊利亚机智勇敢地拯救了基辅，使之免遭蒙古侵略者的蹂躏。一些民歌揭露了蒙古征服者的残暴。蒙古侵略者向罗斯人征税时十分凶残，歌中愤怒地唱道："谁若没有钱，就要他的子女；谁若没有子女，就要他的妻子；谁若连妻子也没有，就要他的脑袋。"

描写蒙古入侵的战争纪事作品主要有《卡尔卡战役记》《拔都入侵记》《梁赞崩溃记》《米哈伊尔·契尔尼戈夫斯基生平》等。这些作品描写了征服者给罗斯带来的巨大灾难：村镇被焚毁，财富被掠夺，兄弟姐妹被俘虏，军队溃散失去斗志，横尸遍野，血流成河，也叙述了罗斯人民的反抗斗争。一些作者还探讨了这场灾难的原因。有人从基督教神学的“天意”中去找答案，认为这是神的旨意。还有人从《圣经》中去找答案。《圣经》曾预言，世界末日到来前，将有勇敢的民族从荒漠中走出，去征服整个地球，蒙古就是这样的民族。另一种观点认为，罗斯之所以有这场灾难，是因为上帝派来的人对罗斯进行了惩罚，理由是“我们行为不端”，“王公们连年争吵”。在他们看来，这场灾难的真正原因是罗斯的王公们长年内讧。

一些文学作品生动地描绘了人民的英勇反抗斗争。如勇士叶夫帕季·科洛夫拉特为保卫自己的家园，英勇杀敌，令敌人敬畏，以至他为国捐躯后，拔都亲自下令将其遗体交给罗斯人。麦尔库里·斯摩棱斯基是一位勇敢的斯摩棱斯克少年。当蒙古侵略者逼近斯摩棱斯克时，他视死如归，同敌人展开了殊死搏斗，在危难之际拯救了斯摩棱斯克。

1380 年 9 月，罗斯人在库里科沃旷野会战中取得的辉煌胜利，打破了蒙古军队不可战胜的神话，极大地激发了罗斯人的爱国感情，进一步推动了爱国主义文学的发展。这一切在文学作品中都有生动的反映，这方面的代表作有《顿河血战记》《季米特里·伊凡诺维奇王公的生与死》《顿河彼岸》，还有直接描写库里科沃会战的叙事体小说《马麦血战的传说》。这些作品中的罗斯勇士被描写为民族英雄的象征，对他们的崇拜和歌颂，加强了罗斯人最终战胜蒙古征服者的信心。

反映罗斯人与日耳曼、瑞典侵略者进行斗争的作品主要有《多夫蒙特传》《亚历山大·涅夫斯基传》等。前者描写了普斯科夫王公多夫蒙特带领人民，勇敢抗击日耳曼骑士团的事迹。后者则以十分崇敬的心情介绍了亚历山大·涅夫斯基的生平，特别是他在 1240 年在涅瓦河畔战胜瑞典人的英雄事迹。亚历山大·涅夫斯基在民族存亡的关键时刻击退侵略者，因而成为人民所敬仰的英雄，而为人民所歌颂。爱国主义的文学作品，既有宝贵的文学价值，更具有重要的社会意义，它对于促进罗斯人的政治联合、民族意识的觉醒以及俄罗斯民族的逐渐形成，产生了积极的作用。

蒙古入侵后，除了诺夫哥罗德没有直接受其奴役，编年史得以继续编纂外，罗斯其他地区的编年史工作在一段时间内基本上停止了，直至13世纪后半期才逐渐恢复，14世纪时逐渐繁荣起来。11世纪以来的罗斯编年史编撰中的优秀传统很快得到了恢复并有所发展。

莫斯科公国的编年史工作始于14世纪初。这项工作是在教会的领导下进行的，并在14世纪末取得了重要的成绩。1409年，总主教基普里安主持编纂的大型编年史在莫斯科完成。这部卷帙浩繁的编年史在《往事纪年》的基础上，继续收录了诺夫哥罗德、梁赞、特维尔等地区的编年史。无论在篇幅上还是在内容上，它都可称为是全罗斯的编年史。这部编年史的另一个特点是，其所收入的史料基本保持原样，没有进行加工、篡改，如关于诺夫哥罗德对特维尔的攻击，莫斯科公国对诺夫哥罗德的指责等内容。莫斯科公国出于加强罗斯各地区联合的政治需要，在1418年由福季总主教在莫斯科主持编纂了一部新的编年史。这部编年史对基普里安的编年史进行了较大的修订，如删掉了罗斯各地区之间相互攻击的内容，缓和了莫斯科公国同其他地区的矛盾，明显地表现出了以莫斯科公国为中心、实现全罗斯联合的倾向。

编年史反映出全罗斯的政治联合已是不可抗拒的历史主流，人们所争论的问题不是联合不联合，而是究竟怎样实现这种联合。特维尔为了同莫斯科公国对抗，于1455年编纂了一部编年史。这部编年史首先叙述了13世纪以前的世界史、罗斯史，然后紧接着叙述13世纪以来的特维尔的历史，极力强调特维尔公国的历史就是世界史和真正的罗斯史的继续，特维尔大公鲍里斯·亚历山德罗维奇是东正教真正的首领。只有他才有资格戴上皇冠。显然，这部编年史认为应该以特维尔为中心，而不是以莫斯科公国为中心实现全罗斯的联合。

15世纪时，罗斯人同世界的交往和联系明显地扩大了。罗斯人民需要对罗斯以外地区的国家、民族的历史进行了解。因此在这时罗斯出现了有关世界史的编年史，如《希腊和罗马编年史》。15世纪中叶问世的《罗斯年鉴》是一部包括罗斯历史在内的小型世界编年史。

第三节 音乐与绘画

东斯拉夫人早在信奉多神教时，即已创作了最初的音乐与美术。10 世纪基督教传入罗斯，进一步促进了音乐与美术的发展。除了与宗教活动有关的音乐外，在宫廷和王公贵族的宴会上，往往有音乐、舞蹈、杂技助兴。当时既有歌手歌唱，也有乐器演奏，常用的乐器有长笛、手提琴、喇叭和罗斯人特有的古丝理、多木拉、纳克雷等弦乐器或打击乐器。

以莫斯科公国为中心的统一进程推动了罗斯音乐事业的发展。15 世纪末，伊凡三世在莫斯科建立了由 35 人组成的第一支宫廷合唱队。宫廷的重要活动都要有音乐配合，以显示其庄严隆重。当时音乐的形式已多种多样，有婚丧嫁娶的音乐，还有各种舞曲、抒情曲、诙谐曲等。宫廷专门养了一批歌手、乐手及优伶，这反映了宫廷音乐娱乐活动的活跃。不仅在宫廷，教会也成立了自己的合唱团，专门在举行宗教仪式时表演。宗教音乐与世俗音乐相互影响，相互促进。宗教音乐最大的成就表现在教会歌曲的演唱上。由于采用了一种新的音乐符号代替古代的符号谱曲，唱歌时多采用多声部唱法，复杂的旋律使宗教歌曲更富有表现力。随着记谱方法的不断完善，罗斯的音乐在实践中不断得到发展。东正教教堂助祭伊凡·沙杜罗夫在完善记谱方法上做出了重要的贡献，他在传统的乐谱符号上增加了新的表示音的高度的符号，使音域更加丰富。当时最有名的歌曲是《迎送歌》，每当大公或主教出朝、外出巡视或作战凯旋，以及宫廷举行各种欢宴庆典时，都要高唱这首颂歌。

罗斯的美术所取得的成就也很突出。早在基督教成为罗斯的国教之前，罗斯的绘画在社会生活和生产的实践中已经产生，并已有一定的群众基础。基督教传入后，以宗教建筑为主要内容的建筑艺术的发展，有力地推动了罗斯绘画艺术的发展 。形形色色的彩色或单色绘画、教堂内外的装饰、各种器皿的制作与摆设，成为建筑艺术的有机组成部分。社会的广泛需要使罗斯的绘画艺术进入了一个新的发展阶段。

14 世纪时，罗斯美术作品的突出特点是赋予宗教美术作品以新的社会内容，作品的内容是宗教方面的，如基督、圣母、圣徒的画像，但对人物精神、心理、环境的细腻刻画却寄托或反映了现实中人们的思想感情。普斯科夫斯涅托哥尔斯基修道院大礼拜堂里的壁画绘于 1313 年，它以深棕色和红色为主，层次分明，继承了东欧绘画艺术的优秀传统，是代表 14 世纪罗斯绘画水平的重要作品之一。

诺夫哥罗德沃洛托沃地区有一座建于 1352 年的圣母升天教堂，内有一幅绘于 1363 年的水彩壁画，这幅壁画具有东欧文艺复兴前的典型特征。该壁画题材广泛，重视对人物心理特征的描绘。以往的绘画在表现圣母升天节时，场面肃穆宁静，而在这幅壁画中，情景却热情奔放，给人留下了深刻印象。莫斯科公国的绘画艺术较多地受到了拜占庭和南部斯拉夫人的影响，同样达到了很高的水平。14 世纪末，费奥方·格列克来到了莫斯科，他因善于刻画人物复杂的内心世界而得到了“哲学家”的称号。克里姆林宫报喜节教堂的圣像画、《顿河圣母》等杰作均出自他的手。他将拜占庭与罗斯绘画艺术的优秀传统相结合，为提高罗斯绘画的艺术水平做出了重要的贡献。

14 世纪末、15 世纪初，在莫斯科形成了由罗斯画家组成的重要画派，其

莫斯科报喜节教堂内部的圣象

安德列·鲁布廖夫的代表作《三圣图》

代表人物是安德列·鲁布廖夫。他生于1360年—1370年，原是修道院的一位僧人。1405年，他与费奥方·格列克合作，在克里姆林宫圣母领报大教堂创作壁画；1408年，他又与友人丹尼尔·切尔内一起为弗拉基米尔的圣母安息大教堂画壁画；1424年—1426年，他们又在谢尔盖耶夫三圣修道院绘画圣像和壁画。安德列·鲁布廖夫这时完成了他的代表作《三圣图》，该图现珍藏在莫斯科特列基亚科夫画廊，为世人所赞叹。安德列·鲁布廖夫对《圣经》中的3位天使有出色的描绘，简洁、明朗，富有人性、人情，天使们亲切的神态与恬静的内心世界被和谐地统一在一起，图画着色明快、构图与透视完美，无懈可击。安德列·鲁布廖夫的天才创作使罗斯的绘画艺术进入了一个新的发展高峰，他本人也因此享有盛誉。

15世纪末罗斯最著名的画家是季奥尼西。1481年，他曾与季莫费·亚列茨等在克里姆林宫的圣母安息大教堂绘画圣像；1488年，他在罗斯托夫的大教堂绘画圣像。他还在约瑟夫·沃洛克拉姆修道院、费拉蓬特修道院作画。他的作品同样很有特色，以沉稳、庄严、坚定著称，不少作品堪称佳作，得到很高的评价。由于东正教教会禁止雕塑作品，在罗斯绘画艺术取得重大成就的同时，雕塑艺术却发展得非常缓慢。在基辅圣索菲亚大教堂等东正教的教堂中，可看到美丽的马赛克图案，即用精心挑选出来的彩色小玻璃片或五颜六色的小石子，按照一定的工艺要求，镶嵌成表现一定思想内容的图画。

现藏于俄罗斯国家博物馆的圣像画大师季奥尼西作品《劝说法蒙》

第四节 教育与科学

14 世纪时，罗斯社会生产力的发展使罗斯的文化发展出现了新的高潮。在教育方面，突出表现为识字的人越来越多了。在城市和乡镇，主要由神职人员办的私塾随处可见。在那里学习识字的学生，既有教徒，也有世俗子弟。一般说来，非宗教人士所占比例要稍高些。

19 世纪 60 年代，苏联考古学的重要发现之一就是在诺夫哥罗德发掘出了 400 余件白桦树皮文书。从这些白桦树皮文书中，可具体地看出 14—15 世纪罗斯的文化教育水平。这批文书少部分是业务性文件，包括收贡的名册、农业收成的账目、借条等；大部分是从某一方面反映社会生活的私人信件。除了诺夫哥罗德，在普斯科夫、斯摩棱斯克、梁赞等地也发现了白桦树皮文书。这一切都反映出罗斯人的受教育水平在 14 世纪时已有了明显的提高。

社会生活中订立各种契约、买卖房产地产、制定规章制度，以及抄书业的出现，都推动了教育的发展，于是以专门教人识字为业的教师开始出现了，那时他们被称为“蒙师”。教会企图垄断教育，并使蒙师们为教会服务，但并没有达到这一目的。世俗的蒙师们人数不断增加，他们不仅教儿童识字、学习文化知识，而且宣传自由主义、人道主义思想，从事所谓的“异教活动”，反对正统的东正教。15 世纪末，费奥多尔·库里岑在《论识字》一书中强调“心灵的独断”和理性的自由，他反对盲目服从宗教教义，认为学习应是一种自由的活动，要在掌握文字知识的过程中，不断完善自己的道德力量和智慧力量。

科学知识的萌生与传播是这一时期罗斯文化发展的重要内容之一。这一切都是和罗斯经济从蒙古的破坏下逐渐得到恢复，人们的社会生产劳动实践不断丰富紧密联系在一起的。首先，天文学和气象学的知识变得更加丰富了。人们不仅了解了与生产劳动有密切关系的日食、月食、彗星、地震，而且开始探讨地球经纬理论、大地构造、雷电以及光速与声速等问题。在 15 世纪，罗斯人已经通过编译或翻译的方法，以普及性的文章较广泛地传播有关宇宙的知识。文章的作者注意将宗教神学的教义同客观的自然知识进行了区分。

在罗斯，科学知识的积累是与社会生产劳动的发展联系在一起的。在解决建造各种类型的教堂的过程中出现的技术问题，如建造拱顶时，使用了拱门结构支撑的方法；与蒙古等异族的军事斗争促进了对火药、火炮的研制，使罗斯人的化学知识、物理学知识有所进步。据文献记载，莫斯科公国在1382年反抗蒙古征服者的战斗中，第一次使用了自制的火炮，发挥了强大的威力。在日常生活中，也可看出科学的进步。在寻矿、冶炼、制革、制盐、酿造、染色、航海、农业耕种技术改进、农具制造，以及防病治病等方面，科技都有不同程度的提高。在罗斯封建化的过程中，征收贡赋和丈量土地多需要进行较精确的计算，从而推动了数学的进步。

14—15世纪，罗斯人通过贸易和旅行，加深了对周围世界的了解，增加了欧亚地理的知识，特别是从波罗的海沿岸到印度洋沿岸地区的地理知识。

由于蒙古的入侵，罗斯以往与拜占庭及中东的联系一度中断。14世纪中叶以后，去君士坦丁堡等地的朝圣者不断增加，被中断的联系重新恢复了。不仅如此，罗斯人的踪迹已经到达了欧亚两洲遥远的地方，如耶路撒冷、塞浦路斯岛、罗德岛、卢卑克、不伦瑞克、威尼斯、佛罗伦萨等。他们之中最著名的是特维尔商人阿法纳西·尼基京。15世纪下半叶，他去希尔万（阿塞拜疆）经商，先后到里海、印度洋、黑海旅行，后流落到印度，并在那里生活了3年。后来他以在异乡的经历为主要内容，写了一部名著《三海游记》。在书中，他描绘了印度的名胜古迹、旖旎风光，介绍了当地的山川气候、民俗民情，以及婚丧嫁娶的宗教仪式等。他长年观察社会底层，耳闻目睹了印度社会当时尖锐的阶级矛盾。这些游记具有宝贵的史料价值，一些被收入编年史中，成为人们了解这些国家和民族历史的重要文献。

第四章　俄国政治文化和沙皇专制制度

第一节　沙皇伊凡四世的专制思想

16 世纪时，统一的俄国中央集权国家为社会生产力的发展创造了有利的条件，俄国的农业、手工业、商业、对外贸易都有了较大程度的发展。西欧一些国家城市手工业发达，农业生产相对落后，每年需从俄罗斯进口粮食，进一步刺激了俄国农业生产技术的发展。封建主和贵族为了获取更多的利润，加紧了对农民的奴役和压榨，大量侵吞农民的土地，使封建生产关系、封建土地所有制进一步发展。大贵族不仅在经济上占绝对统治地位，而且在政治上越来越不满足于在莫斯科大公之下的依附地位，具有强烈的分裂倾向。政治上、经济上的封建割据势力是他们与中央集权政府抗衡的砝码。

1533 年 10 月，瓦西里三世病危，亲立遗嘱，指定他年仅 3 岁的儿子伊凡为继承人，即伊凡四世。他还指定由米·利·格林斯基和谢·费·别利斯基辅政。12 月 3 日，瓦西里三世病故。自年幼的伊凡四世登上大公的宝座之日起，大贵族们的纷争便愈演愈烈。可以说，伊凡四世的童年和少年时代，就是在大贵族的争斗中度过的。

伊凡四世的生母、大公夫人叶莲娜·格林斯卡娅抛开瓦西里三世的遗嘱，开始了自己长达 5 年的摄政时期。叶莲娜摄政期间，继续执行了瓦西里三世巩

《伊凡四世》，维克多·瓦斯涅佐作，1897年

固中央集权，限制教会和大贵族的特权，反对封建割据的政策。在对内强化王权统治的同时，加紧构建、巩固城防工事，防止外敌入侵。大贵族对叶莲娜的内外政策颇为不满。1538 年 4 月 9 日，叶莲娜突然死去，据说是被大贵族下毒害死的。这时，显赫的叔伊斯基家族趁势夺取了政权。

伊·瓦·叔伊斯基是大贵族的代表，他并不把伊凡四世放在眼里，经常深更半夜闯进伊凡四世的卧室去威胁他、恫吓他，使其不能入睡，有时还躺在他生父生母的床上放肆地胡闹。为了大贵族的利益，叔伊斯基凶残地翦除政敌。当时的叔伊斯基已经达到让顺其者昌、逆其者亡的地步。总主教约瑟夫因对他的政策不满，被强行送进了基里洛夫修道院。

伊凡四世 3 岁丧父，7 岁亡母，在大贵族厮杀的腥风血雨中一天天长大。他耳闻目睹并亲身体验了宫廷中的许多丑恶，自幼养成了一种孤傲多疑、冷酷无情的性格。1547 年 1 月 19 日，年仅 17 岁的伊凡四世在克里姆林宫乌斯宾大教堂举行了加冕仪式。当大主教马卡里将镶满珠宝的皇冠戴在伊凡四世的头上时，伊凡四世正式成为俄国第一个沙皇。俄国的历史由此揭开了新的一页。“沙皇”一词来源于古罗马皇帝的称号“凯撒”，“沙”是拉丁文“凯撒”的俄语音变。从此，俄国历代的君主都被称作沙皇。沙皇专制制度与东正教教会紧密地联系在一起。东正教宣布，沙皇的权力至高无上，因为这权力来源于上帝，这给沙皇专制制度的残酷统治披上了一层神秘的、合法的外衣。

同年 2 月，即伊凡四世加冕为沙皇不久，他就娶了莫斯科大贵族尤·扎·罗曼诺夫漂亮的女儿安娜斯塔西娅·罗曼诺夫娜为妻。罗曼诺夫家族由于成为沙皇的姻亲，实力得到了加强，于是同不可一世的格林斯基家族的矛盾不可避免地加剧了。

第二节　伊凡四世改革

15 世纪末，俄国虽然形成了统一国家，但是这个统一国家的政治、经济基础却是很薄弱的。这是因为当时远没形成统一的国内市场，国内市场的联系还很脆弱。伊凡四世加冕为沙皇后，大贵族依然横行于城乡之间；教会的权力不断膨胀，占有越来越多的土地。广大农民、城市平民与大贵族及教会的矛盾日益激化。这一切严重地威胁着俄国统一国家的存亡。

1547 年夏季，在莫斯科爆发了反对格林斯基家族的人民起义。6 月 25 日，莫斯科发生了一场大火。2.5 万所房屋被焚毁，1700 多人被烧死，8 万余人无家可归。这场大火给莫斯科居民带来了极大的灾难，人民缺衣少食，加上疾病流行，全城几乎瘫痪。这时，不知从何处传来的消息说，这场大火的罪魁祸首是沙皇的外祖母安娜・格林斯卡娅。愤怒的群众冲进克里姆林宫，将沙皇的舅父尤・瓦・格林斯基用乱石砸死。米・瓦・格林斯基仓皇逃走。伊凡四世在卫队的保护下，逃往莫斯科城附近的沃罗布约沃村（今列宁山）躲避。6 月 29 日，群众来到这里，强烈要求将纵火犯安娜・格林斯卡娅交出，同时还要求交出米・瓦・格林斯基。伊凡四世向大家保证决不会包庇他们后，群众才散去。这次事件使伊凡四世十分震惊，他为了尽快平息这次事件，将米・瓦・格林斯基革职后流放，同时严厉惩治了起义的领头人。为了巩固沙皇专制制度，强化沙皇的专制统治，伊凡四世决定进行以加强中央集权为主要内容的改革。

为了推行改革，伊凡四世在 1549 年初成立了“重臣会议”，亦称“近臣杜马”，这实际上是沙皇政府的一个新的核心统治集团，其成员都是拥护改革，并为伊凡四世所器重的人。重臣会议的主要成员有御前侍从阿列克谢・阿达舍夫、宫廷教士西里维斯特、王公安德烈・库尔布斯基、大主教马卡里等。政论家伊・谢・彼列斯维托夫是中小贵族的政治代表，拥护改革。他猛烈地抨击大贵族，认为俄国要富强，必须要限制“懒惰的富人”，即大贵族的权力，同时要依靠新兴的中小贵族，提高他们的政治、经济地位。1549 年 2 月底，在莫斯科召开了俄国历史上第一次缙绅会议，会议的中心议题是政治改革和制定新的法典。伊凡四世郑重宣布将颁布新的国家法典，进行政治和经济改革。伊凡四世号召与会者齐心协力致力于改革。这次会议的召开标志着俄国等级代表君主制的确立。

在 1549 年 2 月 27 日的会议上，伊凡四世正式授命西里维斯特编纂国家法典，由此揭开了伊凡四世改革的序幕。次日，伊凡四世颁布了解除大贵族城镇司法权的法令，这个法令所规定的基本原则成为即将制定的国家法典的基础。1550 年 6 月，国家法典编纂完成。这部法典史称《1550 年法典》，亦称《沙皇法典》。1551 年 2 月，宗教和世俗封建主代表出席的会议，通过了《1550 年法典》。这是俄国第一部统一的法律文献。法典加强了沙皇中央政府的作用，限制了总督的权力；审判权和行政权高度集中于中央，废除了王公领地的司法特权。

《1550 年法典》重申了《1497 年法典》的规定。同 15 世纪末相比，俄国农奴制有了进一步的发展。为了扶持中小贵族，伊凡四世于 1550 年 10 月下令，将莫斯科及其周边的优质土地分给在莫斯科附近没有土地的 1078 名小贵族，即奖赏“千名优秀人物”，使这些人的地位不仅在经济上，而且在政治上有了明显的提高。

新法典对地方管理制度进行了较大的改变。地方管理机关及由选举产生的地方长官效忠沙皇中央政府，直接对中央政府负责。他们维护中小贵族的利益，从根本上限制了大贵族的利益。1556 年，中央政府正式宣布废除食邑制，进一步保证了将地方机关纳入中央集权的体系。

伊凡四世的改革是内容广泛的改革，除制定国家法典外，在中央政府机构、税务、军事、宗教等方面都进行了改革。

中央政府机构的改革主要是通过设立新的政厅，代替伊凡三世时设立的那些庞杂、重复的机构。这些新设立的政厅主要有军事政厅，负责指挥作战；封地政厅，负责处理地产；外交政厅，负责执行国家对外政策；财政政厅，负责国家财政，但与国库分离。此后又根据需要，设立了治安、刑事和受理等政厅。为了削弱大贵族的势力，伊凡四世提拔中小贵族担任新政厅的领导。如外交政厅的首脑维斯科瓦提原是助理司书，出身平民，但因才华出众，深受伊凡四世赏识，成为俄国与外国谈判的首席代表。

税务制度的改革同样是以加强中央集权统治为目标进行的。首先，废除了以往教会和修道院从不纳税的特权，增加沙皇政府的财政收入；同时重新丈量和登记土地，在全俄逐渐统一度量衡，制定新的税收标准。

伊凡四世改革的重要内容之一是军事改革。为了提高中小贵族在军队中的地位和作用，伊凡四世首先在军队中不再实行门第制度，撤换了军队中那些出身于大贵族但却腐败无能的高级将领。军事改革的核心内容是1556年颁布的军役法。军役法使大贵族和中小贵族在统一标准下服兵役，领地越多，应出的人马也越多。大贵族必须亲自率领武装人员出征，凡无故不参加者，将受到笞刑，甚至被剥夺领地。中小贵族如提供了多于规定人数的兵员，可以得到现金补偿，若达不到标准，也将受到惩罚。

1550年，伊凡四世将伊凡三世建立的火枪部队改编成由3000人组成的射击军，这是俄国历史上第一支常备步兵部队。部队统一着装，已不再使用大刀、长矛、弓箭等冷兵器，而是用滑膛火枪等新式枪炮武装起来。射击军的主要任务是保卫莫斯科等中心城市的安全，镇压人民对沙皇政权任何形式的反抗。驻守在边陲地区的哥萨克同属常备部队，在发动对外战争时编入野战部队。

在宗教方面，伊凡四世同样进行了以加强中央集权统治为目的的改革。规定教会今后不得继续无休止地占有土地，少数修道院如确需接受土地捐赠，必须得到沙皇的批准。未经沙皇批准，任何人无权将地产捐赠或让渡给教会。以前贵族子弟或农民因欠债而被教会夺去的土地，要物归原主。

伊凡四世在16世纪50年代的改革，是他所信奉的君主专制思想的具体化，是在加强农奴制的基础上进行的，其目的是维护封建国家的利益，在俄国统一国家已基本形成的基础上，强化中央集权的专制统治，限制和打击封建割据势力。尽管这一改革是不彻底的，大贵族依然保留自己的世袭领地，他们在政治上、经济上的势力也并没有被彻底清除，但是这一改革提高了中小贵族的政治、经济地位，初步稳定了全国的混乱局势，有利于生产力的恢复和发展。

第三节　俄国早期的对外扩张

伊凡四世即位时，俄国的领土面积已达280万平方公里。当时因国力衰弱，政局混乱，所以暂时没有对外扩张。随着改革推行，社会稳定，国家实力不断增强，伊凡四世于是便开始大举对外扩张。在俄国的周边国家中，喀山汗国和阿斯特拉罕汗国最为弱小，成为俄国最早的侵略目标。喀山汗国和阿斯特拉罕汗国是15世纪后期在金帐汗国解体过程中分裂出来的。除了这两个汗国外，还有克里木汗国、西伯利亚汗国和诺该汗国。

1545年，伊凡四世第一次派兵侵略喀山汗国。1547年和1549年又两次派兵攻打喀山，但都没能达到目的。1551年春，喀山汗国发生内乱，伊凡四世趁机再次进攻喀山汗国，在伏尔加河右岸建造城堡，与喀山城隔江相望。在俄军压力不断增大的情况下，喀山汗国统治阶级内部的亲俄派发动政变，扶植亲俄国的沙赫·阿里上台执政。作为回报，沙赫·阿里将伏尔加河右岸的大片土地割让给俄国，但伊凡四世仍不满足。为了夺取更多的土地，伊凡四世任命俄国贵族米库林斯基为喀山汗国总督，直接统治喀山汗国。伊凡四世的这一决定遭到了喀山人民的坚决反对。1552年6月，伊凡四世亲率俄军主力部队向喀山汗国进发。8月15日，俄军集结15万人、150门大炮攻打喀山城。10月初，俄军占领喀山城，美丽的城市化为一片焦土。

吞并喀山汗国之后，伊凡四世自封为“喀山沙皇”，并立即加紧准备侵略阿斯特拉罕汗国。阿斯特拉罕汗国位于伏尔加河下游，首府阿斯特拉罕城位于伏尔加河出海口，是里海北岸的重要城市。1556年，伊凡四世兼并了该汗国。伊凡四世在自己的头衔中又增加了一个“阿斯特拉罕沙皇”的称号。不久，俄国又吞并了伏尔加河下游的诺该汗国。俄国在东南的扩张不仅扩大了它的版图，同时为侵占西伯利亚、中亚、高加索、克里木等地开辟了道路。

伊凡四世吞并了喀山和阿斯特拉罕等汗国之后，加快了侵略扩张的步伐，将矛头指向波罗的海沿岸的立沃尼亚。1558年，伊凡四世制造事端，挑起了立沃尼亚战争。这场战争断断续续打了25年，直到1583年才结束。俄国在这场战争中，只得到了芬兰湾沿岸涅瓦河口不大的一块土地，并没有达到夺取波罗的海出海口的目的。

伊凡四世还兼并了西伯利亚汗国，揭开了俄国侵略西伯利亚地区的序幕。西伯利亚汗国位于乌拉尔山脉东侧，汗国首都先设在秋明，后移至额尔齐斯河右岸的伊斯堪城。该汗国居民除狩猎、捕鱼、养蜂外，还从事农业生产。这里盛产被称为“金羊毛”的黑貂、海獭、松鼠和狐狸等的珍贵毛皮。伊凡三世曾三次进犯西伯利亚汗国，都没有成功。伊凡四世兼并了喀山、阿斯特拉罕汗国后，积极准备进军西伯利亚汗国，但因忙于立沃尼亚战争，便向斯特罗干家族颁发特许状，授权他们充当侵略西伯利亚汗国的先锋。1582 年，斯特罗干家族招募了以强盗叶尔马克为首的一批哥萨克人，9 月，组成远征军向西伯利亚汗国进发，一路烧杀抢劫，无恶不作，11 月初占领了伊斯堪城，西伯利亚汗国落入俄国的手中。1583 年立沃尼亚战争结束后，伊凡四世立即派出俄国正规军前往伊斯堪城，接管了那里的政权，将西伯利亚汗国纳入了俄国的版图。

第五章　俄国走向绝对君主制

第一节　全俄统一市场的形成

1584 年 3 月 18 日，53 岁的伊凡四世在下棋时猝然死去。此时的俄国领土已由他即位时的 280 万平方公里扩大到 398 万平方公里，增加了 42%。伊凡四世死去时留有两子，由多病的长子费多尔继承王位。1591 年 5 月，年幼的季米特里倒在血泊中，他的喉咙被割断，据说是被费多尔的内兄鲍里斯·戈杜诺夫害死的。1598 年初，沙皇费多尔患病死去，无嗣，留里克王朝终结。同年 2 月，根据总主教约瑟夫的建议，戈杜诺夫被选为沙皇，9 月，他在克里姆林宫正式即位，成为沙皇。俄国历史进入了一个交织着农民战争、统治阶级上层内讧和外国武装干涉的混乱时期。

17 世纪初，俄国出现了全国性的大灾荒，仅莫斯科地区就有 12.7 万人被饿死。大封建主、大商人趁机囤积、倒卖粮食，大发不义之财。农奴制不断加强，使农民的处境进一步恶化，武装暴动此起彼伏。1606 年，爆发了全俄历史上第一次大规模反封建专制统治的农民起义——波洛特尼科夫起义。波洛特尼科夫出身农奴，率达 10 余万人的起义军，攻占全俄 70 多座城市，一度包围了莫斯科，虽沉重打击沙皇政府，但最终失败。波兰、瑞典等外国侵略者趁俄国国内出现动乱时，派大军入侵俄国，诺夫哥罗德、莫斯科等重镇失守，俄国面临着亡国的危险。俄国军民奋勇反击侵略者，于 1612 年 10 月收复莫斯科。同年 11 月，开始准备选举新的国家最高权力机构。1613 年 1 月，有 700 余人参加的缙绅会议在克里姆林宫举行，出席会议的有大贵族、中小贵族、哥萨克、商人及教会的代表。大贵族米哈伊尔·罗曼诺夫在会上被推选为沙皇，开始了俄国历史上的罗曼诺夫王朝统治时期。

始于 16 世纪末的混乱，直至 17 世纪 20 年代才结束，此后俄国历史进入了一个新的发展阶段。俄国的农业、畜牧业、手工业和传统的毛皮、捕鱼、养蜂业都有了较大的发展。尽管自然经济仍然占统治地位，但随着社会生产力的不断发展，开始出现了标志着资本主义萌芽的工场手工业。到 17 世纪下半叶，全俄统一市场基本形成，出现了不少全国性的大集市和商业中心，其中著名的大集市有尼日涅－诺夫哥罗德的马卡里耶夫、布良斯克的斯文斯克、乌拉尔的伊尔比特。全国性的商业中心主要有沿伏尔加河的阿斯特拉罕、喀山、尼日涅－诺夫哥罗德、亚罗斯拉夫尔，还有西部和西北部的基辅、斯摩棱斯克、普斯科夫、诺夫哥罗德等。17 世纪时，俄国的城市已有 200 多个。莫斯科是全国最大的工商业中心。

全俄统一市场的形成加快了俄国对外贸易的发展。阿尔汉格尔斯克、诺夫哥罗德、普斯科夫、斯摩棱斯克和阿斯特拉罕等是俄国与欧洲及东方各国贸易的中心。俄国出口的主要产品是皮革、亚麻、麻布、木材、树脂等；进口的主要是呢绒、金属制品、武器、珠宝、酒和茶叶等。随着俄国经济社会的发展，对外贸易在俄国的经济生活中占有越来越重要的地位。

由于商业活动的迅速发展，商人作为一个新兴的社会阶级开始出现，并在社会生活中发挥着重要的作用。这些商人多是从原来的手工业者、农民、哥萨克中分化出来的，他们与封建主、贵族相比，没有社会地位，但却拥有巨额资本。他们或经商，或办工场，通过商业活动不断提高自己的社会地位。在这些商人中，逐渐分化出“客商”，他们是商人的上层集团，与官府联系密切，并在一些方面同贵族一样拥有不少特权。

第二节　俄国绝对君主制的建立

17 世纪上半叶，俄国等级代表君主制发展到顶点。缙绅会议虽然没有广大劳动者的代表出席，但毕竟吸收了除劳动者以外的广泛的社会各阶层的代表参加。沙皇米哈伊尔·罗曼诺夫是由缙绅会议的多数代表选出来的。他即位后，虽然强调“君权神授”，标榜自己是“专制君主”，但对所有关系国计民生、对外政策等的重要问题，主要是通过缙绅会议做出决策。通过缙绅会议，沙皇政府广泛吸取社会各阶层代表的意见。在缙绅会议的支持和帮助下，米哈伊尔·罗曼诺夫在发展和强化中央集权方面取得了显著的成就。

1645 年，沙皇米哈伊尔·罗曼诺夫病逝，其年仅 16 岁的儿子阿列克谢·米哈伊洛维奇即位。他即位时，全俄统一市场已经形成并得到发展，以沙皇为中心的中央集权统治也在不断加强。1648 年—1649 年，在俄国召开了历史上最大的一次缙绅会议。这次会议的主要任务是在《1550 年法典》的基础上，制定旨在强化沙皇专制统治的新法典。在这次会议之后，随着沙皇个人独裁专制的权力不断加强，俄国社会的政治制度由等级代表君主制向绝对君主制过渡，缙绅会议就很少召开了，即使召开，也不再履行国家最高统治机构的职能，可以说逐渐名存实亡。1653 年，为了在吞并乌克兰的问题上取得共识，沙皇召开了缙绅会议，这是俄国历史上确实有各等级代表参加的最后一次缙绅会议。显然，等级代表君主制在 17 世纪中叶已经完成了它的历史任务。在 17 世纪下半叶，沙皇政府在决定某一方面的问题时，往往召开只有个别等级代表参加的会议。

在建立绝对君主制的过程中，作为国家政权最高机构的大贵族杜马，或称领主杜马的权力受到进一步的削弱。大贵族杜马，即大贵族会议，10 世纪起成为俄罗斯国家大公，即 1547 年后沙皇政权的最高机构，由世袭贵族组成。每当决定国家的内外政策、宗教问题或立法时，大公或沙皇都要与其进行协商，15 世纪末已成为最高权力下的常设机构。伊凡四世进行内容广泛的社会改革，实行沙皇特辖制，沉重地打击了世袭贵族的势力，削弱了大贵族杜马的权力，但是，它仍然是国家的最高权力机构，沙皇专制制度与大贵族杜马同时存在。

沙皇政府为了控制大贵族杜马，自17世纪起开始有意地改变大贵族杜马的成分，除了代表封建割据势力的世袭贵族外，一些有才能的、非显赫家族出身的贵族也成为大贵族杜马的成员。他们的人数不断增加，在杜马中的作用也日益显著。这样，在大贵族杜马内逐渐形成了一个完全服从沙皇的官僚集团，大贵族杜马在国家政治经济生活中的作用明显被削弱了。17世纪末，沙皇已经很少召集大贵族杜马研究国事，相反却经常找一些亲信商谈。这时的大贵族杜马已经不可能像在等级代表君主制的政治制度下那样与沙皇分享权力了。随着大贵族杜马的影响日趋衰微，沙皇专制制度的中央集权统治不断加强。到18世纪初，它被新成立的参政院所取代。

控制、削弱不断增长的教会的势力是沙皇建立绝对君主制的又一重要任务。沙皇阿列克谢·米哈伊洛维奇即位后，为了加强沙皇专制制度，于1653年决定支持总主教尼康进行宗教改革。但是，尼康的改革却只是在表面上做文章，如按希腊原版修订经书、统一礼拜仪式等等，而其实质却是在“神权至上”的旗号下，极力加强教权。他将自己的权力比作太阳，而将沙皇的权力比作月亮。他甚至利用沙皇阿列克谢·米哈伊洛维奇对他的信任擅理朝政。最初进行宗教改革时，沙皇曾利用各种机会树立尼康的威信，将其视为自己的密友，但他的所作所为已与加强沙皇的中央集权统治背道而驰，引起了沙皇的强烈不满。

1658年，沙皇与尼康之间的矛盾终于爆发了。尼康坚持沙皇无权干涉教务，并以提出辞去总主教的职务相要挟，退居到莫斯科郊外的修道院。8年后，1666年—1667年召开了有希腊大主教参加的宗教会议，虽然是宗教会议，但仍然在沙皇的干预下对尼康进行了严厉的谴责，并宣布将其撤职流放。对尼康的处理是绝对君主制取代了等级代表君主制的重要标志。

为了与绝对君主制相适应，沙皇政府建立了一些新的衙门处理行政事务。在15—16世纪时，俄国即已经设立了衙门，它是沙皇政府忠诚的驯服工具，一切活动均体现出沙皇的意志。17世纪时设立了一些新的衙门，但旧的衙门依然存在，一度多达80多个。经常行使职权的衙门有40多个，主要的衙门是

和沙皇政权的巩固、发展有密切联系的衙门，如负责军事、国防的行伍衙门，负责封建领地的封地衙门，负责外交事务和制定外交政策的使节衙门等。尽管有这样多的衙门，但却缺少统一管理国家财政的衙门，这不仅表现出财政制度相当混乱，而且还突出反映了沙皇政府的行政机关还不健全。各衙门机构重叠，职权不清，工作效率极低。在地方，沙皇政府则实行督军制。督军作为贵族上层的代表，由沙皇政府派出，任地方的行政长官，受中央政府的委托，负责处理当地的军事、行政、税收和司法等方面的事务。1613 年，中央政府曾向全俄 33 个城市派出督军，到了 17 世纪中期，全俄开始普遍实行了督军制。尽管如此，无论是地方还是中央的行政机构，都远不能适应中央集权的沙皇政府的需要。

俄国绝对君主制的建立使得俄国军事制度发生了重大变化。17 世纪初，伊凡四世时建立的射击军依然是俄国军队的重要组成部分。射击军是领地制性质的常设军，同以往的贵族军队相比，具有较强的战斗力，但仍不是正规部队。俄国在从等级代表君主制向绝对君主制过渡的过程中，对内加紧剥削人民，毫不留情地镇压人民的反抗，对外则加快了侵略扩张的步伐，通过战争扩大自己的版图。在这样的背景下，领地制军队日渐过时，射击军越来越不能适应沙皇政府内外政策的需要了。沙皇政府最初曾想通过招募外国雇佣军来解决问题，17 世纪 30 年代，曾从瑞典、德国、法国、苏格兰等国招募数团雇佣军，但效果并不好，因为要付给对方很多的钱，而且这些军队在对外战争中也不可靠。于是沙皇政府决定以西欧国家的军队为榜样，对俄国现有的军队进行改造，建立一支新型的、外国式的军队代替射击军，这支军队被称为“新制团”。到 17 世纪 60 年代，新制团的兵力已达 7.7 万人之多。

第三节　农奴制强化和《1649 年法典》

17 世纪的俄国是沙皇专制制度及封建农奴制不断加强，阶级矛盾异常激化的时期。17 世纪初期，俄国在经历了一场几乎使国家崩溃的危机之后，集中力量发展农业生产，巩固封建土地所有制，使其在较短的时间内得到了较大的发展。中小贵族是沙皇政府扶植的对象，代表封建割据势力的世袭贵族的显赫地位受到抑制。随着封建土地所有制的发展，广大农民受封建贵族地主阶级的剥削日益加深。农民被剥削的主要形式是向贵族地主交纳实物代役租和货币代役租，此外，还有劳役租和劳役义务。在不同的地区，劳役租有不同的表现形式，农民除了为贵族地主建房、修坝、加工农副产品外，有时还要负责长途运输。这样，劳役租每周就不止三四天了。

沉重的劳役负担使农民不断破产，大量逃亡，流落他乡。在 17 世纪上半叶，破产农民主要逃往哥萨克聚居的地区。沙皇米哈伊尔·罗曼诺夫为了维护封建贵族地主阶级的利益，颁布敕令，规定地主可以在 5 年内追回逃亡的农民，以后又不断延长到 9 年、10 年，如果逃亡的农民被其他主人带走，追回的期限甚至可以延长到 15 年。不仅广大农村阶级矛盾空前激化，生活在城市和乡镇的市民的状况也因苛捐杂税不断加重而日趋恶化。赤贫的市民为了继续生活下去，也被迫逃亡。

逃亡的农民和市民不断增加，反抗沙皇专制统治的斗争此起彼伏，多次爆发农民起义。1632 年到 1634 年，斯摩棱斯克等地的驻军也多次发动了起义，起义者入伍前多是农民，所以这些起义具有农民战争的性质。17 世纪中叶沙皇阿列克谢·米哈伊洛维奇即位后，纵容大贵族鱼肉百姓，巧取豪夺，使广大人民的生活状况日益恶化。1647 年底，沙皇政府被迫取消盐税，为了增加国库收入，政府在 1648 年底做出人民需纳 3 年的直接税的决定，这进一步激化了沙皇政府同人民之间的矛盾。1648 年 6 月初，莫斯科爆发了人民起义，群情激愤的起义者处死了作恶的官僚地主，烧毁贪官的豪宅，一度占领了莫斯科。6 月 5 日，人民起义被血腥镇压。中小贵族、市民上层、客商等社会阶层利用起义所产生的影响，向沙皇施加压力，要求撤消直接导致起义爆发的大贵族莫罗佐夫的职务。沙皇答应了这个要求，召回被莫罗佐夫放逐的政府官员，不再追收欠税，同时还宣布将召开缙绅会议，制定新的法典。

1648 年 9 月，缙绅会议在莫斯科召开，直至次年 1 月底才结束。会议召开前，成立了专门的法典编纂委员会。制定新的法典时，委员会认真考虑了

中小贵族和工商业者、市民的请求，同时广泛研究参考了以往的一些法典，如《1497年法典》《1550年法典》和《拜占庭法》《东正教教会文书》等。在编纂法典的过程中，统治阶级内部拥护和反对莫罗佐夫的两派进行了斗争。拥护莫罗佐夫的那一派得到了沙皇的支持，之后莫罗佐夫回到了莫斯科，官复原职。

1649年1月底，新法典编纂工作结束，向全国公布。该法典被称为《会议法典》，也被称为《沙皇阿列克谢·米哈伊洛维奇法典》或《1649年法典》。这部法典使广大农民的状况进一步恶化了。他们不仅负担更加沉重，而且人身自由受到了更加严格的限制。这部法典从法律上确定了农奴对主人终身的和世袭的依附关系，将野蛮的封建农奴制固定了下来。法典规定，地主有权以1626年编纂的土地财产登记簿或1646年—1647年的人口调查表为依据，追捕逃亡者；农民如果逃亡，主人可以无限期地追回，同时追回他的妻子、儿女及财产，取消了搜索农奴的期限。从此，农民及其子孙世世代代被束缚在地主的土地上。法典还规定，封建地主在法庭上对自己的农民要负全部的责任，在自己的领地上则有权审讯农民，对农民进行拷打、带上镣铐、进行判决，还有权干涉农民的财产、婚姻及其他个人事务；除了自己的主人有背叛沙皇的行为外，农民无权就其他任何事告发主人；如果地主破产，其债务需由农民负责偿还。

《1649年法典》的制定标志着俄国农奴制的最后确立，在此基础上，沙皇专制制度得到巩固和发展，沙皇个人的权力也扩大了。俄国在从等级代表君主制向绝对君主制的过渡中，又迈出了重要的一步。

第六章　16世纪中期至17世纪的俄国文化

第一节　迅速发展的教育

15 世纪末，俄国的教育得到了较大的发展。16 世纪时，俄国的法律规定，政府的各级司法、行政官员必须识字，还规定签字是证明文件有效的最基本的方法，从而刺激了俄国教育在 16 世纪继续得到发展。16 世纪中期，百章宗教会议根据伊凡四世的旨意，提出在莫斯科和全国城市普遍设立学校的计划，后虽因师资不足，这个计划未能实现，但这反映了教育在国家社会中的影响在不断增强。

1574 年，俄国印刷术的鼻祖伊凡·费多罗夫印刷出版了俄国第一部语法书《识字课本》。这是一部初级读本，内容包括基本语法、改进了的教学体系、范文，以及人道主义的教育教学思想等，不仅在普及文化知识方面有不可替代的作用，而且对 16 世纪中期以后俄国教育的发展产生了重要的影响。16 世纪由于教育的发展，一些探讨如何教育儿童的书籍陆续问世，如《治家格言》《怎样用各种惩罚和对神的畏惧教育自己的孩子》《怎样用畏惧来教育和挽救孩子》等。在当时的俄国，宗教神学对教育仍有重要的影响，要求学生敬畏“神明”，并在学习活动中，严格执行宗教仪式。俄国的教育思想不反对体罚教育，主张通过体罚达到教学目的，这是不可取的，但也有一些积极的内容，如强调家长不仅要严格要求自己的孩子，而且还要热爱自己的孩子，关心他们的成长，使他们英勇、顽强、节俭、谨慎，爱劳动、有礼貌等。

17世纪，俄国教育中的一个重要现象是有了统一的课本，从而使识字教育有了统一的内容。瓦西里·布尔采夫的识字课本、梅列季·斯莫特里茨基的语法书、卡里翁·伊斯托名的识字课本，都为推动俄国的识字教育做出了重要贡献。有些课本一版再版，印数很大。17世纪后半期，莫斯科一印书院所印课本达30多万册。

16世纪至17世纪前半期，乌克兰和白俄罗斯处于波兰－立陶宛王国的统治之下。乌克兰和白俄罗斯的人民成立了与波兰天主教会学校相对立的兄弟会学校。这些学校不仅是学习东斯拉夫文化知识的场所，而且也是与波兰－立陶宛的民族压迫进行斗争的工具。继1586年在里沃夫成立了乌克兰第一所兄弟会学校后，乌克兰和白俄罗斯的许多城市也都成立了这样的学校。斯拉夫语是学生的主要学习内容，此外还有希腊语、拉丁语、修辞学和算术、几何、天文学、唱歌等。

17世纪后半期，随着全俄统一市场的形成，封建土地所有制的加强和社会生产力的不断发展，俄国的教育有了较大的发展，并为18世纪俄国教育的重大改革进行了必要的准备。

首先，初等学校的数量明显增加了。这些学校主要设在教堂和修道院内，教学的内容以读写为主。一些较大的城市还开办了文法学校。在莫斯科等文化中心，出现了希腊－拉丁语学校，还成立了学习其他外语，如波兰语、瑞典语、德语等的学校。其次，在初等教育的基础上，教学内容向更深的层次发展，出现了具有高等教育性质的学校，如17世纪末，在诺夫哥罗德建立了斯拉夫－希腊－拉丁语学院，学院的办学目标不仅是为教会，而且也是为社会培养各方面的专门人才。俄国的一些著名学者，如米·瓦·罗蒙诺索夫等曾在这里就读。

教育的发展使有知识有教养的人越来越多，在这些人中，既有贵族，也有一般的平民；既有僧侣，也有世俗人。他们的共同特点是掌握多种外语，在

米·瓦·罗蒙诺索夫

文学或宗教、政治、天文、地理等领域都有一定的造诣。这批人的出现和不断增加，导致社会上对书籍的需求明显增加，推动了印书业的发展。16 世纪中期，《斋戒三重颂歌》《福音书》等第一批出版物印制出版。1564 年 3 月，《使徒行传》出版，该书字体统一，图案精美，版面清晰，表明俄国的印刷术已不断完善，俄国的印书业进入了一个新的发展阶段。这些宗教方面的书籍的作用不仅是在宣传教义上，而且还表现在让人民识字、学习文化知识方面。在波兰－立陶宛统治的俄罗斯人地区，这些俄文版的宗教著作则是保卫民族文化的有力工具。自 16 世纪下半叶起，俄国各地藏书的范围及规模发生了明显的变化。修道院依然是藏书的主要场所，一些贵族也藏有许多书，据说伊凡四世有一个专门用来收藏希腊文和拉丁文书籍的大图书馆。

封建生产关系的加强和农奴制度的确立，要求经常进行土地丈量，计算农民应承担的赋税或徭役。社会生活的客观需求使数学自 16 世纪以来得到了较大的发展，在实践中产生了一些有价值的计量方面的著作，如《土地丈量和土地分割法》《田赋簿》等。数学的进步促进了历法的发展，当时编出的《复活节日期计算表》已能准确地推算出 100 年内的复活节日期。较有影响的天文学著作还有《六翼表》《宇宙志》等，作者在观测的基础上正确地解释了日食、月食等自然现象，并能预测月食等天象发生的时间。

生物学和医学知识和社会生活之间的联系变得更加密切。首先是实用医学有了明显的进步。一些通俗的医书对民间流行的验方、药物进行了鉴别和整理，使之具有更高的科学价值。1543年，俄罗斯人根据德文书编译出版了《花园》一书，该书内容丰富，主要包括个人卫生、护理病人、草药的药性及使用、某些疾病的具体治疗方法。1581年，在莫斯科开办了一所专为皇室服务的药房。

第二节　强化中央集权的社会政治思想

俄罗斯中央集权国家形成后，面临的主要问题是如何战胜封建割据势力，进一步巩固统一的中央集权国家。是坚持封建割据还是坚持集权统一，成为16世纪中期俄国政论家们所关注的重要主题。

伊凡四世不仅是俄国第一代沙皇，而且是主张建立中央集权的著名政治思想家。他在16世纪中期开始的改革，以及建立沙皇特辖制、沙皇特辖军等，都是在激烈的政治思想斗争中进行的，争论的焦点是俄国究竟要不要建立一个中央集权的国家。莫斯科大贵族库尔勃斯基王公认为，专制是一种罪恶，会将俄国“封锁”起来，使其像“关在地狱里一样”，伊凡四世正是信奉专制、集权，所以才乱施暴政。伊凡四世在写给库尔勃斯基的一封长信里面，对其进行了严厉的驳斥，并明确地表达了他为什么主张把俄国建成中央集权的国家。

伊·谢·彼列斯维托夫是当时众多政论家中的著名代表人物。他生于立陶宛，曾在波兰、匈牙利的军队中任职，1538年来到莫斯科。他主张俄国应成为一个统一的中央集权国家，他撰写的反映这种政治观点的政论著作，在莫斯科的上层社会广泛流传。此外，他还写有《关于君士坦丁堡的希腊国王的故事》《关于穆罕默德苏丹的故事》《关于书籍的故事》和《哲学家们和博士们的预言》等。

伊·谢·彼列斯维托夫坚决拥护伊凡四世旨在加强中央集权统治的改革，

1547 年—1550 年间，他在呈送伊凡四世的奏章中集中阐述了他的这些思想。他认为，世袭的大贵族是威胁中央集权国家统治的主要政治力量，如果这些人握有国家大权，那国家将陷入毁灭性的战乱之中。保卫国家不受外敌的侵犯，也不能指望大贵族，因为他们贪图安逸，懒散成性，只知道个人发财，不可能完成艰苦的战斗任务。他认为，新兴的服役贵族是国家的栋梁，他们之所以成为贵族，并不是因为他们出身高贵，门第显赫，而是因为他们对国家有功劳。他尖锐地批判了门第观念，认为自古以来所有人就是生而平等的，“上帝创造出了能够自我管理的人，并且吩咐人要亲自成为主人，而不是去当奴隶”。他主张沙皇应该是“威严的和独断专行的，并且是贤明的而且不必下问的”，总之，沙皇应有至高无上的权力，遇事无须同大贵族商议。在伊·谢·彼列斯维托夫看来，世袭大贵族应该彻底退出历史舞台；对大贵族坚持封建割据的行为，应毫不留情地坚决镇压，要使用恐怖手段，因为“没有这种恐怖，要想在国内伸张正义是不可能的”。

另一位著名的政论家是叶尔莫拉伊·叶拉兹姆。他是莫斯科一座大教堂的大祭司，他的政论文章主要研究社会结构、阶级关系、各阶级的权利与义务等社会问题。在俄国社会思想发展史上，他第一个提出对农民阶级要实行“缩小强制政策”。1549 年，他在《慈善的沙皇管理农业》论文中提出，农民是一切财富的创造者，粮食及一切财富都是靠农民的劳动而来的，从沙皇到普通的居民都是靠农民的劳动来养活的。因此，国家应关心并改善处在“悲痛的动乱里面”的农民的现状；由于沙皇政府的收税人对广大农民作威作福，横征暴敛，除将一部分捐税上缴沙皇政府外，其余的都被他们中饱私囊。当他们不能达到目的时，往往对农民施加暴力，使农民的生活状况愈加恶化。他认为改善农民的现状，首先要减轻农民负担的各种苛捐杂税，建议用统一的谷物地租来代替包括货币地租在内的各种捐税。谷物地租以收获量的 1/5 为限度，同时征收储备的干草和木柴的 1/5。这同当时征收实物地租等于收获量的 1/3 到 1/2 相比，农民的负担会明显地减轻。

16 世纪中期，异端派的产生是当时俄国社会政治思想发展中的一个重要内容。异端派的代表人物之一是政论家费奥多西·科索伊。他曾是农奴，后到修道院为僧，是一位农民思想家。他主张在上帝面前人人平等，不分种族，不分信仰，不分贫富；人类生活的社会应该是一个没有战争、没有仇敌、没有权力争斗的平等社会，如果说这个社会有什么权力的话，那么，上帝是唯一的权力 。由于当时的教会拥有大量地产，并不择手段地巧取豪夺，占有愈来愈多的地产，使农民破产，费奥多西·科索伊对教会进行了严厉的抨击。他认为教会中存在的不平等现象和压迫现象表明，教会已经背离了上帝的旨意，已不是真理和正义的化身。他反对建造殿堂，反对崇拜圣像和十字架，嘲笑各种宗教仪式，他还明确指出，凡是由教会指定为“圣洁者、虔诚者和神圣者”的人，在实际生活中恰恰是反其道而行之的贪婪之徒。对神职人员与沙皇政府相勾结欺压人民的本质，费奥多西·科索伊也进行了淋漓尽致的揭露。他说，神甫的教诲不仅是要求人民服从他们，而且还要求人们“畏惧世俗政权并向其纳贡”。因此，他号召人们“不应听命于政权和神甫”，他不仅反对教会，而且把斗争矛头指向沙皇政府，反映了广大受压迫人民的愿望。

如果说费奥多西·科索伊的所谓异端思想主要代表的是农民的社会主张和理想，那么马特维·巴什金的所谓异端思想则更多地代表了市民的利益和愿望。他是一个领主子弟，同费奥多西·科索伊一样，他也反对官方建立教会，反对崇拜圣像，批判各种束缚人的思想的宗教仪式。但是在对社会的抨击上，他较费奥多西·科索伊要温和得多。他并不要求在社会生活中人人平等，仅仅反对同基督教教义鼓吹的仁爱原则相距太远的农奴制，他亲自实践了他反对农奴制的主张，解放了自己的农奴。

费奥多西·科索伊和马特维·巴什金的思想不为教会和沙皇政府所容。他们相继被捕。费奥多西·科索伊及其支持者不久从莫斯科逃到立陶宛；马特维·巴什金于1553年被最高宗教会议定罪，禁闭在一所修道院，后来死在那里。许多支持他们的人遭到残酷迫害，不少人被处决。

16世纪中期以来，俄国政治思想理论中的一个主要问题，是为什么要建立，以及如何建立中央集权的统一国家。伊·谢·彼列斯维托夫、伊凡四世等主张铲除封建割据势力，建立中央集权国家的思想具有进步的意义。但是在建立中央集权国家的过程中，沙皇政府为维护其根本利益，强化野蛮的农奴制，加紧对外扩张，同时与教会相勾结，禁锢人们的思想，对所谓异教徒进行残酷镇压，这一切给人民带来了深重的灾难。在 17 世纪，俄国政治思想中的进步倾向没有继续得到发展。

第三节　文学和史学

16 世纪中期以来，俄国文学的重要主题是国家统一，以及一个统一国家的文化发展。主教马卡里用 12 年的时间，将俄国的宗教文学汇编成《大日课经文月书》。这部巨著包括《圣经》《圣徒行传》等经典著作。此外，《诺夫哥罗德的米哈伊尔·克罗普斯基传》《穆提扬督军德拉库尔纪事》《格鲁吉亚女王迪拉娜的故事》等从不同的侧面反映了人们反对封建割据、坚持国家统一、拥护王权的思想。这一时期的民间口头文学，特别是民间诗歌创作，在俄国文学发展史上占有重要的地位。这些作品内容丰富，洋溢着浓郁的生活气息，生动地表达了人民的爱憎。农奴化程度的不断加深给广大农民带来了深重的灾难，使农民的生活状况愈加恶化。这一切在文学中都有所反映，如怀念农民战争的领袖鲍洛特尼科夫、斯杰潘·拉辛等人，歌颂他们是“鲜红的太阳”。

17 世纪时，俄国的文学有了更多的现实主义内容，具有明显的人文主义倾向，一些作品甚至对教会进行尖锐批判，使世俗文学与宗教文学有了明显的差异。然而，这一时期俄国文学最大的特点是讽刺小说和历史小说的盛行。

讽刺小说语言生动、诙谐，情节简单、有趣，内容贴近现实生活，在一般社会下层拥有广大的读者，可被认为是通俗的文学读物。虚伪的教会首先是讽刺的对象，在《公鸡和狐狸的故事》中，狐狸是教会的化身，他用美妙的语言劝说公鸡从树上下来，下来后可得到“祝福和恕罪”，结果公鸡飞下来后，立即被狐狸吃掉了。类似的作品还有《为酒馆祈祷》《卡利亚津呈文》《卡尔普·苏图洛夫的故事》《萨瓦神甫的故事》《酒鬼的故事》等。

在这些作品中，平日道貌岸然的僧侣的真面目被揭露得淋漓尽致。他们或是与沙皇政府相勾结的贪官，或是腐化堕落、生活放荡的酒鬼，虚伪是他们共同的本质。法庭也是被讽刺的对象。《叶尔什·叶尔绍维奇的故事》和《谢米亚基审判的故事》等书揭露了法庭与封建主相勾结，收受贿赂，欺压无权无势的贫苦农民的罪恶勾当。正是由于他们贪赃枉法，才使农民破产，流离失所。

《赤贫者的课本》是17世纪俄国一部著名的讽刺小说，作者通过叙述一名赤贫的人的悲惨遭遇，深刻地揭露了各类卑劣者的丑恶面目，以及社会上种种不平等现象。各种倒霉的事情都落到了主角一个人的身上，亲属嫉妒、财主欺负、邻居仇视、被告密者出卖等。然而，最坏的是富有的财主，他们“对穷人吝啬透顶，鬼才知道他们从何处和怎样发的财”。这些财主使这个倒霉的人“欠下还不清的债，使他一贫如洗”。他对财主充满了仇恨，他说：“我只要听到地主的哼哼声，我就要用棍棒敲他的脊梁骨”。这实际上反映了所有受压迫的人民对压迫者的仇恨和反抗。在《背运汉的故事》中，作者塑造了一个受人同情的穷人形象，他“一无所有，赤身、光脚，腰间系着一条树皮做的带子”，他穷困潦倒，成为赤贫者，一定程度上与酗酒狂饮有关，这也是一个普遍的社会问题。

在17世纪，由于全俄统一市场的形成，新兴的商人和地主阶级在社会生活中的地位不断提高。这在文学作品中也有明显反映。在1680年问世的《弗罗尔·斯科别耶夫的故事》中，作者通过描写新贵族弗罗尔·斯科别耶夫的婚姻，形象地表现了在17世纪时，俄国旧贵族没落和新贵族上升这样一个重要的社会现象。在《萨瓦·格鲁岑的故事》中，主人公萨瓦·格鲁岑是商人的子弟，在17世纪俄国社会迅速发展的背景下，他厌恶父辈迂腐的生活，决定离开他们，去追求自己新的生活。但是，旧的习惯和势力依然有强大的力量，为此，他付出了沉重的代价。这部作品擅长心理描写，在艺术上也很有特色，一般认为，这是俄国第一部长篇小说。

17世纪时，俄国文学发展的一个重要现象是翻译作品明显增多。法国、德国等西欧国家的小说逐渐为俄国人所了解，并对俄国文学的发展产生了一定的影响。在俄国，由于教会的干预，反映爱情的小说很少。西欧国家的骑士小说《博韦王子的故事》《勇敢骑士金钥匙彼得的故事》《奥托皇帝和奥伦妲皇后的故事》等对爱情的描写生动活泼，引人入胜，吸引了众多的读者。此外，还有一些作品来自东欧或东方国家。流传较广的作品有《叶鲁斯兰·拉扎列维奇的故事》《七贤故事》《格言集》《罗马故事集》《圣谕》等。

历史小说的出现和讽刺小说、外国文学译著的出现一样，反映了社会对文学的需求在不断增加，同时也表明文学在自身发展的过程中，被渗透进越来越多的世俗思想。历史小说离不开历史事件，而历史事件的中心是人。这一时期著名的历史小说有《特维尔少年修道院初建记》《莫斯科公国开国记》《顿河哥萨克围攻亚速夫纪事》等。历史上确有其事的真实事件被赋予了文学作品的感染力，同时使历史小说的主题开始从宗教神学中的神转变为现实中的人。因此，17 世纪历史人物传记的主角不再是圣徒、圣母，而是具体的人，如沙皇费多尔、大主教尼康、近臣拉吉舍夫、贵夫人莫罗佐娃等人的传记都属于这一类。《乌里扬尼娜·奥索尼娜记》是一部有特色的传记著作。它是由乌里扬尼娜·奥索尼娜的儿子写成的。在这部著作中，乌里扬尼娜·奥索尼娜是一位能干的家庭主妇，她和蔼可亲、关心邻里、助人为乐，既能同丈夫、子女和睦相处，又能同仆人和睦相处。

17 世纪时，俄国历史著作最大的变化是基本放弃了编年体的撰写方法，而更多采用记事和政论的体裁。这种变化是和历史知识的积累、历史思想的进步联系在一起的。17 世纪最初的 20 年，人们经历了“混乱时期”，激烈的社会动荡使人们了解本国历史的愿望空前迫切，这也推动了历史著作的繁荣。《沙皇费多尔·伊凡诺维奇纪事》《1606 年纪事》《瓦尔拉阿姆告密》《关于格里什科·奥特列皮耶夫的故事》《纪事集》《新纪事》《俘虏悲号》等成为人们了解 16 世纪末至 17 世纪初俄国历史的重要史料。

罗曼诺夫王朝建立后，大量官方的关于“混乱时期”的历史文献问世。这些文献从维护沙皇政府和地主贵族的根本利益出发，极力歪曲历史，将 17 世纪初社会混乱的原因归结为农奴造反，是违背了基督圣训的结果。他们在强调沙皇专制制度和农奴制神圣不可动摇的同时，攻击农奴对封建农奴主的反抗是俄国“一切罪恶的根源”，农民战争给俄国带来了无穷的“灾难”。只有新的皇权才能解决俄国社会的混乱，罗曼诺夫王朝就是给俄国带来稳定和发展的新王朝。1630 年问世的《新编年史》是记述“混乱时期”的重要历史著作。这部著作是在沙皇米哈伊尔·费多罗维奇的父亲的倡议下编撰的，带有明显的官方修史色彩，全书的宗旨是论述罗曼诺夫王朝建立的必然性和合法性。

17 世纪时，罗曼诺夫王朝为官方修史进行了新的努力。1657 年，沙皇政府成立了专门修史的“记事衙门”，其主要任务是编撰罗曼诺夫王朝的历史。早在 16 世纪，主教马卡里曾下令编撰《皇室谱系》。这部谱系将俄国历史的发展分成 17 个“阶梯”，从开国王公起，写到伊凡四世止。第一个“阶梯”是弗拉基米尔·斯维亚托斯拉维奇公国，第 17 个“阶梯”是伊凡四世时的俄国。在叙述俄国历史发展的每一个“阶梯”时，都极力将皇权和教会密切地结合起来，强调“君权神授”，其现实意义在于表明，任何对沙皇政权的反抗，都是在与上帝对抗。记事衙门建立后，开始续写《皇室谱系》，补充了伊凡四世以后新的史料。

第四节　建　筑

16世纪中期以来的俄国建筑艺术在继承俄国传统的建筑艺术风格的同时，又有新的发展。莫斯科作为俄国政治、经济、文化的中心，同时又是欧洲最大的城市之一，集中展示了俄国的建筑艺术 。为了庆祝伊凡四世加冕为俄国第一代沙皇，修建了吉亚科夫教堂，这座教堂由中心高大的圆顶柱塔和四角的小柱塔组成。伊凡四世为了纪念征服喀山，于 1555 年—1560 年在莫斯科城郊修建了一座豪华的教堂——瓦西里·勃拉任内大教堂。这是一个宏伟的建筑群，中央高大的建筑是富丽堂皇的升天堂，这座殿堂不是圆顶的，而是四坡顶的，四周有八座柱塔形的建筑物环绕，所有的建筑外墙都有精美的绘画和浮雕。整个教堂浑然一体，仿佛是一座巨大的雕塑。1585 年，鲍里斯·戈杜诺夫在一所修道院内仿造莫斯科著名的圣母升天堂，修建了一座升天堂。在这之前不久，沃洛格达修建的索菲亚大教堂，有不少地方是对莫斯科教堂的模仿。这些教堂表明，俄国的建筑艺术已经开始摆脱拜占庭建筑艺术的影响，与一个独立、统一、中央集权的俄罗斯国家相一致，俄国建筑逐渐形成了自己所独有的民族风格。

在 17 世纪，民族特点鲜明的俄国建筑有了进一步的发展。木结构建筑依然是俄国普遍的建筑形式，特别是在农村。这一时期木结构建筑的代表作是莫斯科郊外科洛缅斯科耶村的皇宫。这是一座典型的俄罗斯风格的建筑群，无论是沙皇、皇后、皇太子、公主专用的宫殿，还是一般随从的起居室，都各有特色。精致的雕刻和栩栩如生的壁画交相辉映，绚丽的色彩令人眼花缭乱。石砌建筑也较普遍，多作为中上层贵族和商人的住宅。

莫斯科的建筑，特别是克里姆林宫的建筑，对 17 世纪俄国建筑艺术的发展产生了重要的影响。在克里姆林宫的塔楼上，都修筑了巍峨的锥形尖顶，这些具有装饰作用的尖顶，使这些塔楼有了强烈的美感，特别是 1628 年在弗罗洛夫斯基塔楼上安装了自鸣钟后，克里姆林宫显得更为壮观，成为莫斯科的象征。克里姆林宫中的闺宫原是木质结构，早年因失火被焚为废墟。1635 年—1636 年，俄国建筑师安季帕·康斯坦丁诺夫等重修了闺宫。这座新的宫殿是五层阶梯式的建筑，顶层上覆以不高的结合穹顶，正面朝向莫斯科河，由于每层都有敞廊围绕，门窗上饰有精美的雕刻，所以显得极为华丽。修饰一新的莫斯科克里姆林宫是俄国建筑艺术的精华。

17 世纪中后期，俄国的建筑艺术已更加成熟。复杂的结构、独特的布局、精美的装饰，为其接受西欧的巴洛克建筑艺术创造了有利的条件。“巴洛克”产生于 17 世纪的意大利，巴洛克时期是西欧文化发展史上的一个重要时期。巴洛克艺术的主要特征是豪华和浮夸，与文艺复兴时期的严肃、含蓄相悖。巴洛克风格建筑艺术善于运用矫揉、夸张的手法，在宗教建筑上，将建筑物、绘画、雕塑合为一个整体，追求一种神秘的宗教气氛。17 世纪末，在乌克兰和白俄罗斯首先出现了巴洛克风格的建筑。这些建筑实际上是巴洛克建筑与传统的俄国建筑相结合的产物，因此也被称为“莫斯科巴洛克式”的建筑。

喀山大教堂

第七章　走向欧洲文明的俄国

第一节　彼得一世

彼得·阿列克谢耶维奇（即彼得一世）由沙皇阿列克谢·米哈伊洛维奇的第二个妻子所生。1676 年，沙皇阿列克谢·米哈伊洛维奇病故，由其第一个妻子所生的费多尔·阿列克谢耶维奇即位。费多尔体弱多病，智力平庸，理政不到 6 年便死了。费多尔无子，由谁继承皇位，成为沙皇两个妻子的家族——米洛斯拉夫斯基家族和纳里什金家族激烈斗争的焦点。

在大贵族、大商人、教会和市民强有力的支持下，年仅 10 岁的彼得·阿列克谢耶维奇于 1682 年即位为沙皇，被称为彼得一世，其生母纳塔利娅·基里洛芙娜摄政。米洛斯拉夫斯基家族对彼得一世即位极为不满，乃至敌视。以彼得一世同父异母的姐姐索菲娅·阿列克谢耶芙娜为首的米洛斯拉夫斯基家族，主张立彼得一世同父异母的兄长伊凡·阿列克谢耶维奇为沙皇，并企图在莫斯科射击军的支持下，推翻彼得一世的政权。为了达到这个目的，他们挑拨射击军和纳里什金家族的关系，造谣说纳里什金家族杀死了皇子伊凡·阿列克谢耶维奇，还说射击军生活状况日益恶化，也是由纳里什金家族造成的。1682 年 5 月，射击军经过周密准备后，冲进克里姆林宫，杀死了已故沙皇阿列克谢·米哈伊洛维奇的亲属及亲信多人，制造了宫廷流血事件。之后，索菲娅·阿列克谢耶芙娜策划了莫斯科市民动乱，使彼得一世政府面临着越来越多的压力。

1682年5月26日，缙绅会议被迫宣布沙皇政府同时有两个沙皇：伊凡·阿列克谢耶维奇为第一沙皇，称伊凡五世；彼得一世为第二沙皇，同时还决定由索菲娅摄政。在索菲娅摄政期间，彼得一世、他的生母以及他们的亲信被迫离开宫廷，住到离莫斯科约7俄里远的皇村——普列奥布拉任斯基村。索菲娅不允许他们随意离开那里，要他们在皇村过一种“悠闲”的隐居生活。伊凡五世实际上是一个傀儡，索菲娅得到了梦寐以求的国家最高权力。

在皇村，彼得作为两个沙皇之一的权力已被剥夺得一干二净。在这里，他组织了两个“游戏军团”——普列奥布拉任斯基兵团和谢苗诺夫斯基兵团。他的主要精力用于做“军事游戏”，学习来自西方的先进的科学知识，学习航海技能和使用航海仪器。彼得在皇村生活了7年，他一天天长大了。这时，那两个早年做“游戏”的军团已用精良的武器装备起来，成为忠实于彼得并具有战斗力的真正的军团。为了使之成为一支训练有素的新式部队，彼得请有专长的苏格兰人、瑞士人、荷兰人帮助进行训练，让部队学习并掌握火炮等先进军事技术。

1689年1月，彼得一世同年长他3岁的洛普欣娜完婚，这表明彼得一世已经是一个成年人了。按照俄国的传统，他已可以亲自职掌国家政权。但是，索菲娅根本无意交出权力，她看到彼得一世一天天成长起来，使其女皇梦面临着越来越大的威胁，于是决定在射击军的支持下再一次发动政变，杀死彼得，彻底夺取国家最高权力。彼得事前知道了索菲娅的阴谋，在1689年8月7日匆忙前往距莫斯科约60俄里的谢尔盖耶夫修道院。在那里，彼得得到普列奥布拉任斯基兵团和谢苗诺夫斯基兵团的坚定支持，很快粉碎了索菲娅的阴谋。索菲娅的亲信费·沙克洛维蒂被处死，宠臣瓦·戈利津被流放，索菲娅则被监禁在修道院。彼得同时写信给伊凡五世，他说，索菲娅是一个“可耻的人物”，不允许她继续插手国家事务，今后应由他们两人共同管理国家大事。彼得逐渐成为名副其实的沙皇。

17世纪的俄国是一个落后的、封闭的国家，它虽然濒临北冰洋和太平洋，

年轻的彼得大帝

但没有一处天然良港。1697 年 3 月，彼得一世派遣“大使团”赴欧洲进行考察，采购新式军械，招聘技术及军事专家。彼得一世自己化名彼得·米哈伊洛夫，以下士的身份随团出访。大使团内还有数十名到国外学习造船技术和军事的贵族青年。他们在荷兰考察了大型的船厂，在英国详尽研究了造船技术，在奥地利和波兰探讨了反土联盟的问题。虽然没能建立这个联盟，但了解到控制波罗的海的瑞典与丹麦、波兰之间存有深刻的矛盾。在短时期不能解决黑海出海口问题的情况下，彼得一世将夺取波罗的海出海口作为俄国当时最重要的任务，于是决定联合丹麦、波兰，加入了反瑞典的同盟。彼得一世还准备到威尼斯进行活动，但由于国内射击军发动兵变，只得迅速返回国内。

在彼得一世回国前，兵变已被粉碎，136 名射击军士兵被处死，2000 余人被流放。彼得一世返回莫斯科后，重新审理了这个案件，坚决镇压了射击军。事实证明索菲娅是这场兵变的策划者和指挥者，彼得一世下令将其囚禁到新圣母修道院，禁止她与外界发生任何联系。彼得一世还发现他另外的一个姐姐玛尔法·阿列克谢耶芙娜同射击军叛乱有关，彼得一世亲自审讯了她，玛尔法被送进修道院当修女。彼得一世亲自调查后，又有近 800 名射击军被处死。他在粉碎射击军兵变的同时，也彻底地粉碎了索菲娅企图东山再起的图谋。彼得一世通过果断地镇压射击军，有力地提高了他在沙皇政府中的权威，加强了他的统治地位，这为彼得一世推进改革，让俄国从落后走向先进奠定了坚实的基础。

第二节　彼得一世改革

17 世纪末，西欧一些国家已经走上了资本主义发展道路，在英国和尼德兰，资本主义生产关系已经确立，而在俄国，封建农奴制生产关系占绝对统治地位。俄国政治、经济、军事、文化的发展，远远落后西方国家。彼得一世从欧洲考察归国时，考虑最多的是如何粉碎射击军叛乱，以及通过改革彻底改变俄国的落后面貌。欧洲一些国家先进的军事设施、武器制造、造船技术、航海事业以及生活方式，给他留下了深刻的印象。他认为，应以西欧国家为榜样推行全面的改革，割除俄国的陈规陋习，学习先进的科学文化，加强沙皇的中央集权统治，提高俄国的国际地位。

军事改革是彼得一世改革的重要内容。彼得一世镇压了射击军的叛乱后，决定建立新的正规军代替射击军。1699 年颁布了实行征兵制的敕令。1699 年—1725 年，共征兵 53 次，约 28.4 万人入伍，建立了一支庞大的陆军。为了与瑞典争夺波罗的海出海口，实现从地域性蚕食体制向世界性侵略体制的转变，俄国组建了波罗的海舰队，由 35 艘大战舰、10 艘巡洋舰和 200 余艘帆桨战船组成，有水兵 2.8 万人。此外，在里海也建立了舰队。彼得一世的军事改革使俄国建立了正规的陆军和海军，开创了俄国军事史上的一个崭新阶段，俄国迅速成为欧洲的军事强国之一。

为了加强俄国的军事实力，彼得一世十分重视发展工业，大力地建造工场，实行奖励发展工业的政策。从 18 世纪初开始，俄国从事冶金、呢绒、制革、矿产、火药及机器制造的手工工场迅速发展。到 1725 年，俄国已有 240 余家较大的手工工场，其中冶金业规模最大，乌拉尔是最著名的冶金基地。此时俄国已改变了金属依靠进口的局面，而且还能向国外出口金属。到 18 世纪中叶，俄国生铁的出口量已占欧洲首位。彼得一世重视发展军火业，以满足战争的需要。莫斯科、彼得堡、沃罗涅日、卡西拉、图拉等地是较大的军火业中心。

为了不断扩大国库的收入，增加政府的税收，彼得一世及时地进行了财政改革。自 1718 年起，俄国政府开始进行人口统计，用征收“人丁税”的办法代替以往按户纳税的方法。1719 年，沙皇政府颁布法令，要求全国农民在各省登记户口；1723 年，沙皇政府又决定家用奴仆同农奴一样，必须交纳人丁税。人丁税的交纳加重了农民的负担，但却明显地增加了国库的收入。1710 年，国库收入为 250 万卢布，1724 年达 850 万卢布，其中 460 万卢布来自人丁税。

从加强中央集权的沙皇专制制度这一根本目的出发，彼得一世进行了内

容广泛的行政改革，通过改革，进一步限制、削弱大贵族的势力。在任命各级官吏时，彼得一世打破了门第观念和贵族世袭制度，主张不看出身，而是依据能力和功绩量才使用。1722 年 1 月，彼得一世颁布了《职官等级表》，将国家文武官吏分为 14 级，非贵族出身的人升到第 8 级时，即可获得贵族称号。彼得一世还建立了“团区防”制度，使地方处在军队的严格控制之下。

俄国的教会历来是与沙皇政府分庭抗礼的，随着教会政治、经济的力量不断增长，这种倾向就更加突显。因此，彼得一世在加强沙皇专制制度的同时，进行了宗教改革。1721 年，彼得一世不顾教会的激烈反对，颁布了关于宗教事务的管理条例，废除了总主教的职衔，成立了宗教委员会。宗教改革沉重地打击了教会势力，结束了长期以来教会与沙皇政府之间的权力纷争，加强了以彼得一世为首的沙皇政府的专制统治。

彼得一世在进行军事、经济、财政、行政、宗教等内容广泛的改革时，还在文化方面进行了深刻的改革。所有这些改革符合俄国社会发展的趋势，推动了俄国社会的进步。但是，这场改革并不是一帆风顺的，大贵族和教会为了自身的既得利益，极力阻挠和破坏彼得一世的改革。在大贵族和神甫的支持下，皇太子阿列克·彼得罗维奇公开反对改革，扬言他一旦继承王位，将彻底恢复改革前的旧秩序。为了达到破坏改革的目的，他甚至里通外国，企图在奥地利皇帝查理六世的帮助下，夺取王位。彼得一世为了保证改革的成功，果断地将阿列克谢及其同伙投入监狱，并宣布将其判处死刑。事后，彼得一世宣布取消传统的长子继承制，规定在位的皇帝可以自由地选择王位继承人。

第三节　彼得一世与俄国新的世俗文化

彼得一世推崇西方文明，出访欧洲各国返回俄国后，他坚定了加快使俄国西化的决心。为了改变俄国的落后面貌，彼得一世十分重视学习西欧国家先进的科学技术，大力发展文化教育事业。 彼得一世发展文化教育事业，有着明确的目的——满足当时俄国社会发展的需求，首先是培养各方面的军事人才。在彼得一世改革之前，俄国的教育被垄断在教会手中。学校的教学，包括识字在内，完全建立在宗教神学的基础上，学生很少学到对社会发展有用的真本领。彼得一世彻底改变了这种状况。他在彼得堡、莫斯科等中心城市开办了炮兵学校，在一些沿海城市开办了航海学校，还在不少城市开办了外科医学院、工程学校、采矿工业学校及语言学校等。这些学校源源不断地培养出国家急需的专业人才，对俄国社会发展有着重要的意义。

为了缩小俄国和欧洲先进国家的差距，彼得一世下令创办了俄国第一份报纸——《新闻报》（1703 年 1 月 2 日在莫斯科创刊）。他还建立了俄国第一个博物馆、第一个公共图书馆、第一批剧院和公园。彼得一世在 1710 年作出采用新字体代替复杂的教会斯拉夫字体的决定。这对于加快发展教育，普及文化知识，促进各类科学技术著作的出版有重要意义，西欧国家的一些军事、建筑、航海等方面的著作被译成了俄文。从加强同外国联系的实际需要出发，彼得一世进行了历法改革。他下令从 1700 年起使用大多数国家通行的儒略历，新年从 1 月 1 日开始，不再使用俄国传统的“创世纪年”，即新年从 9 月 1 日算起的历法。彼得一世提倡学习外语，甚至规定在宫廷中要学习法语。他对俄国人日常生活中的陈规陋习也进行了坚决的改造，如下命令不许留胡须，把贵族的大胡子剪掉；要求人们穿西装，不许继续穿俄罗斯旧式的长袍。他还提倡举办法国式的大型舞会，主张男女之间进行文明的交际。为了使贵族子弟养成良好的习惯，彼得一世在位时出版了《青春宝鉴》，明确阐述了青年人应具备的良好的生活准则，对广泛传播西欧的生活方式有积极的推动作用。

彼得一世在 1724 年发布了关于在俄国建立国家科学院的命令。同年，颁布了科学院章程，明确指出科学院不设神学研究，从西欧聘请了著名的专家学者，订购了科学仪器。科学院的任务包括科学研究和教学两部分，它附属有一所大学和一所文科中学。1725 年，科学院在彼得堡正式成立。它主要包括数学、物理、人文三个学科，下设十一个研究室。科学院的第一批院士没有一个是俄国人，以后随着大批优秀的俄国学者成长起来，情况发生了根本的变化。

米哈伊尔·瓦西里耶维奇·罗蒙诺索夫是 18 世纪俄国学者的优秀代表。他是一个渔民的儿子，少年时在渔村学习文化知识，在 19 岁那一年，他徒步

来到莫斯科，进入斯拉夫－希腊－拉丁语学院学习，因成绩优秀被保送到彼得堡科学院附属文科中学继续学习，1763 年又被派到国外继续完成学业。学成归国后，先后任彼得堡科学院的副教授、教授、院士。罗蒙诺索夫的学术活动是多方面的，他在化学、机械学、矿物学、历史学、修辞学、文学和诗歌等领域都取得了显著的成就。他还是俄罗斯古典哲学、哲学唯物主义及自然哲学的奠基人。在科研及教学活动中，他反对科学殿堂的大门对农奴紧闭，认为在教育中应实行无等级原则。他还制定了《科学院附属文科中学章程》；亲自编写或翻译了《俄语语法》《修辞学》《实验物理学》等教科书，以后又积极参加了莫斯科大学的创建工作。

1755 年，莫斯科大学成立，这是一所由法律、哲学和医学 3 个系组成的大学。同在彼得堡的科学院一样，这所大学也不研究神学，不设神学系，这是它和西欧大学最显著的区别。1756 年，莫斯科大学成立了自己的印刷厂，并承印俄国第二份报纸《莫斯科新闻》。自然科学和社会科学的教学与研究，使该校逐渐成为俄国新的科学中心。这个科学中心的任务十分明确，即从俄罗斯人中培养真正的第一流的学者，尽快提高俄国的科学水平。莫斯科大学附设两所文科中学，一所为贵族专用，另一所是为除了农奴以外的各阶层人所设的。罗蒙诺索夫力主允许农奴接受高等教育的理想没有实现。在文科中学里，学生主要学习语文、数学、历史、俄语、拉丁语和其他外语。1758 年，在莫斯科大学教授们的倡议下，在喀山成立了一所专门培养学生进入大学的文科中学。19 世纪初，在这所文科中学的基础上，建立了喀山大学。莫斯科大学及大学附设的文科中学，在俄国教育史上占有重要的地位，不仅培养了大批当时急需的各类人才，而且对以后俄国教育与文化的发展产生了重要的影响。

第四节　文学艺术发展的新阶段

18 世纪是俄国文学发展的重要阶段之一。18 世纪初，俄国文学发展处在新旧交替的过渡时期。始于 18 世纪初的彼得一世改革对俄国社会发展产生了重大影响，文学发展也不例外。其最重要的结果是在18世纪30年代以后产生的俄国古典主义，它作为俄国文学的主流长达半个世纪之久。这一文学流派主张维护国家利益，建立维护专制制度的强大的民族国家组织。它的主要代表人物有安·季·康捷米尔、瓦·基·特列季亚科夫斯基、亚·彼·苏马罗科夫、米·瓦·罗蒙诺索夫等等。

安·季·康捷米尔是诗人，也是18世纪俄国讽刺文学的奠基人之一。他的讽刺诗入木三分地批判了封建等级制和愚昧主义，语言准确、鲜明、生动。他除写讽刺短诗和寓言外，还翻译了许多外国文学名著。瓦·基·特列季亚科夫斯基是著名的文学理论家，他关于俄国文学的理论，特别是关于文学语言和诗歌创作的研究，对古典主义文学流派的形成做出了重要的贡献。在进行理论研究的同时，他还自己撰写了颂诗、短诗、十四行诗、悲剧和长篇小说，此外，还翻译了多卷外国历史名著。亚·彼·苏马罗科夫是剧作家，他的创作体裁多种多样，有悲剧、喜剧、歌剧、颂诗、爱情诗，以及讽刺文学和寓言等。他最大的成就是在悲剧方面，他的戏剧创作的理论和实践，为俄国古典主义的戏剧艺术奠定了坚实的基础，他的代表作《霍列夫》是俄国第一部古典主义悲剧，是俄国戏剧舞台上经久不衰的名剧。亚·彼·苏马罗科夫的悲剧树立了俄国古典悲剧的典范，对俄国戏剧艺术的发展做出了重大贡献，被后人认为是俄国新时期文学开端的标志之一。米·瓦·罗蒙诺索夫是一个百科全书式的天才学者，在文学上的建树也是多方面的。他对诗歌、语言、文学理论都有研究，努力使文学体裁和语体规范化，并将音节体诗改进为更符合俄语特点的音节和重音并重体诗，对俄国统一的民族文化的发展有重要意义。此外，他还提出创造全民族的语言的观点，强调文学语言应以口语为基础，具体研究了文学语言的三种语体，即诗歌、散文、演说等，对当时和以后俄国文学的发展都有重要的意义。

18世纪后期，古典主义文学流派的积极精神开始逐渐消失。18世纪70年代，由于农奴制的剥削急剧强化，广大农民的生活更加悲惨，爆发了普加乔夫领导的农民战争。这是俄国历史上规模最大的一次农民起义。起义虽然失败，但沉重打击了沙皇专制制度。18世纪末，感伤主义文学在俄国开始兴起，这不是偶然的，它是1773年—1775年普加乔夫农民起义后，封建贵族、地主的忧伤情绪的直接反映。同时，这也是受当时英国、法国、德国文学影响的结果。感伤主义最重要的代表人物人是卡拉姆津。他早年在莫斯科大学旁听时，深受法国、德国启蒙思想家的影响。1789年—1790年在欧洲的游历对其感伤主义的文学思想的形成有重要影响。感伤主义是相对古典主义而言的，其主要特点是反对文学创作中的抽象化、概念化倾向，主张文学描写应表现具体的人物和他们生活的具体环境。

俄国感伤主义的代表还有德米特里耶夫、拉吉舍夫等。德米特里耶夫是著名的感伤主义诗人，以撰写歌谣、寓言著称。拉吉舍夫不仅是感伤主义文学家，而且是俄国著名的启蒙思想家、贵族革命家。他的代表作是《从彼得堡到莫斯科旅行记》，虽然书中多处流露出感伤主义的情绪，但这本书却与卡拉姆津的著作有着本质的区别。拉吉舍夫对农奴制的深刻揭露使这部著作成为向农奴制公开宣战的战斗檄文。他在《自由颂》中号召人民团结起来，推翻沙皇专制制度："战斗的队伍从各处冲来，大家都以希望作为武器，个个忙着把那戴王冠的掌刑人的血，用来洗净自己的一切耻辱。剑锋犀利，我见它遍体发光，死神打扮成各种模样，飞到沙皇骄傲的头上。狂欢吧，团结起来的人民，这是我们天赋的复仇之权，他把沙皇送到了断头台上。"

在18世纪，与俄国戏剧文学同时发展的是俄国的戏剧表演事业。18世纪30年代，在彼得堡出现了官办剧场，既有外国的剧团，也有本国的剧团进行表演。1738年，芭蕾舞导演兰德成立了一所舞蹈学校，这实际上是一所培养各类表演人才的综合性戏剧学校，对俄国表演艺术的发展做出了重要的贡献。18世纪中叶，雅罗斯拉夫尔商人沃尔科夫在当地成立了第一所公共剧院，剧团由商人子弟、中学生、年轻职员及其他戏剧爱好者组成，演出的剧目以俄国剧作家的作品为主。剧院吸引了大批的观众，有力地扩大了俄国戏剧的影响。1752年，沃尔科夫的剧团迁往彼得堡，4年后，根据沙皇政府的命令成立了永久性的俄国国家剧院——"俄国悲剧喜剧院"。

18世纪时，宗教音乐在俄国社会中的作用明显地减弱了，代之而起的是深入到社会生活各个角落的世俗音乐。同宗教音乐相比，这些音乐形式多种多样，更富有表现力，生动地反映了丰富多彩的生活。简单单调的赞美歌脱离生活实际，随着音乐从教堂走向街头，赞美歌已经不能满足日益扩大的社会需求，这使其在新的历史条件下，从形式到内容都发生了变化，逐渐为抒情歌曲的出现创造着条件。彼得一世在文化方面的改革，促进了外国音乐在俄国的广泛流行。著名的外国乐团经常在彼得堡举行音乐会，西欧音乐的一些新的表现形式，如歌剧、舞剧的幕间曲、奏鸣曲、协奏曲、弦乐三重奏等引起越来越多的人的兴趣。彼得堡和莫斯科是18世纪俄国音乐的中心，在那里建立了意大利歌剧院。1731年11月，在莫斯科举行了歌剧《卡兰德罗》的首场演出，这也是俄国第一次歌剧演出。

俄国的民族歌剧与俄罗斯的民间音乐有着密切的联系，它从一开始就表现出现实主义的、民族主义的倾向。这些民族歌剧最初的表现形式是喜剧，许多杰出的作家为喜剧的发展做出了重要的贡献。在他们的笔下，封建贵族、农奴主的丑恶面目，农奴制的腐朽被揭露得淋漓尽致。他们对受压迫受侮辱的农民及城市贫民表现了极大的同情。俄国第一部民族歌剧是由M·B·波波夫作词的《阿纽塔》，于1772年首次在皇村上演。18世纪后半期，深受人们欢迎，并在俄国戏剧发展史上产生了较大影响的歌剧还有《磨房主、巫师、骗子和媒人》《车祸》《有朝一日会成名》《驿站车夫》《奥菲欧》等。作为歌剧艺术兴盛的重要标志，在莫斯科、彼得堡等中心城市先后成立了规模不等的表演团体。

在进行歌剧演出时，往往有芭蕾舞表演穿插在剧情之中，后来芭蕾舞逐渐成为一个独立的艺术表演形式。从外国传来的芭蕾舞很快根植在俄国艺术的土壤中，形成了俄罗斯民族的芭蕾舞派。在1738年和1773年，俄国先后成立了两所芭蕾舞学校，一些优秀的艺术家在校任教，培养了大批芭蕾舞演员。

俄国建筑艺术在18世纪有重大发展，这主要表现在莫斯科、彼得堡等大城市出现了持续不断的建筑高潮，出现了一批有影响的高大的建筑群。彼得堡从涅瓦河畔的军事要塞变成了一座重要的港口城市。巴洛克风格的建筑逐渐被古典主义风格的建筑代替。在莫斯科，传统的俄罗斯建筑形式与古典主义完美地结合起来，改建克里姆林宫的设计方案，以及改建的帕什科夫大厦、参政院大厦、莫斯科大学旧楼等都鲜明地表现了这一点。在这些建筑上，装饰有许多精美的雕塑。现实的需要促进了一批优秀的俄国雕塑家的成长，使俄国的雕塑艺术在 18 世纪有了重大进步。当时著名的雕塑艺术家有舒宾 、科兹洛夫斯基等。与此同时，俄国的绘画艺术也在迅速发展。俄国传统的绘画技法和欧洲流行的新方法巧妙地结合起来，涌现出了一批才华横溢的优秀画家，如安特罗波夫、罗克托夫、列维茨基、博罗维科夫斯基、洛先科、谢德林、阿列克谢耶夫、希巴涅夫等。他们在肖像、历史、民俗、风景等方面为后人留下了一批传世之作，极大地丰富了俄国的绘画艺术宝库。

在俄国走向欧洲文明的历史进程中，18 世纪是重要的、承上启下的发展阶段。在这一时期，俄国文化发展所表现出的种种特点，是同俄国社会发展一致的，反映了彼得一世改革以及改革后俄国政治经济发展中的某些重要内容。这些宝贵的文学艺术遗产为 19 世纪俄国文化的高涨，以及俄国文化同欧洲文化更紧密的联系奠定了坚实的基础。

第五节　俄国启蒙运动

俄国启蒙运动始于 18 世纪中期。此时，野蛮的农奴制和沙皇专制制度已成为俄国社会生产力发展的严重阻碍。以莫斯科大学的先进知识分子为中心的一些启蒙思想家，成为俄国启蒙运动的中坚力量。一些先进的知识分子反对农奴制和沙皇专制制度的斗争推动了俄国的发展。如果说俄国是当时欧洲启蒙运动的中心之一的话，那么，另一个更重要的中心则在法国。18 世纪后半期，以伏尔泰、卢梭、霍尔巴赫、爱尔维修、狄德罗等为代表的法国启蒙思想家尖锐地批判封建制度，从根本上动摇了宗教神学的统治地位，为法国大革命的爆发提供了强大的思想武器。18 世纪 60 年代以后，法国启蒙思想家的代表作被大量译成俄文出版，对俄国启蒙运动产生了重要的影响。

罗蒙诺索夫是俄国启蒙运动的先驱。他对生活在水深火热之中的农民报以深切的同情，希望能够通过发展生产力、发展教育、传播科学知识、建立卫生保健体系来改善农民的现状。教育要民主化、无等级化，使农民的孩子得到受教育的权利。他尖锐地批判了俄国农奴制的残暴，要求通过经济和文化的改革来改变现状。

雅·帕·科杰尔斯基是俄国著名的启蒙思想家之一。他在自己的著述中，对封建地主所宣扬的农民之所以贫困，是因为他们“懒惰”“酗酒”“挥霍钱财”的观点进行了有力的驳斥，他认为事实恰恰相反，他把农民比作是“爱好劳动的工蜂”。他坚决反对地主肆意掠夺农民的财产，认为巧取豪夺使农民破产。对于地主野蛮的奴役和压榨，农民的自卫行为是完全正当的，就如同“勤劳的工蜂不顾死活地保卫着自己的蜂巢，去击退那些企图用他们所储藏的蜂蜜来赚钱的人”一样。他强调，为了使农民对农业生产有兴趣，持续发展农业生产，必须使农民享有动产和不动产的私有权，而且这种权利是不可侵犯的。他对俄国现实社会中地主贵族把农民当作牲畜一样虐待，随意侵犯农民的私产等不公正现象进行了抨击。

尼·伊·诺维科夫是俄国又一著名的启蒙思想家。他创办的讽刺性杂志《雄峰》和《画家》成为俄国启蒙运动的主要阵地。在这些杂志中，政府高官和封建贵族的丑恶面目，如贪赃枉法、尔虞我诈、贪婪无度、曲意逢迎、溜须拍马、愚昧无知等被暴露得淋漓尽致。但是，时代和阶级的局限又使他对那些所谓好的地主、农奴主，即“有理性的”“人道的”的地主、农奴主抱有不切实际的幻想，认为他们和“狂妄的地主农奴主”不一样。他盲目地认为，只要激发出他们的慈善心，他们就会成为农民的“慈父恩人”。尼·伊·诺维科夫是莫斯科共济会的成员。共济会是18世纪产生于英国，后在欧洲广泛流行的宗教政治性团体，18世纪中叶在俄国设立分支，在上层贵族中有较大的影响，是他们反对进步思想的主要工具。因此，在诺维科夫主办的报刊上时有宗教倾向的文章刊出就不奇怪了。伊·安·克雷洛夫是诺维科夫事业的追随者。他创办了《精灵邮报》《观察家》《圣彼得堡水星》等报刊，对沙皇政府及农奴制进行了尖锐的讽刺和批判。1792年，诺维科夫被沙皇政府判处徒刑15年后，克雷洛夫被迫停止了自己的工作。

生活在18世纪后半期的拉吉舍夫是俄国启蒙思想家的杰出代表。1749

年，他生于萨拉托夫省的一个地主家庭。在德国求学期间，深受法国启蒙思想家狄德罗、卢梭、马布利等人的民主主义思想的影响。他在《自由颂》《从彼得堡到莫斯科旅行记》等著作中，鲜明地表达了他的政治理想。他认为“专制制度是极端违背人类本性的制度”，号召人民联合起来打倒它；他还认为俄国的前途在于消灭农奴制，农奴制是“猛虎般的苛政”，他称那些农奴主是“暴徒”“凶手”“败类”“野蛮人”“不配称作人的东西”“穷凶极恶的野兽”“永不知足的吸血鬼”；在历数了农奴制的罪恶后，他指出沙皇是双手沾满鲜血的头号罪犯，农民被剥夺得只剩下没法夺走的空气。拉吉舍夫在激烈地反对农奴制的同时，憧憬着未来的俄国社会的美好图景：俄国彻底摆脱农奴制和沙皇制度之后，将变成一个自由、进步、富强的国家。在这个国家里，人人都是自由平等的，没有“奴隶”和“老爷”，也没有仇恨和压迫。这一切表明，以拉吉舍夫为标志，俄国社会思想进入了一个新的发展阶段。拉吉舍夫被沙皇政府判处死刑，后改判 10 年徒刑，流放到西伯利亚。当他获大赦返回彼得堡后，仍不改初衷，重申应从法律上废除农奴制，结果受到新的迫害，被迫服毒自杀。他在临终前说：“后代将为我复仇。”

俄国启蒙思想家对农奴制的批判以及他们的政治理想符合历史发展的潮流，在客观上促进了资本主义因素在俄国封建社会内部的发展，在一定程度上加快了封建农奴制的灭亡。

第八章　俄国政治文化的基础——农奴制

第一节　农奴制和农奴制危机

俄国农奴制形成于15世纪下半叶，但早在基辅罗斯时代即已萌生。在那时，封建土地所有制的主要形式是世袭领地制。俄国统一国家建立后，上层统治阶级为加强中央集权的封建统治，扩大封建统治的社会基础，积极扶植中小贵族，将土地分封给他们，封地制逐渐代替了世袭领地制，大量贫苦的农民被迫处于被奴役的地位。统治阶级为获取更多的利益，不仅在经济上残酷地压榨农民，而且通过国家政权的种种行政手段限制他们的人身自由，15世纪末，农奴制即开始在全俄确立。到16世纪末，农奴制有了进一步的发展，沙皇政府通过实行土地和户口登记剥夺了农民的自由，当时在地主名下的农民均沦为农奴。1597年，沙皇政府还规定地主有权追捕逃亡尚不满5年的农民，越来越多的农民被束缚在地主的土地上。

17世纪时，封建土地所有制的发展使广大农民的地位进一步恶化，当时农民主要分为地主农民、宫廷农民和国有农民三种，尤以地主农民的状况最为悲惨。他们被迫依附封建主，不仅承担着沉重的劳役，而且每年要向封建主提供各类农产品。他们逐渐失去人身自由，沦为农奴。宫廷农民和国有农民的生活状况比地主农民稍好些，但也并没有改变他们农奴的地位。17世纪中叶，以沙皇政府颁布的新法典为标志，俄国农奴制度最终确立。

1762 年，叶卡捷琳娜二世发动政变登上沙皇宝座。在她执政的 34 年中，对外大肆侵略扩张，曾 3 次参与瓜分波兰，发动 2 次俄土战争、1 次对瑞典的战争，临死前，她还扬言要派军队去镇压法国大革命；对内强化贵族专制，为了得到贵族强有力的支持，她在位期间极力扩大封建贵族的政治特权，同时用土地和农奴对封建贵族大加封赏。贵族所占有的领地和农奴急剧增加，而且还出现了大农奴主家族。贵族的私有农奴已占全部农民人口的一半以上。少数拥有 100 个农奴以上的大地主占有 80% 的农奴，拥有 20—100 个农奴的中等地主占有 15% 的农奴，小地主则占 5% 的农奴。

1773 年—1775 年普加乔夫领导的农民起义是俄国历史上规模最大的农民战争，起义者所向披靡，迅速席卷喀山、乌拉尔、西西伯利亚、车里亚宾斯克等地，沉重地打击了沙皇政府和封建农奴制。普加乔夫因叛徒出卖，于 1775 年初被残忍杀害。叶卡捷琳娜二世镇压农民战争后，为加强沙皇专制统治，在 1775 年—1785 年进行了全国机构改革，颁布《全俄帝国各省管理体制》的敕令，在扩大沙皇政府的统治基础，加强中央集权的同时，促进了地方贵族集团的形成，极大地维护了贵族地主阶级的利益，企图继续加强封建农奴制统治。

18 世纪末开始的农奴制危机，并不仅仅是由于农民“骚动”此起彼伏，一浪高过一浪，爆发了严重威胁沙皇统治的普加乔夫农民起义，更重要的是在封建经济内部，商品经济的发展使自给自足的自然经济受到破坏。一方面地主贵族已经不能像以前那样牢固地控制住土地以及依附在土地上的农民；另一方面，在生产力发展的前提下，地主贵族为适应市场的客观需要，不得不卷入工商业活动中去。他们既是土地的经营者，又是各种类型手工工场的工场主 。工场手工业的不断发展直接导致了资本主义结构的形成。

俄国这时的手工工场已萌生出资本主义的性质，处在资本主义大机器工业诞生之前的一个重要阶段。工场手工业的迅速发展，使雇佣工人明显增加，冶金业、纺织业、制革业的资本主义因素不断增长，在国家经济生活中具有越来越重要的意义。18 世纪末，俄国的 100 个炼铁炉已能生产出 1000 万普特（合 16 万多吨）生铁，比工业革命中的英国的生铁产量还要高，居世界第一位；纺织业和制革业是俄国轻工业的主要组成部分，18 世纪末，其手工工场数量已达 1082 个，大型轻工业手工工场的雇佣工人可达千人以上，有的达 2000 多人，甚至 3000 多人。在这些手工工场中，雇佣工人所占的比例一般都在 50% 以上，麻布工业为 65%，棉纺工业为 92%。从 18 世纪 60 年代到 18 世纪末，俄国雇佣工人的人数约增长了 1 倍，有 42 万人之多。虽然封建农奴制严重地阻碍着资本主义经济的发展，但这一切不能不使农奴制的生产关系得到巩固，封建农奴制的经济结构不断被资本主义的经济结构瓦解着。

国内贸易的中心是莫斯科和彼得堡，伏尔加河及其支流奥卡河、卡马河是国内的主要商道。除莫斯科、彼得堡之外，俄国还在国内商业活动的发展中逐渐形成了一批重要的商业城市，如尼日涅－诺夫哥罗德、喀山、萨拉托夫、察里津、沃洛格达、阿尔汉格尔斯克、普斯科夫、斯摩棱斯克、沃罗涅什、库尔斯克、秋明、伊尔库茨克等等。莫斯科和彼得堡还是对外贸易的中心，特别是彼得堡接近西欧各国，全俄的农工产品多在这两个城市集中，然后运送到国外去；进口的商品也主要经过这两个城市运送到国内的各个城市去。在国内外贸易发展的基础上，商人获取了高额的利润，并出现了商业资本高度集中的现象，与此同时还出现了高利贷资本。俄国经济发展中的这些新现象是商品货币关系不断发展的产物。

19 世纪上半期的俄国，依然是一个落后的农业国。但是，在封建农奴制经济内部，新的生产关系，即资本主义的生产关系却在不断发展着。这主要表现为资本主义生产发展了，手工工场的数目不断在增加，越来越多的手工工场使用雇佣劳动者，同时不断采用新的生产技术，落后的手工操作逐渐被机器生产所代替。日益发展的社会生产力同农奴制的生产关系的矛盾日趋尖锐。这一切都是封建农奴制走向崩溃的前兆。资本主义工业在俄国的发展主要经过了以下 3 个阶段：小商品生产阶段、资本主义手工工场阶段、工厂大机器工业阶段。19 世纪上半期，资本主义在手工工场已经成为普遍现象的情况下，开始向大机器工业过渡。在这个过程中，农奴制经济的基础受到了前所未有的挑战。资本主义的生产方式动摇着农奴制经济，并加速着它的瓦解。

第二节　亚历山大一世和斯贝兰斯基改革

19 世纪初，俄国国内阶级矛盾和统治阶级内部的矛盾急剧激化，发生了推翻沙皇保罗一世的政变。保罗一世的长子亚历山大·巴夫洛维奇参与了这次政变。1801 年 3 月，他踏着父亲的尸体登上了沙皇的宝座，即亚历山大一世。

为了加强农奴制和沙皇专制制度的统治，亚历山大一世即位后宣布，他将按照他的祖母叶卡捷琳娜二世的“法律和精神”来治理国家，受到了地主贵族的拥护。为了顺利推行自己的政治主张，亚历山大一世撤换了政府中所有亲保罗一世的高官，换上了自己的亲信。亚历山大一世恢复了地主贵族的许多特权；废除了对英国商船的禁运政策及各种商品的进出口限制；不再禁止外国报刊在国内流行；释放了部分政治犯，特赦了一批逃亡者；解散了秘密纠察队。亚历山大一世还成立了常设委员会代替保罗一世的帝国会议。

亚历山大一世对那批帮助他上台的官吏十分不满，因为他们自恃有功，经常干预朝政，使得政令不通，政府行政工作往往受到干扰而出现混乱。为了加强自己的权力，巩固自己的统治，亚历山大一世以同他朝夕相处的贵族“年轻的朋友们”为核心，在 1801 年 6 月成立了由他自己任主席的“秘密委员会”。在这批人中，亲英派占主导地位，他们推崇英国的君主立宪制。但是他们又认为，在俄国实行这样的政治制度还为时过早，所以认为应在保留封建农奴制的前提下，对俄国政治制度进行局部的改革。沙皇政府中的旧臣对“秘密委员会”极其不满，称他们是“雅各宾匪帮”。在“秘密委员会”存在的两年多的时间内，共举行了 36 次会议，它的主要任务仅仅是对农奴制的俄国进行修修补补，以建立“适合民族的真正精神的宪法”，对国家进行改革。

1801 年 12 月 12 日，沙皇政府颁布了关于允许商人、小市民和国有农民购买无人定居的土地的法令；1803 年 2 月 20 日，又颁布了关于自由农民的法令，允许地主根据自愿的原则，一个一个地或整村地解放农奴，但农奴必须缴纳巨额赎金后才能获得自由，取得土地。亚历山大一世在位期间，全俄有 47153 名男性农奴得到解放，仅占农奴总数的 0.5%。在得到解放时，平均每一个农奴交付赎金 396 卢布。

1809年秋，沙皇顾问、司法部副大臣斯贝兰斯基受亚历山大一世的委托，制订了全面的国家改革方案《国家法典绪论》。这个改革方案的前提仍然是保留封建农奴制，其中心内容是为了防止俄国爆发革命，要调整农民和地主的关系，及时地采取让步政策。首先在俄国建立有君主立宪外在形式的特殊的议会制度——国家杜马，任何法律只有经过杜马批准才能生效；实行立法、行政、司法三权分立。同年颁布了法令，宣布贵族称号只是一种荣誉，不享有任何官衔权利。1810年1月1日，发布了设立国务会议的宣言，国务会议成为沙皇的咨询机关。1811年，根据斯贝兰斯基的建议，政府将原来的8个部扩大为11个部，新增加了警察部、交通部和国务监督处，并重新明确了各部的基本职能。

斯贝兰斯基的改革方案给人们描绘了一幅从封建君主制向资产阶级君主制转变的图景。这个改革方案的提出，在一定程度上反映了在封建农奴制俄国的内部资本主义关系进一步发展的客观要求 。但是，当时的俄国还不具备实行资本主义立宪的基本条件。这个改革方案遭到了贵族强有力地抵制，贵族指责他企图动摇俄国的基础，是法国人的间谍，是革命派，等等。1812年3月，斯贝兰斯基被流放到尼日涅－诺夫哥罗德，地主贵族弹冠相庆，认为这比“暴君之死”还让人高兴。一些地主贵族甚至还提出将他判处死刑。不久，斯贝兰斯基被流放到了更远的彼尔姆。

第三节　1812年卫国战争

19世纪初亚历山大一世即位时，俄英矛盾尖锐，两国实际上处于战争状态。在贵族的强大压力下，亚历山大一世迅速改变了其父保罗一世联法反英的对外政策，为了巩固俄国在欧洲的地位，重新回到了联英反法的道路上去。1802年，拿破仑·波拿巴当上了法国的终身执政官。与英国争夺欧洲以至世界霸权，是拿破仑对外政策的基本出发点，1803年英法两国重新开战。法国进军德国和意大利使俄国的利益受到威胁。1804年3月，法军进入巴登，逮

捕了居住在那里的波旁家族的后裔昂吉安公爵，并将其押解回巴黎处死。俄国向法国提出强烈抗议，并与其断绝了外交关系，俄法矛盾尖锐。同年9月，俄英签订了两国同盟条约草案。

1805年4月，俄英同盟条约在彼得堡正式签订。双方表示不能对法国的侵略行为坐视不管，将采取必要措施遏制这种局面蔓延。双方一致表示，将迅速采取有效手段组成欧洲各大国的大联盟，“以迫使法国政府自动或被迫恢复欧洲的和平和均势”，并在法国恢复君主制度。俄英同盟的建立拉开了第三次反法同盟的序幕。除英国和俄国外，奥地利、瑞典、那不勒斯很快参加了反法同盟，9月，俄国与土耳其签订了同盟条约，土耳其也加入了反法同盟。12月，俄奥联军在奥斯特里茨与法军展开决战，联军伤亡1.5万人，被俘2万人，亚历山大一世和奥皇弗兰茨落荒而逃，俄军统帅库图佐夫将军也险些被俘。战后，奥地利与法国签订合约，退出战争，第三次反法同盟解体。

拿破仑获得胜利后，有力地控制了普鲁士和波兰，进一步把矛头指向俄国，使俄国在欧洲的切身利益受到严重威胁。1806年9月，在俄国的积极努力下，俄国、英国、普鲁士等国组成了反对法国的新同盟。俄法展开了激烈的斗争，1807年6月，两军在弗里德兰附近决战。尽管亚历山大一世亲自督战，但俄军仍抵御不住法军的猛烈攻势。法军乘胜追击，直抵俄国边境的提尔西特。22日，俄法两国订立为期1个月的休战协定，由亚历山大一世和拿破仑进行和谈。7月7日，两国皇帝签订了提尔西特和约。这标志着俄国和法国结盟，第四次反法同盟宣告解体。从此，俄法开始相互勾结瓜分欧洲。

亚历山大一世的联法反英政策遭到了贵族地主的强烈反对。因为参加对英国的“大陆封锁”，对俄国没有任何好处，为了帮助法国，俄国失去了重要的海外农产品市场和工业品来源，引发了国内财政危机，使俄国贵族地主的切身利益受到严重损害，他们要求政府立即恢复对英贸易。从政治上考虑，俄国的地主贵族认为与法国结盟也没有任何好处，因为他们担心在已经进行了资产阶级革命的法国的影响下，俄国的农奴制会受到威胁，从而动摇沙皇专制统治的基础。更重要的是，拿破仑在波罗的海、巴尔干及近东地区大规模的军事扩张已严重危害了俄国的切身利益，拿破仑在这些地区称霸，将使俄国自彼得一世以来西进南下的扩张计划付诸东流。

俄国上层统治阶级内部斗争的结果是决定重新实行联英反法的对外政策。1812年俄法战争的爆发，是两国矛盾尖锐、在欧洲争夺霸权的结果。6月23日夜，法军不宣而战，渡过涅曼河，战争爆发。此时法国在欧洲已经占领了广大领土，俄国被空前孤立。亚历山大一世提出通过和谈结束战事，被拿破仑拒绝。拿破仑决心要做“世界的主人”，“踏碎”阻碍他称霸世界的俄国。法军在兵力上占有绝对优势，进入俄境后，迅速向其中心地带推进，在没有遭到抵抗的情况下，一路占领了许多重要城镇。在法军大举进攻的情况下，俄军成功地实行了战略撤退。

8月中旬，两军在斯摩棱斯克展开激战，俄军伤亡惨重，为保存有生力量，焚城后向莫斯科撤退。亚历山大一世撤换屡战屡败的巴克莱，任命米·伊·库图佐夫为俄军总司令，命令他一定要守住莫斯科。9月上旬，俄法两军在距莫斯科以西约120公里的博罗迪诺村遭遇，进行了持续12个小时的激烈会战。双方均伤亡惨重，战争开始后，法军的锐气首次受挫，俄军得到了短暂的喘息时间。9月14日俄军民撤出莫斯科，撤离前放火焚烧粮食及军火库，大火连烧3天不灭。法军在俄军撤出的当天入城，拿破仑进驻克里姆林宫。库图佐夫认为，法军进入莫斯科还不能说征服了俄国，只要俄国军队还存在，并且处于抗击敌人的状态，那就有胜利结束战争的希望。

俄军撤出莫斯科后，积极进行战略反攻的准备。10月中旬，战略反攻开始，法军被迫退出莫斯科，俄军乘胜追击。1812年的严冬比往年早来了一个月，11月便飘起了大雪，气温急剧下降，法军没有做好过冬的准备，因冻饿交加，死伤者不断增加，俄军一路围堵追击，使法军损失惨重。12月6日，拿破仑将指挥权交出，携少数亲信秘密逃回巴黎。待12月中旬，法军渡过涅曼河退出俄国时，几十万的法军只剩下2万余人。在亚历山大一世的坚决支持下，沙皇政府作出继续追击法军的决定。库图佐夫号召俄军在敌人的本土上打败敌人。1813年1月13日，俄军越过国境线，向法国进军。

1812年，拿破仑率领法军入侵俄国，使俄罗斯民族独立面临着严重的威胁。俄国人民为了不受奴役进行了积极的抗法斗争，取得了卫国战争的重大胜利。但是，亚历山大一世却利用了这些胜利，为巩固沙皇专制制度和封建农奴制服务。

第四节　俄国和神圣同盟

俄国在1812年战争中的胜利助长了亚历山大一世侵略扩张的野心。在俄军越出国境作战的同时，俄国在外交上进行积极的活动。1813年2月底，俄国与普鲁士签订了反法的同盟条约，由俄国、英国、普鲁士、瑞典参加的第六次反法同盟成立。当联军抗击德意志境内的法军时，奥地利也宣布加入反法同盟。10月中旬，联军与法军在莱比锡平原进行了一场激战，联军以伤亡近6万人的代价将法军逐出德意志。1814年初，联军渡过莱茵河，进入法国境内作战，直逼巴黎。3月底，当联军抵达巴黎城下时，守城的马尔蒙元帅宣布投降。3月31日，亚历山大一世率俄国骑兵进入巴黎。4月6日，拿破仑宣布退位，他被联军宣布是俄、英、普、奥4国的共同俘虏，放逐到厄尔巴岛。

同亚历山大一世同时进入巴黎的，还有参加反法同盟的各国的首脑。他们聚集在巴黎，庆祝战胜拿破仑。反法同盟国的胜利实际上是欧洲封建反动势力的胜利。亚历山大一世以欧洲的“解放者”自居，爬上了欧洲霸主的宝座。在他的积极支持下，欧洲各国反动君主开始复辟，欧洲又进入了黑暗的时期。1814年5月3日，　法国波旁封建王朝复辟，在同盟国军队的支持下，从国外返回的新国王路易十八登上了王位。

为了重新确定战后欧洲的政治秩序和领土问题，反法同盟国于1814年10月在奥地利首都维也纳召开国际会议，会议直至1815年6月才结束。会议不仅仅是分赃，划分欧洲新的政治版图，防止法国东山再起，而且还研究了如何恢复和巩固封建制度在欧洲的统治，防止新的革命爆发。沙皇亚历山大一世是这次会议的主角，奥皇弗兰茨一世、普鲁士国王腓特列·威廉三世、英国外交大臣卡斯尔瑞等也出席了这次会议。法国外长塔列朗作为战败国的代表出席会议。与会代表约有200多人，但所有重要决议都是在俄、英、普、奥4国秘密会议上决定的。

为了维持维也纳会议建立的反动秩序，防止和镇压可能出现的人民革命运动，根据沙皇亚历山大一世的提议，俄国、普鲁士、奥地利3国君主在1815年9月26日发表宣言，成立了所谓的“神圣同盟”。他们为了掩盖自己的侵略本质，胡说欧洲近3年来所发生的一切都是根据上帝的旨意安排的。该同盟在“公正、慈爱、和平”的幌子下，实行军事结盟。同盟声称，俄普奥3国君主将互相帮助，共同维持欧洲的政治现状。神圣同盟成立后，欧洲许多国家争相参加，除英国外，欧洲大多数君主国都加入到这个同盟中，使其很快成为一个国际性的反动政治组织。英国虽然没有参加同盟，但表示完全赞同它的原则。

1815年11月，俄国、英国、普鲁士、奥地利4国在巴黎成立“四国同盟”。该同盟条约规定，4国将以武力维护维也纳会议通过的各项决议。4国还将定期举行相关会议，共同研究如何保持欧洲“和平”，即保持欧洲大陆封建统治的局面。不难看出，“四国同盟”与“神圣同盟”一脉相承，它实际上是“神圣同盟”的补充。1818年，战败国法国在偿清赔款后，也加入同盟。无论是“神圣同盟”还是“四国同盟”，其实质都是沙皇俄国领导下维护封建统治镇压人民反抗的组织。在“神圣同盟”中，沙皇俄国扮演着“欧洲宪兵”的角色，是“神圣同盟”的支柱，是欧洲的反动堡垒。19世纪20年代，欧洲革命运动此起彼伏，“神圣同盟”为了维护各国的封建统治，对民族民主运动进行了残酷的镇压。在每一次镇压中，沙皇俄国都起着重要的作用。

第九章　俄国贵族革命家：十二月党人

第一节　十二月党人的革命活动

十二月党人是俄国第一代革命家。他们不但提出了与沙皇专制制度、封建农奴制进行斗争的口号，而且为实现自己的政治理想发动了公开的武装起义，一些人为此献出了宝贵的生命。十二月党人的革命运动揭开了俄国革命运动历史上崭新的一页，具有重大的历史意义。

十二月党人的出现不是偶然的，而是欧洲和俄国革命形势发展的产物。在俄国，革命形势也正在形成。1812 年卫国战争前后，连年不断的战争使社会生产遭到严重破坏，巨额军费开支和其他各种苛捐杂税使原来就生活在水深火热之中的广大农民的状况进一步恶化。他们用鲜血和自己的生命换来战争的胜利，而战后，他们依然生活在水深火热之中，既没有得到“自由”，也没有得到任何改善，反而陷入了更加悲惨的境地，从而使阶级矛盾进一步激化。据不完全统计，1801 年—1824 年农民暴动达 261 次。在手工工场的工人和军队的士兵中，对沙皇专制统治的不满情绪也在不断增长，孕育着新的反抗斗争。1801 年—1825 年，工人暴动 64 次，士兵暴动 15 次，其中 1820 年谢苗诺夫斯基近卫团的兵变使沙皇政府受到沉重打击。

十二月党人基本上都是贵族，大多是青年军官。当他们还在莫斯科大学、皇村高等专科学校、军官学校就读时，就已经接受了法国启蒙思想家及俄国进步思想家的学说。伏尔泰、卢梭、孟德斯鸠、拉吉舍夫等人的著作对他们产生了深刻的影响。一些军官自称是“1812 年的产儿”，他们参加对拿破仑的远征时，到过西欧已经进行了资产阶级革命的国家，亲身体验了资产阶级民主思想。他们将这一切和野蛮落后的农奴制相比，认识到在其他任何地方都没有像在俄国这样的穷苦的平民所受到的压迫；他们还探讨了俄国人民受压迫的原因，产生了变革俄国社会制度的强烈愿望。

十二月党人起义

共同的理想将他们紧密地联系在一起，他们开始了秘密结社的活动。1816 年 2 月，他们成立了第一个秘密团体“救国协会”，也称“祖国忠诚子弟协会”。它的创立人是 6 位年轻的彼得堡近卫军军官，都参加过 1812 年卫国战争和国外远征。为首的是上校亚历山大·尼古拉耶维奇·穆拉维约夫，他是著名军事家尼·穆拉维约夫少将的长子，时年 24 岁。其他创立人还有上校谢尔盖·彼特罗维奇·特鲁别茨科伊公爵，他是立陶宛王室的后裔，时年27岁；少尉尼基塔·穆拉维约夫，他是莫斯科大学督学之子，曾在莫斯科大学学习，精通多种语言，时年23岁；穆拉维约夫－阿波斯托尔兄弟：兄马特维·穆拉维约夫－阿波斯托尔，弟谢尔盖·穆拉维约夫－阿波斯托尔，他们的父亲是俄国驻西班牙大使，兄弟俩早年曾在巴黎就读；伊凡·季米特里耶维奇·雅库什金，他当时是莫斯科大学学生。协会成立后不久，又有一些志同道合的热情的爱国者参加到这个组织中来。

“救国协会”虽然希望能够尽可能地发展会员，但实际上却没能做到这一点，两年间会员只有30人。协会的宗旨是要解放农奴，在俄国实现君主立宪，然而却找不到实现这些目标的途径。有些人提出通过刺杀沙皇加速革命的到来，但这是脱离实际的冒险，不可能成功。在这种情况下，“救国协会”进行了改组，并在改组的基础上于1818年在莫斯科成立了“幸福协会”。

“幸福协会”同样是一个秘密的革命团体，但在不少方面却与“救国协会”不同。

首先，“幸福协会”不再是一个狭隘的集团，它在贵族、商人、小市民、僧侣、自由民中发展成员，只要18岁以上，信仰基督教者均可参加，当时共有200余人参加。协会吸引了许多同情者，产生了较广泛的影响。俄国著名诗人普希金成为协会的积极支持者。其次，协会高度重视舆论的作用，信奉“舆论将统治世界”，认为先进的舆论在未来的革命斗争中将会发挥重要的作用。他们利用各种机会揭露沙皇专制制度的罪恶，谴责政府的暴政，支持各种争取自由民主的先进思想，对深受农奴制压榨的农民表达了深深的同情。再次，协会明确提出实现共和制，共和主义思想得到了较大的发展。1820年初，在彼得堡召开了“幸福协会”根本委员会，即领导中心委员会会议。彼斯特尔在会上将君主立宪制和共和制进行了比较，明确肯定了共和制的优越性。与会者投票进行表决，一致同意实行共和制。最后，强调用军事手段推翻沙皇政府的封建统治。1820年谢苗诺夫斯基近卫团的兵变，以及军队中革命意志不断增长，使他们受到鼓舞，他们认为发动武装起义的条件已经基本成熟，并为此进行积极的准备。

但是，“幸福协会”仍是一个松散的团体，是无法完成发动武装起义，推翻沙皇政府这一艰巨任务的。1821 年初， 在莫斯科召开的“幸福协会”根本委员会会议，作出了以下重要决定：“解散”协会，借此淘汰那些不可靠的成员，同时在“解散”协会的掩护下，对协会进行了秘密改组，成立积极准备武装起义的十二月党人南方协会和北方协会，从而加快了发动武装起义的步伐。

第二节　《俄罗斯法典》和尼·穆拉维约夫的宪法草案

1821 年 3 月，十二月党人的南方协会在图尔钦成立，它的主要负责人是彼斯特尔上校。此后，以尼基塔·穆拉维约夫为首的北方协会在彼得堡成立。南方协会是在“幸福协会”南方委员会的基础上建立起来的。南方协会成立后的主要任务是在坚持共和制的基础上，研究十二月党人的宪法草案，确立共和制的纲领和武装斗争的策略。

十二月党人的宪法草案是由彼斯特尔拟订的，其父是西伯利亚总督，他自幼受到良好的教育，在哲学、政治学、法学等方面都有一定的造诣， 富于创造精神和献身精神。他参加过 1812 年卫国战争，因作战勇敢荣获多枚勋章。他是一名坚定的共和主义者，认为只有在共和制的条件下，俄国才会有最大的幸福和快乐。早在 1818 年—1819 年间，彼斯特尔就开始研究十二月党人的宪法草案 ，在拟订这个草案时，他认真研究了许多西欧国家的宪法，同时结合俄国的实际进行了反复的修改，最终提出了南方协会的宪法草案——《俄罗斯法典》。

《俄罗斯法典》（后简称《法典》）是俄国革命运动史上第一部资产阶级共和国宪法。它明确提出推翻沙皇专制制度，消灭封建农奴制和等级制。《法典》强调，消灭农奴制，解放农奴是一项神圣的、义不容辞的义务，因为把他人当作自己的财产一样来占有，把人当作物品一样来出售、抵押、赠送和继承，是违反人性、违反自然法则、违反神圣的基督徒身份，违反戒条和神的意志的事情；贵族必须永远放弃支配他人的、卑鄙的、可耻的特权，假如有丧尽天良的贵族胆敢反对消灭农奴制的话，那么就应该将这个恶棍监禁，并给予最严厉的惩罚。《法典》主张人生而平等，认为任何人都是为幸福而降生，都是上帝创造的，“贵族就是高贵的”是不公正的观点，因此，贵族的所有特权都应该被废除。

《法典》认为，土地是公共财产，当农民获得解放时，应连同土地一起解放，不需要任何赎金。但是《法典》也并没有彻底否定土地私有制，一方面，它认为国家应规定有一些土地是公有的，不允许买卖，未来的共和国的每一个公民，都有权享有一份土地；另一方面，有些土地国家应允许买卖，这些土地是私有的，而不是公有的，它强调劳动和工作是财产的来源，谁耕种土地，并使那块土地生长各种作物，谁就拥有支配那块土地的绝对权力。《法典》还提出，不允许地主继续使用农奴耕种土地，而应该雇用自由的雇佣工人。

《法典》对沙皇专制制度进行了严厉的抨击，认为它是“暴政”，是“疯狂的恶政”，应该被消灭。《法典》反对实行君主立宪，而主张变俄国为统一的民主共和国，实行三权分立，国家的立法权力属于选举产生的人民议会。国家的行政权力属于人民议会选出的 5 人，任期 5 年，由他们组成最高杜马，并由他们当中的一人出任共和国的总统。《法典》主张废除等级制，凡年满 20 岁的男子，不受财产的限制，都应获得平等的政治权利， 选举权同样不应受财产资格的限制。《法典》强调人民在国家生活中应发挥积极的作用，因为俄国人民不是任何个人和家庭的用具或财产，相反，政府倒是人民的用具，政府为人民的福利而建立，而不是人民为政府的福利而生存。公民享有政治、宗教信仰、言论、出版、迁徙、经营企业等的自由。《法典》还主张大力发展科学、教育和文化事业。

《法典》主张在全俄罗斯境内实现民族平等，俄罗斯民族以外的其他民族同样能够享受到革命带来的幸福。但是，它否认各个民族的特点，否认各个民族的文化意义，以及民族自决、民族独立的权利。相反，它认为各个民族将逐渐融合到统一的俄罗斯民族中去，只有波兰例外，因为彼斯特尔认为，波兰将和俄国一起举行起义，消灭农奴制，建立共和国，波兰将成为独立的享有主权的国家，将与解放它的俄国建立紧密的同盟。

1822年秋，在彼得堡成立了十二月党人北方协会，北方协会的领导人尼基塔·穆拉维约夫也为十二月党人草拟了一个纲领性的文件，即《尼基塔·穆拉维约夫宪法》（后简称《宪法》）。这部宪法共有三稿，初稿写于1822年，最后一稿写于1825年底。如果说《俄罗斯法典》中的内容仍体现出贵族的阶级局限性，那么在《尼基塔·穆拉维约夫宪法》中，这种局限性就表现得更充分了。

尼基塔·穆拉维约夫放弃了共和主义思想，转而拥护君主立宪制。在这部宪法中，他在谴责、抨击专制制度的同时，仍然主张保留君主制度。沙皇依然是国家的元首，有权指挥军队，并拥有行政权；主张成立两院制的国会，即上下两院的人民议会来限制沙皇的权力，立法权属于人民议会；上院为最高杜马，下院为人民代表院。

政权机关的选举受到严格的财产资格的限制。只有拥有一定数额的动产和不动产时，才能享有充分的政治权利。如规定有不动产500卢布或动产1000卢布的人才能被称为“公民”，才有选举权，农民没有选举权。对于当选的人，则规定了更高的财产资格，如当选省审判员需拥有不少于1.5万卢布的财产；当选最高杜马的议员，则需拥有不少于6万卢布的财产。

《宪法》主张废除农奴制度，强调取消农奴制和农奴状态后，依附在土地上的农奴将成为自由的人；废除等级制度后，不再区分高贵的人和普通的人，每一个人在法律面前都是平等的。但是，它却继续承认地主土地所有制，地主的土地依旧属于地主，教会的土地依旧属于教会。封建土地所有制虽然保存了下来，但却受到一定的限制，因为不允许继续使用农奴劳动。

《宪法》虽然表现出了更多的阶级局限性，但它在封建农奴制的俄国宣传了资产阶级民主思想，探讨了俄国的解放道路，仍具有一定的进步意义。但由于北方协会内部政治观点的分歧，《宪法》从来没有作为一个统一的纲领性文件被大家所接受。在北方协会中，存在着以雷列耶夫为首的更为激进的一派，雷列耶夫后来成为北方协会的主要领导人。

1795 年，雷列耶夫生于彼得堡的一个小贵族家庭，他在彼得堡武备中学读书期间，深受法国启蒙思想家和俄国拉吉舍夫等著名思想家的影响。1814 年—1815 年在国外远征期间，他接受了法国大革命及资产阶级民主主义思想，开始以诗歌为武器，同封建农奴制及沙皇专制制度进行了不屈不挠的斗争，成为著名的诗人和政治思想家。他 1823 年加入十二月党人北方协会，主张通过武装起义推翻沙皇政权。

第三节　十二月党人武装起义

十二月党人南方协会和北方协会在一些方面存有分歧，但他们都主张发动武装起义，推翻沙皇政权。但是由于它们之间缺乏必要的协调和联系，使不止一次准备发动的武装起义付诸东流。

1824 年，南方协会领导人彼斯特尔带着《俄罗斯法典》来到彼得堡，希望它能够成为所有十二月党人都能够接受的纲领，并在此基础上实现两个协会的联合，但是他的愿望没能实现。尽管如此，大多数人仍希望实现联合，所以两个协会共同决定，在《俄罗斯法典》之外，共同制订一部新的宪法草案，并召开两个协会的代表大会，讨论和决定共同的纲领和行动计划。

在当时，除了十二月党人的两个协会外，还有一个秘密的革命组织——斯拉夫人联合会。1818 年，它最初是由军官学校的两名学生鲍里索夫兄弟建立的。1823 年，它明确地提出了自己的纲领，就是把全体斯拉夫人从专制制度下解放出来，消除部分民族之间存在着的民族仇恨，并把斯拉夫人所居住的土地联合成为联邦国家。但是他们反对采取军事行动来达到这些目的，因为他们认为，军事革命“不是自由的摇篮，而是自由的坟墓”。南方协会领导人支持斯拉夫人联合会，在思想上和行动上与之建立了密切的联系。1825 年秋，斯拉夫人联合会加入南方协会。南方协会领导人明确表示：俄国在从暴政下得到解放之后，将公开地帮助斯拉夫人联合会达到目的——解放波兰、波希米亚、摩拉维亚及其他斯拉夫人的土地，在这些地方建立自由的管理制度，并且用联邦把所有这些国家联合起来。

沙皇政府日渐察觉了十二月党人的革命活动，革命形势愈加危急。南方协会和北方协会做出决定，在1826年春举行起义，趁亚历山大一世到南方检阅军队的时机，将其暗杀，然后进军莫斯科、彼得堡，推翻沙皇政府，召开立宪会议。

1825年11月19日（俄历），亚历山大一世在外出时突然患病逝世，由于亚历山大一世没有后嗣，按照俄国皇位继承法，应由其弟弟继承，但他的大弟弟康斯坦丁坚决不愿继承皇位，于是宫廷内部为由谁出任沙皇展开了一场激烈的斗争。经过明争暗斗，由亚历山大一世的第二个弟弟尼古拉·帕夫洛维奇即位，即尼古拉一世。新沙皇尼古拉一世将在同年12月14日在彼得堡参政院广场登基，举行宣誓效忠仪式，接受贵族、大臣和军队的宣誓。十二月党人决定利用皇统中断的有利时机提前举行起义。由于叛徒告密，彼斯特尔在沙皇登基前一天已经被捕。十二月党人决定在12月14日举行起义，以有军事经验的谢尔盖·特鲁别茨科伊为起义的总指挥。起义前，北方协会的主要成员在雷列耶夫家中集会，研究了起义的一些细节。他们拟订的《告俄国人民宣言》（全称为《关于在俄国实行新的管理制度告俄国人民书》）是12月14日起义的政治纲领。该宣言明确宣布，举行起义的目的是打倒沙皇政府，废除农奴制，消灭等级制；给予人民充分的自由，包括出版自由、宗教自由、职业自由、迁徙自由等等，并实行审判公开；实行普遍的义务兵役制，缩短服役年限，废除常备军、募兵制和军屯制。十二月党人还提出，在推翻沙皇政府后，将要建立临时政府，并由临时政府召集人民代表会议，决定俄国今后的国家制度，即决定建立共和制还是实行君主立宪制。

12月14日晨，十二月党人来到广场，在士兵中进行反对尼古拉一世的鼓动，但是他们并没有告诉士兵将要举行武装起义，推翻沙皇，而只是说要拥护康斯坦丁当皇帝，反对向尼古拉一世效忠。在武装起义的关键时刻，原定的总指挥谢尔盖·特鲁别茨科伊认为起义没有成功的把握而临阵逃脱，使武装起义组织混乱。尼古拉一世面对着那些反对自己的官兵，为了维护自己的统治，调兵遣将，软硬兼施，下令炮兵向起义者开火，广场的雪地上顿时洒满了起义者的鲜血，留下了 80 多具尸体。

12 月 14 日参政院广场起义失败的消息很快传到了十二月党人南方协会，但南方协会依然决定按照原定的计划发动起义。12 月 29 日，谢尔盖·穆拉维约夫－阿波斯托尔领导了车尔尼哥夫团的起义，起义者宣传共和思想，号召人民推翻沙皇专制制度。1826 年 1 月 3 日，沙皇政府调集军队，残酷镇压了这次起义。

在十二月党人起义中，有 579 人被捕，其中的 121 人被提交法庭进行审判，他们中包括谢尔盖·穆拉维约夫－阿波斯托尔、雷列耶夫、彼斯特尔等主要领导人。尼古拉一世组织了特别最高刑事法庭来进行审判，他虚伪地对起义者说，只要供出实情就可以得到宽恕，一些起义者上当受骗，轻信了尼古拉一世的话。雷列耶夫被囚禁在彼得保罗要塞时上书沙皇，供出了北方协会的组织领导、活动及武装起义的计划等等，最后，他要求沙皇仁慈地“恩赦”他，但是他还是被送上了绞刑架。同时被判处绞刑的有 36 人，其余的人被处以流放，服苦役。为了笼络人心，尼古拉一世在行刑前将判处绞刑的人改为 5 人，他们是谢尔盖·穆拉维约夫－阿波斯托尔、雷列耶夫、彼斯特尔、米哈伊尔·别斯杜日夫－柳明、彼得·卡霍夫斯基。

十二月党人虽然有推翻沙皇专制制度、消灭农奴制的决心，但是由于阶级的局限，这些贵族革命家们害怕人民群众参加革命，因此脱离群众，也得不到广大群众的支持；而且他们自己缺乏严密的组织，没有坚强有力的、统一的领导，在关键的时刻犹豫不决，行动迟缓，总指挥临阵脱逃，导致了十二月党人起义的失败。但是，十二月党人起义是俄国历史上第一次有组织、有纲领的反对沙皇政府的武装起义，揭开了俄国革命运动历史崭新的一页，十二月党人用自己的鲜血唤醒和教育着俄国人民，为新的更大规模的革命高潮的到来奠定了基础，正如十二月党著名诗人亚历山大·奥多耶夫斯基写下的名句那样：“行看星星之火，燃成熊熊烈焰。”

第十章　19世纪上半期俄国的革命民主主义思想

第一节　革命民主主义思想的产生

19 世纪 30 年代，俄国革命民主主义思想开始形成，它是和农奴制危机不断加剧紧紧联系在一起的。农奴制危机不可避免地引起了俄国思想界激烈的思想斗争。以教育大臣谢·乌瓦罗夫为首的农奴制的捍卫者，提出了所谓的“官方人民性”理论，他们说沙皇制度、农奴制度和东正教都是符合俄国“民族性”的，农奴制和沙皇专制制度是两种同时发展的平行的力量，他们不仅是俄国存在的基础，而且也是对抗“动乱”和“腐化”的西方的武器，是不可动摇的。他们还认为俄国过去的成就是惊人的，它现在更加壮丽了，至于它的未来，将超过一切，只有最富想象力的人才能体会得到。这种荒谬的理论充斥在俄国的报纸杂志、经学讲坛，甚至大中小学中。

19 世纪 40 年代，俄国思想界进行了斯拉夫派和西方派的论战。虽然这种论战带有狭隘的小集团的性质，但作为当时两种重要的社会思潮的交锋，对俄国社会政治思想的发展仍产生了一定的影响。

斯拉夫派的主要代表人物是阿·斯·霍米亚科夫、基列耶夫斯基兄弟、阿克萨科夫兄弟、萨马林、科舍列夫、瓦卢耶夫等。斯拉夫派的成员主要来自中等地主，贵族知识分子和僧侣，他们维护沙皇专制制度，认为俄国的土地制度、东正教、沙皇专制制度是俄国的特性，俄国有自己独特的社会发展道路，在俄国进行革命是不必要的，也是不可能的。他们主张召开由选举产生的代表参加的缙绅会议，反对立宪，反对与西方接触、向西方学习，尤其反对西欧国家的资产阶级革命。斯拉夫派主张发展工商业，修筑铁路，在农业生产中采用机器。斯拉夫派维护反动的泛斯拉夫主义，宣扬所有的斯拉夫人都应该统一在俄国沙皇制度的保护下。

西方派也称西欧派，该派的主要代表人物是斯季齐·尼·格拉诺夫斯基、康·德·卡维林、鲍·尼·齐切林等。这一派的成员主要是地主、贵族和大商人，一些人是有一定影响的作家、教授。西方派反对农奴制，主张走西方国家的发展道路，他们崇拜西方，赞美西方资产阶级民主。在俄国的发展道路和发展前途等问题上，西方派与斯拉夫派有重大的分歧，但是在害怕革命，尤其是害怕人民自下而上地发动革命，推翻沙皇政府的封建统治这方面，两派的立场却是一致的。他们主张实行自上而下的改革，实现君主立宪、议会政治。

19 世纪上半期，俄国社会发展处在重大转折时期，在反对、抨击农奴制的斗争中，一些贵族启蒙思想家们做出了积极的贡献。这些启蒙思想家以彼·雅·恰达耶夫、尼·弗·斯坦凯维奇、齐·尼·格拉诺夫斯基等为代表。

彼·雅·恰达耶夫出身贵族，早在 19 世纪 20 年代就与十二月党人有密切的联系，曾参加十二月党人的秘密协会“幸福协会”。他在《哲学书信》这部文集中，集中论述了反对专制制度、反对农奴制的思想。他认为，沙皇政府继承了蒙古对被征服的异族进行统治的方法，以此来对待俄国人民；农奴制的存在是俄国生活里的黑暗和可耻的污点，是国家进步道路上的主要障碍物。他对俄国的未来充满了悲观的情绪，他在分析俄国历史发展的特点时说，俄国好像缺少一种内部的、传统性的思想联系。东正教、蒙古人的压迫和俄国专制政体的野蛮独裁是俄国落后的原因。但当我们摆脱了外国人的枷锁的时候，我们却又陷进了更加残酷的，而且是被我们的解放的事实所创造出来的奴隶制中。

尼·弗·斯坦凯维奇早年毕业于莫斯科大学文学系，潜心研究哲学，特别是德国古典哲学。他作为贵族启蒙思想家的活动，主要是和“斯坦凯维奇小组”紧密联系在一起的。这个小组是由莫斯科大学的学生组成的哲学学术团体，主要成员包括巴枯宁、波特金等，别林斯基有时也参加这个小组的活动。斯坦凯维奇小组反对俄国的专制制度和农奴制，但是却缺乏革命的理想和愿望，他们认为沙皇政府迟早有一天会自己放弃农奴制，即使这样，广大人民仍不能够参加社会的管理工作，因为人民的智力发展达不到这个水平。因此，首先应在人民之中扩大智力发展，在俄国境内普及教育。

齐·尼·格拉诺夫斯基生于贵族家庭，早年就读于彼得堡大学法律系，后到莫斯科大学讲授历史，并进行文学著作研究。他具有强烈的爱国主义精神，认为只有在祖国的土地上，才能够干出真正的事业来。他关心广大贫穷、痛苦的劳动者的生活，追求自由、进步，反对专制统治，主张消灭农奴制度。但是，他反对用革命的方法，特别是通过人民革命的方法来改变俄国的一切。他崇拜资产阶级民主主义“自由、平等、博爱”的口号，希望这一切能通过和平的历史发展道路在俄国实现。

综上所述，不难看出贵族启蒙思想家思想认识存在的局限，他们的认识不可能达到革命民主主义的思想高度。随着资本主义关系在封建农奴制社会内部的持续发展和农奴制危机的不断加深，西欧国家资产阶级革命运动对俄国的影响，以及俄国 19 世纪 30—40 年代的思想斗争，都为革命民主主义思想的产生开辟了道路。赫尔岑、别林斯基、奥格辽夫，以及后来的车尔尼雪夫斯基、杜勃罗留波夫等成为革命民主主义者的优秀代表。在政治立场、政治观点上，他们同贵族启蒙思想家有着原则性的分歧，他们热情地宣传人民革命思想，主张通过自下而上的革命彻底地解放农奴，消灭农奴制，推翻沙皇专制制度。在俄国革命思想发展的历史上，革命民主主义思想的产生和发展占有重要的一席之地。

第二节　亚·伊·赫尔岑

亚历山大·伊万诺维奇·赫尔岑是俄国思想家和革命家，1812年4月生于莫斯科的一个贵族家庭。他自幼在家庭中受到了良好的教育，有两位家庭教师对其产生了重要的影响：一位是俄语、文学教师，当时还是大学生的普罗托波波夫，他经常为赫尔岑朗读十二月党人雷列耶夫等人的禁诗，宣传革命思想，并使赫尔岑酷爱俄罗斯文学；另一位是法语教师，法国人布梭，他曾经参加过法国大革命，是雅各宾党人，他使赫尔岑同情革命，追求自由平等。赫尔岑曾在他的日记中写道：伟大的法兰西革命，它第一次向世界，向那些惊讶的各国人民和国王宣布新世界的产生和旧世界的消亡。

十二月党人武装起义，以及沙皇政府对起义者的血腥镇压，对赫尔岑的世界观的形成产生了决定性的影响。雷列耶夫、彼斯特尔等5名十二月党人被绞死不久，14岁的赫尔岑和他的密友奥格辽夫来到莫斯科近郊的燕雀山上，进行了庄严的宣誓：把自己的生命贡献给十二月党人所开创的斗争事业，为死去的十二月党人复仇。他认为这些人是英雄，是赴汤蹈火的战士，是从头到脚用钢铁铸成的。赫尔岑属于被参政院广场上的炮声所唤醒的那一代人。

在莫斯科大学学习期间，赫尔岑和奥格辽夫组成了专门研究社会政治问题的学习小组，他们以十二月党人为榜样，希望学习小组成为一个秘密的革命团体。法国启蒙思想家伏尔泰、卢梭、狄德罗，俄罗斯作家普希金、雷列耶夫、拉吉舍夫等人的著作，引起了他们广泛的研究兴趣。他们反对封建主义、反对专制制度、反对农奴制的先进思想，使赫尔岑深受教育，他认为这些人是他自己思想上的引路人。1834年，赫尔岑、奥格辽夫及他们小组的成员，被沙皇政府认为是“危险的自由主义者”而被逮捕。赫尔岑先后被流放到彼尔姆、维亚特卡及弗拉基米尔等地，直到1840年初才结束流放生涯。在流放期间，他深入到社会的底层，亲身体验到了沙皇专制制度和农奴制的野蛮和黑暗，这使其坚信，必须用革命的手段对俄国社会进行彻底的、根本的改造。

1840年，赫尔岑从流放地回到莫斯科，积极投身于反对农奴制的斗争中去，成为俄国革命民主主义运动的领导者。1841年—1842年，赫尔岑第二次被沙皇政府流放，在此期间，他深入地研究了哲学问题。赫尔岑的哲学思想是同俄国的解放运动紧密联系在一起的。这时，他的革命民主主义思想更加成熟了。他 1842 年 7 月定居莫斯科后，有了相对稳定的生活，在这期间著有哲学文集《科学中的华而不实作风》《自然研究通信》，并进行了文学创作，完成了中篇小说《克鲁波夫医生》《偷东西的喜鹊》和长篇小说《谁之罪》。《自然研究通信》发表在 1845 年—1846 年的《祖国记事》杂志上，这是赫尔岑深刻批判唯心主义哲学，系统表述唯物主义哲学世界观的代表作。

1847 年，赫尔岑被迫离开俄国，侨居在法国、意大利和瑞士，成为政治上的流亡者。他在 1848 年革命的前夜来到法国，目睹了法国和意大利的革命。这场席卷欧洲的革命使他深受鼓舞，对俄国走西欧国家发展道路的光明未来充满信心。他说，这时在他的心灵里出现了一种新的力量，旧的希望又复活了，似乎一种勇往直前的决心重又占了上风。但是，当革命遭到血腥的镇压而失败后，他又产生了严重的失望情绪，以至在精神上完全崩溃了。这时他将希望完全寄托于俄国日益高涨的农民运动，他得出结论，俄国不能像西欧国家那样，通过资产阶级革命消灭农奴制和沙皇专制制度，而只能通过自己特殊的农民村社的非资本主义道路，来解决俄国的问题。1849 年，赫尔岑发表《俄罗斯》文章，论述了通过农民村社走向社会主义的观点，赫尔岑成为俄国民粹派理论的奠基者之一。1852 年，赫尔岑移居英国，建立“自由俄国印刷所”，创办《北极星》《钟声》等报刊，继承十二月党人所开创的事业，号召人民推翻沙皇专制制度，消灭农奴制。这些报刊被秘密地运回俄国，对俄国解放运动的发展起了积极的促进作用。

赫尔岑还以文学为武器，他的文学创作始终贯穿着反对专制制度和农奴制这个主题。19 世纪 40 年代初，他发表了自传体中篇小说《一个青年人的札记》，准确地描写了知识分子的精神成长，开始了现实主义的文学创作。以后在《克鲁波夫医生》《偷东西的喜鹊》《谁之罪》等文学作品中，他深刻地揭露了农奴主的残暴专横、广大人民的悲惨遭遇、脱离人民大众的知识分子的软弱无能，使人们认识到沙皇专制制度不仅剥夺人民的财产，而且摧残人的尊严和创造才能，使人民在精神上套上沉重的枷锁，受到奴役，农奴制的俄国已经陷入了“普遍疯狂”的状态之中。在晚年，他完成了大型回忆录《往事与随想》，赫尔岑说它是“历史在偶然出现于它的道路上的一个人身上的反映”。这部回忆录具有丰富深刻的思想内容，赫尔岑将自己的生活道路、思想发展与一系列重大历史事件紧密地联系在一起，再次生动地表现了他一生追求真理，渴望自由、民主的坚定信念。

第三节　维·格·别林斯基

别林斯基是与赫尔岑齐名的俄国伟大的思想家、革命民主主义者的先驱。他同样是属于十二月党人起义唤醒的那一代人。在 19 世纪 30—40 年代俄国政治思想激烈的斗争中，他在思想上经历了由唯心主义到唯物主义、由启蒙主义到革命民主主义的转变。在俄国解放运动中，别林斯基是完全不同于贵族的平民知识分子的先驱，是革命民主主义的一面旗帜。

维萨里昂·格里戈里耶维奇·别林斯基，1811 年生于一个海军军医的家庭，奔萨省人。1829 年入莫斯科大学语文系学习，1832 年因组织进步学生文学团体，撰写反对专制制度及农奴制的文学作品，鼓吹革命思想而被学校开除。自 1833 年起为《望远镜》杂志及其增刊《杂谈报》撰写稿件。自 1838 年起，先后为《莫斯科观察家》《祖国纪事》《现代人》等杂志工作。他撰写了大量反对沙皇专制制度和农奴制的文章，广泛团结俄国思想界的进步力量，热情宣传革命民主主义思想。他积劳成疾，一生在贫困和沙皇政府的迫害中度过，1848 年 6 月 7 日在彼得堡病逝。

19 世纪 30 年代时，别林斯基是一名唯心主义的启蒙主义者，他将俄国的前途寄希望于发展社会的启蒙教育，以及加强和完善道德的修养上。他看不到俄国贫困落后的社会原因是专制制度、农奴制，而认为是广大人民大众的愚昧无知，是文化教育事业落后导致了俄国贫困落后，因此他认为要想解决俄国的问题，不能通过西欧国家的社会革命的方式，而应发展启蒙教育。在他看来，教育是历史前进的主要动力，通过教育，俄国可以变得民主，人民的生活可以变得幸福。在《论教育》这篇论文中，他写道：为了达到可能的完善地步，人类就应该用科学来教育自己的心灵，用美术所造成的崇高而卓越的影响来提高这个主题。为了向热情指出良好的方向，为了培养心灵，为了启发智慧，就需要有良好的教育。

从唯心主义的认识出发，他曾在政治上采取了一种调和主义的立场，错误地认为，既然沙皇制度和农奴制仍然存在着，那它们就有存在的理由， 就有“合理必然性”。19 世纪 40 年代，西欧和俄国的人民革命运动此起彼伏，残酷的现实擦亮了别林斯基的眼睛，使他从思想深处受到震动，开始认识到自己的错误。在社会实践中，别林斯基逐渐形成了革命民主主义的世界观。首先，他开始同沙皇专制制度及农奴制进行不妥协的斗争。他将爱国主义与反对沙皇政府的斗争紧密联系在一起，他在给友人的一封信中曾写到，他越是深切热爱自己的祖国，就越是对她的现状——污秽、卑鄙、可恨、没有人性……感到失望。19 世纪 40 年代，别林斯基与“官方人民性”理论及“斯拉夫派”的理论进行了不调和的斗争，并通过这场严肃尖锐的斗争，将先进知识分子广泛地团结在自己的周围。别林斯基驳斥了“斯拉夫派”对俄国人民的诬蔑，在“斯拉夫派”看来，俄国人民若热爱自己的祖国，就要心甘情愿地做沙皇驯服的奴隶。他说，这实际上是在为沙皇专制制度和农奴制作辩护，企图使这些野蛮的制度永久地存在下去。别林斯基对西方派吹捧西方资本主义文明，盲目崇拜西方社会制度的言论也进行了有力的斗争。

后来，别林斯基开始摆脱唯心主义的神秘主义的历史观的影响，用唯物主义的观点来认识人类历史的进程。沙皇政府的御用文人们宣扬沙皇专制制度的永恒性，说什么君主制度是俄国社会生活里自然的、永久不变的形式。俄国的历史就是沙皇制度的历史。别林斯基彻底否定了这些观点。他认为在社会生活中，存在着不断发展变化的必然性。正是因为这种必然性，在杂乱无序里面出现了严整的秩序，在多种多样里面出现了统一。因此他强调，一种社会形式被另一种社会形式所代替，并不是偶然发生的，也不是根据立法者的意志而发生的，而是按照一定的规律发生的。人类社会发展的过程是合乎规律的前进过程。

从上述认识出发，他认为只有在社会主义时代，才能消灭压迫、剥削，才能消灭贵族、老爷，消灭沙皇。在这样的社会中，人与人之间都如亲兄弟一样，没有贫富之分，俄国人民能够得到真正的快乐和幸福。没有什么比促进社会主义的到来更加崇高了。他还认识到，社会主义不可能自发地实现，所以他将实现社会主义与革命斗争结合起来。那种认为不经过暴力的政变和流血，就可以实现社会主义的想法，是可笑的。但是，时代和阶级的局限使别林斯基不可能看到无产阶级的力量以及他们的历史使命。尽管别林斯基对社会主义的认识带有明显的空想性质，但这种空想社会主义仍带有鲜明的革命民主主义精神。

沙皇统治下的俄国是各族人民的监狱。别林斯基对沙皇政府压迫下的少数民族给予了极大的同情，他认为沙皇政府对非俄罗斯族的其他民族的政策是毫无人性的殖民政策。他说，饥饿的、被掠夺的和被压迫的没有开化的人们的号哭声，连续不断地在北部冻土带荒野的上空飘荡着，这些人们受尽屈辱，无论什么东西都压抑不住人们的愤怒。在别林斯基看来，反对沙皇专制制度时，不能忘记非俄罗斯族人民的苦难，应该认真研究和了解他们的生活，并切实地给予他们最大的帮助，使他们彻底摆脱专制制度的奴役。别林斯基认为这种帮助首先是在教育方面，因为“文明的微弱的光线”还没有照进他们生活的边陲地区，一个愚昧的民族是无法获得彻底的解放的。

1847 年 7 月 15 日，别林斯基在写给果戈理的信中，集中阐述了他的革命民主主义思想。人们认为这封信是他提出的彻底的革命民主主义的纲领，是他的政治遗训。果戈理在晚年时错误地认为，俄国人民由于“信仰宗教”，有一种“神秘主义的狂热”，所以是顺从沙皇制度和农奴制的，服从它们的统治。别林斯基对果戈理吹捧专制制度、农奴制的言论，针锋相对地进行了尖锐的批评，他认为神秘主义的狂热不是俄国人民的本性，相反，他们有足够的健全的理解力，有明晰而实际的智慧。他强调摆在俄国人民面前的任务不是说教，不是祈祷，而是行动起来，推翻专制制度和农奴制，推进文明和启蒙。

第四节　车尔尼雪夫斯基

车尔尼雪夫斯基，俄国杰出的革命民主主义者、哲学家、作家和批评家，人本主义的代表人物之一，1828 年 7 月生于伏尔加河畔萨拉托夫城的一个神父家庭。他的父亲是一位平民出身的牧师，博学多闻， 家中有丰富的藏书。车尔尼雪夫斯基自幼勤奋好学，少年时代即开始学习俄国诗人普希金和莱蒙托夫的诗，阅读英国狄更斯和法国乔治·桑的小说。18 岁时，车尔尼雪夫斯基进彼得堡大学文史系学习，与先进知识分子团体彼得拉舍夫斯基小组关系密切，在此期间，逐步形成了革命民主主义的观点和空想社会主义的思想。他潜心研究黑格尔和费尔巴哈哲学、对俄国民主主义者别林斯基和赫尔岑的思想，以及法国空想社会主义等，也都有浓厚的兴趣。他于 1850 年大学毕业，次年重返萨拉托夫，在中学教授语文。

1853 年，车尔尼雪夫斯基着手写作学位论文《艺术与现实的审美关系》，后参加涅克拉索夫主持的《现代人》杂志的编辑工作，成为《祖国纪事》和《现代人》等进步刊物的撰稿人。1855 年，他通过了学位论文答辩，并发表代表作《俄国文学果戈理时期概观》。1856 年起主持《现代人》杂志，广泛传播革命思想。这期间他发表了《莱辛，他的时代，他的一生与活动》以及论述普希金、托尔斯泰、谢德林、奥斯特洛夫斯基和屠格涅夫等的文章，同时撰写了许多关于哲学、历史学、经济学方面的著作，如《对反对公社所有制的哲学偏见的批判》《资本与劳动》《哲学中的人本主义原理》等。1859 年，车尔尼雪夫斯基秘密前往英国伦敦，同侨居在那里的赫尔岑研究反对沙皇统治的问题。

1862 年，车尔尼雪夫斯基被沙皇政府逮捕，关入彼得保罗要塞。《现代人》被勒令停刊 8 个月。1864 年，他被判处服 7 年苦役并终身流放西伯利亚。同年 5 月，被押至圣彼得堡梅特宁广场示众，处以残酷的假死刑。在囚禁与漫长的流放中，他完成了《怎么办？》《序幕》等名著。1883 年由于健康原因获准回到阿斯特拉罕居住，1889 年 6 月被准许返回故乡萨拉托夫，4 个月后，因脑溢血病逝。

车尔尼雪夫斯基的著述非常丰富，包括哲学、经济学、美学、文学、社会学等各个领域。其主要代表作是《艺术对现实的审美关系》《俄国文学果戈理时期概观》《对反对公社所有制的哲学偏见的批判》《哲学中的人本主义原理》《生活与美学》以及小说《怎么办？》等。俄国第一个马克思主义者普列汉诺夫，曾把他比喻为希腊神话中盗天火予人间的英雄，称他为“俄国文学中的普罗米修斯”。

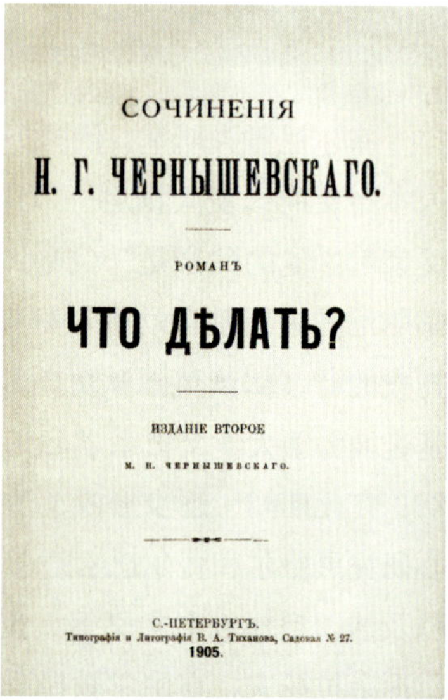

俄文《怎么办？》（1905年版本）

他在监狱中写的长篇小说《怎么办？》，堪称俄国19世纪现实主义文学的优秀代表作，被誉为“生活教科书”。马克思、恩格斯、列宁、普列汉诺夫等，都高度评价车尔尼雪夫斯基和他的著名长篇小说。列宁非常喜爱这部小说，称赞说：“这才是真正的文学，这种文学能领导人、引导人、鼓舞人。我在一个夏天把《怎么办？》读了五遍，每一次都在这部作品中发现了新的令人激动的思想。”

这部作品所讲的故事围绕自由劳动、妇女解放和秘密革命活动三条线索展开，提出只有斗争才能改变人民的厄运，并以“未婚妻”隐喻革命。主人公拉赫美托夫集中体现了俄国革命民主主义者的特征，为接近人民，他跑遍了整个俄罗斯，干过樵夫、锯工、石匠、纤夫，最后成为职业革命家、一个“特别的人”。他为锻炼革命意志，献身自己的理想，宁愿生活极其俭朴清苦。小说借一个渴望自由和独立的新女性薇拉的恋爱，表达妇女解放和自由恋爱的新思想。通过薇拉创办的新型缝衣工厂和她的四个梦，宣扬空想社会主义思想。

车尔尼雪夫斯基是继俄国贵族革命家之后，登上历史舞台的平民知识分子革命家的杰出的代表，他把俄国革命民主主义思想发展到新的高度，被列宁称为“未来风暴中的年轻舵手”。他深受费尔巴哈的影响，费尔巴哈批判了康德的不可知论和黑格尔的唯心主义，恢复了唯物主义的权威；肯定自然离开人的意识而独立存在，时间、空间是物质的存在形式，人能够认识客观世界；并对宗教神学也进行了有力的批判。这些对车尔尼雪夫斯基世界观的形成有重要影响，直至晚年，他仍坚称自己是费尔巴哈的忠实信徒。

车尔尼雪夫斯基坚持唯物主义的基本立场，在思维与存在、精神与物质的关系问题上，他认为世界是统一的，强调“凡是存在的东西都是物质”，自然界的一切事物、现象都是统一的物质存在的形式，而这些事物、现象之间的相同性就在于它们都是物质的，否认有任何不依赖于物质、自然界的“精神实体”。车尔尼雪夫斯基还从唯物主义的观点出发，在认识论方面，批判了康德等的不可知论和主观主义。他确信人类具有认识世界的能力，不仅自然界的一切对象及其属性都是可以被认识的，而且随着科学的发展，人的认识能力会不断地加强。车尔尼雪夫斯基还反驳了康德等人对认识的主观主义的解释。

车尔尼雪夫斯基把唯物主义哲学观点创造性地应用于美学，提出了“美是生活”这一经典命题。他认为，“任何事物在那里面看得见，依照人们的理解应当如此的生活，那就是美的；任何东西，凡是显示出生活或使我们想起生活的，那就是美的”。在艺术与现实的关系这个美学基本问题上，他坚持现实高于艺术，艺术的目的和本质就在于再现现实生活。

车尔尼雪夫斯基作为一个革命民主主义者，在文艺理论上有开创性的贡献。《艺术与现实的审美关系》一书，继承并发展了别林斯基的文艺观点，批评了当时颇有影响的唯心主义美学。他认为美存在于现实之中，美不是主观自生的。人们在实际生活中所处的地位和环境不同，他们对于生活的理解和关于美的观念也就不同。他十分重视文艺的社会功能和教化功能，坚决反对“为艺术而艺术”。他认为文艺是“生活的教科书”，文艺的主要任务是“再现生活”，艺术的特点“不是用抽象的概念而是用活生生的事实去表现思想”，在《俄国文学果戈理时期概观》中，车尔尼雪夫斯基系统地探讨了俄国文学批评思想的变化与发展，认为果戈理第一个沿着“批判的倾向”进行创作；它对奥斯特洛夫斯基、格里戈罗维奇、屠格涅夫、托尔斯泰等作家的创作思想和艺术成就，也都有精辟的分析和肯定的评价。这些对自由派文人对果戈理等的责难进行了有力的驳斥。

在伦理学方面，车尔尼雪夫斯基坚持唯物主义立场。他认为，人按其本性来说既不是善的，也不是恶的，只是因环境的不同而变成善的或恶的。他强调，支配人们行为动机的决定因素在于利益，提出“合理利己主义”，将其作为道德的基础，同时又强调整体利益高于局部利益，全人类的利益高于一切。

在政治上，车尔尼雪夫斯基坚决反抗沙皇封建专制主义和农奴制，深刻地揭露了沙皇亚历山大二世所谓“农奴制改革”的掠夺本质，号召农民群众“拿起斧头”推翻沙皇统治和腐朽的农奴制度，用革命的手段夺取土地。车尔尼雪夫斯基还是资本主义制度的深刻批判者，主张在大规模机器生产的基础上实行社会主义。他幻想通过农村村社过渡到社会主义，将农民的民主革命和社会主义革命混为一谈，宣扬俄国发展的特殊道路，可以避免资本主义。时代的局限使他不理解物质生活方式在社会生活中的决定性作用，而是在宣扬空想社会主义。

第五节　彼得拉舍夫斯基派

米哈伊尔·瓦西里耶维奇·彼得拉舍夫斯基，1821 年生于彼得堡的一个中等地主家庭，是俄国革命民主主义者赫尔岑、别林斯基思想的继承者。他早年曾在皇村中学、彼得堡大学学习，在十二月党人、赫尔岑、别林斯基等的进步思想的影响下，憎恶沙皇专制制度和农奴制，向往民主共和和社会主义，积极投身于俄国人民的解放斗争事业。1845 年，在彼得堡成立了以他的名字命名的革命团体——彼得拉舍夫斯基小组，直到 1849 年才被沙皇政府破坏。小组的成员是爱好文学的贵族子弟及平民知识分子，其中包括作家萨尔蒂科夫·谢德林、陀思妥耶夫斯基、迈科尔兄弟，以及大学生、企业主、商人、近卫兵团和参谋本部的军官们、中央政府机关的官员，等等。

彼得拉舍夫斯基小组吸引了彼得堡青年知识分子的精英，他们定期在彼得拉舍夫斯基家中聚会，在一起研究十二月党人及革命民主主义者的革命思想；讨论俄国进步作家、诗人格利波耶多夫、普希金、莱蒙托夫、果戈理等人的名作。这一切进一步激发了他们革命民主主义的热情和人道主义的精神，使他们更加痛恨沙皇专制制度和农奴制，追求自由、民主、平等。他们是爱国主义者，对自己的祖国有一种神圣的使命感，认为他们的言行代表了俄国的现在和未来。1848 年欧洲革命以及西欧进步思想家的著作，特别是法国启蒙思想家和空想社会主义者的著作，对彼得拉舍夫斯基小组政治观点的形成也产生了重要的影响。他们从中了解了西欧的社会主义学说，而且一系列革命运动也在他们的头脑里留下了深刻的印象，使他们在争取俄国解放的斗争中受到鼓舞。

彼得拉舍夫斯基小组的成员们在研究、宣传革命思想的同时，热衷于进行实际的革命活动。1845 年，近卫军军官基里洛夫出版了《俄语中的外来语辞典》。1846 年辞典再版时，彼得拉舍夫斯基和他的同志们参加了辞典的编纂工作，在解释有关的词条时，积极宣传革命民主主义思想和空想社会主义思想。辞典出版后，处于封建专制下的俄国社会受到震动。别林斯基撰写评论对辞典的问世表示祝贺，认为这是一部含有实际知识的、值得保存的优秀的著作，但在印出的 2000 册著作中，只有 400 册被读者买走，其余都被沙皇政府没收了。这部辞典受到俄国进步思想界的欢迎，1847 年，赫尔岑受沙皇政府的迫害到国外去时，随身携带的书籍中就有这部辞典。

根据彼得拉舍夫斯基的倡议，建立了一个专门收集被沙皇政府查禁的图书的图书馆。这批书籍的内容包括哲学、政治学、经济学、法学、历史学等方面的著作，还有美国、法国等国家的宪法，政党及秘密政治团体的章程，以及社会主义运动的理论与实践方面的文献等。书籍的作者包括斯宾诺莎、莱布尼茨、霍布斯、洛克、伏尔泰、狄德罗、爱尔维修、孔德、费尔巴哈、傅立叶、卡贝、卢梭、蒲鲁东、路易·勃朗等。在彼得拉舍夫斯基小组的这个图书馆里，还收藏了马克思主义经典作家的著作，如马克思的《哲学的贫困》、恩格斯的《英国工人阶级的状况》等。这个图书馆吸引了进步的、富有革命精神的知识分子，包括彼得拉舍夫斯基小组以外的人们。通过这个小组的成员，更多的人阅读到了有益的书籍。19 世纪 40 年代末，著名的革命民主主义者车尔尼雪夫斯基还是大学生时，就曾在这里借阅过书籍。

彼得拉舍夫斯基小组同情并积极支持 1848 年欧洲革命。革命爆发后，他们经常聚会，热烈讨论革命的形势和前途，有些人还提出具体的革命方案。他们准备建立秘密的印刷厂，将鼓动革命的传单散发到民间和沙皇政府的军队中去，并组织反对沙皇政府的起义。在欧洲 1848 年革命的影响下，他们还讨论了建立秘密团体和拟定行动纲领的问题，准备将更多的志同道合的人团结起来，去进行反对专制制度的斗争，迎接新的社会制度的到来。

在他们之中，空想社会主义思想占统治地位。彼得拉舍夫斯基始终对空想社会主义思想家傅立叶怀有深深的敬意，多年来认真研究他的思想与著作，认为他是天才和伟大的思想家。1849 年 4 月 7 日是傅立叶 100 周年诞辰纪念日，彼得拉舍夫斯基小组举行了隆重的纪念聚会。彼得拉舍夫斯基等人的演说猛烈地抨击了沙皇专制制度和农奴制，歌颂了理想中的社会主义，他们将希望寄托在未来的人民革命上，认为俄国只有通过人民革命才能彻底解决它现存的问题。彼得拉舍夫斯基说："我们判决现在的生活方式以死刑，我们的判决应当执行。"

彼得拉舍夫斯基小组的革命活动引起了沙皇政府的怀疑。1849 年 4 月 22 日，沙皇尼古拉一世下令逮捕这个革命团体的主要成员，彼得拉舍夫斯基等 39 人被捕。沙皇政府的秘密审讯委员会指控他们思想堕落，犯有"思想阴谋"罪，认为他们鼓吹共和思想，是大逆不道的、严重的罪行。因这个案件，有 100 多人受到审讯，其中的 21 人被军事法庭判处死刑，后沙皇为了显示他的仁慈，表演了一场"赦免彼得拉舍夫斯基派死刑"的闹剧，他们被改判成无期徒刑和有期徒刑。彼得拉舍夫斯基被流放到外贝加尔地区，永久在那里服苦役。彼得拉舍夫斯基小组虽然成立不久就被沙皇政府绞杀了，但它在俄国解放运动历史上却占有重要地位。

第十一章　19世纪上半期俄国的教育和科学

第一节　新的国家教育制度的建立

同西欧国家相比，俄国是一个文化教育发展落后的国家。19 世纪初，俄国只有两所大学。为了维护自己的统治，沙皇政府历来实行愚民政策，反对发展教育事业，特别反对在人民大众中发展普及教育。但在 19 世纪初农奴制危机不断加剧，已严重威胁专制制度统治基础的情况下，沙皇政府玩弄起“自由主义”的招牌，在社会舆论的强大压力下，被迫在教育方面进行了改革。

1802 年，亚历山大一世在进行国家机构改革时设立了国民教育部。1803 年，新成立的国民教育部颁布了《国民教育暂行章程》；1804 年又颁布了《大学附属学校章程》。在制定这些章程时，沙皇政府吸取了一些进步知识分子的意见，规定俄国的学校由四类学校组成，即堂区学校、县立学校、文科中学、大学。俄国新的教育制度规定，全俄将分成莫斯科、彼得堡、喀山、哈尔科夫、维里诺、德尔泊六个学区，学区的最高领导是督学；同时规定每一个学区由一所大学具体进行领导，它既负责教育教学工作，也负责教育行政管理工作。为了完成这些任务，每所大学的校务委员会成立了附设的学校委员会。教授们除了完成自己的教学工作外，还要担负起教学指导工作。当时，彼得堡、喀山、哈尔科夫还没有大学，需尽快建立。

堂区学校是一年制的教会附属学校，国家不承担办学的任何费用。这类学校的任务首先是对儿童进行宗教教育，传授神学知识，同时培养他们读、写、算的能力，并且为他们中的一些人进入高一级的县立学校做准备。

县立学校的学制是两年制，在县城和省城至少建立一所，条件允许可以多建。它的办学宗旨是培养学生进入中学，使学生学到必要的知识。学生除了学习神学知识外，还要学习《论人和公民的职责》一书的有关内容 ，课程总计有 15 门之多，包括俄语、俄国地理和世界地理、俄国历史和世界历史、数学、物理学及自然科学常识等。

文科中学的学制为四年，设在每个省的省城，学生以贵族和官吏为主。文科中学的教学目的是为大学培养合格的人才，同时使那些“希望获得一个有良好教养的人所必备的知识”的人获得科学的知识。文科中学的学习内容更为丰富，包括拉丁语、德语、法语等外语，统计学、文艺学、哲学、数学、商业理论、工艺学和图画，以及自然科学等。由于文科中学的办学经费由国家负担，所以这些学校都有较完善的教学设备、教学模型，一般还都设有图书馆。

大学是俄国国民教育的最高阶段，进入大学的学生应该具有文科中学毕业的水平。1804 年，沙皇政府对知识分子作出让步，允许大学自治。经选举产生的教授委员会管理学校，它有权推选校长、系主任，有权授予学位，有权成立印刷厂，出版报纸、杂志、教材及其他图书，有权批准成立科学社团等。大学的主要任务是为沙皇政府培养各级官吏，所以在学校中表现出明显的等级制特征，尽管大学宣布学校的校门向各个阶层打开。

亚历山大一世的教育改革使俄国的教育在较短的时期内有了较大的发展。1805 年，在喀山、哈尔科夫、维里诺创办了新的大学，在彼得堡创办了中央师范学院，1811 年，创办了专门为国家培养高级官员的皇村高等专科学校。1812 年卫国战争爆发前夕，俄国的每个省都设立了文科中学，每个县都成立了县立学校和堂区学校及其他的初级学校。

为了镇压此起彼伏的工人和农民革命运动，亚历山大一世实行军警统治制度，在社会生活各领域强化封建专制统治，教育方面也不例外。1817 年，国民教育部改名为“宗教事务与国民教育部”，由俄国圣经会会长戈利岑出任部长。这表明，沙皇政府企图用加强宗教教育的方法，来扼杀学校中不断增长着的自由民主思想；欧洲各国反动君主的“神圣同盟”也强调“国民教育应建立在笃信宗教的基础上”。1819 年，各类学校的教学计划发生了重大的变化，普遍增加了“读经”课，同时不再讲授自然科学知识的课程，对那些有可能激发学生自由民主思想的课程，如哲学、政治经济学、美学等，也进行了严格的限制。在大学中，沙皇政府采取了更加严厉的措施，实行赤裸裸的军警统治，一些坚持进步思想的学生和教授被开除、解聘。

沙皇政府的一系列反动政策，既不能扼杀民主思想的发展，也不能阻碍人们日益增长的对文化知识的需求。19 世纪中期同 19 世纪初相比，俄国的初等教育有了明显的发展，19 世纪 20 年代只有 349 所堂区学校，而在 1841 年已经建立了 1021 所。在农奴制的统治下，农村的教育仍极端落后，但从 19 世纪 30 年代起，在国有农民和皇室领地农民居住的村落里，开始由国家建立初等学校，接收农民的孩子入学，学习识字、计算、书法等，以便今后能胜任司书和簿记员的工作。这种农村国民学校在 19 世纪 40 年代得到较迅速的发展。

第二节　俄国进步教育思想的形成和发展

19 世纪，俄国的教育和俄国的社会发展相适应，并进入了一个崭新的发展阶段，其重要内容之一就是进步的教育思想开始形成。贵族革命家——十二月党人在自己的行动纲领中，明确提出在人民群众中推广识字教育。士兵、孤儿、城市贫民和农奴的子女，都有识字、接受教育的权利。彼斯特尔在为十二月党人拟订的宪法草案《俄罗斯真理》中明确指出：人民能否接受教育是和他们的物质生存条件、他们在政治上是否享有自由，以及他们所处的社会的性质联系在一起的。因此，人民要想获得受教育的权利，必须推翻沙皇专制制度，消灭农奴制，这是人民享有受教育权利的前提。

十二月党人还认为，争取俄国自由、民主的未来，必须使广大人民都能识字，接受爱国主义教育和公民道德修养的教育，只有这样，才能树立起真正的民族自尊心和良好的社会公德。总之，十二月党人是将教育与消灭沙皇专制制度联系在一起的，从而赋予了教育以新的意义。在教育方法上，十二月党人也提出了新的见解。他们反对死记硬背，鼓励学生进行独立思考，鼓励教师从实际出发，不断改进教学方法，将启发学生的智力放在第一位。

十二月党人起义失败后，沙皇政府总结这场武装起义爆发的原因，认为重要的原因之一是教育的失控使学校能够自由地传播自由民主思想，以及科学知识，使学校成为推动俄国解放运动的思想阵地。1826 年，沙皇政府成立了学校建设委员会，它的基本任务就是在学校中宣传专制制度、农奴制的合法性及永恒性，使其深入人心，将各级学校的师生培养成沙皇忠实的奴仆。尼古拉一世曾说："我不需要博学之士，而需要忠臣。"

1828 年，沙皇政府又颁布了《大学所属文科中学和初等学校章程》，继续强调文科中学与大学的衔接关系，从而为贵族和官吏继续接受高等教育创造了有利的条件。为了更有效地控制学校，将其纳入为加强专制统治服务的轨道，沙皇政府的警察在加强对学校监视的同时，极力将学校变成"兵营"，允许在学校实行棍棒教育。19 世纪 30 年代以后，在俄国和西欧革命运动不断高涨的情况下，沙皇政府在教育上实行了更加反动的政策。国民教育部长乌瓦罗夫认为："俄罗斯的东正教、专制制度和民族性的保护性原理，它们是我们得救的最后指望，是我们祖国的力量和威严的最可靠保证。"因此，俄国教育的主要方向和目的，就是要用上述内容"控制青年的头脑"。沙皇政府对教科书进行了严格的审查，凡是与沙皇政府的意志不符的内容，无一例外都要删除，如在历史教科书中，古代罗马、古代希腊拥护共和的一些历史人物都不允许出现。

沙皇政府反动的教育思想遭到了俄国革命民主主义者的激烈反对。他们在同沙皇政府的斗争中，发展了革命民主主义的教育思想，赫尔岑和别林斯基是他们中的优秀代表。

赫尔岑认为，沙皇政府教育的本质，是将各级学校变成巩固专制制度及农奴制的工具。为了达到这个目的，沙皇政府和教会禁止在俄国的大学讲授和研究西方的哲学思想，甚至康德、费希特、谢林、黑格尔等人的唯心主义哲学都在抵制之列。沙皇政府将宗教引入学校，使学校的教育教学活动，始终处在宗教教义和教会的强大影响及压力下，不允许有任何的改变。在沙皇政府的支持下，彼得堡、莫斯科、基辅、喀山等地的神学院成为俄国宗教唯心主义哲学的中心。赫尔岑还认为，儿童及青少年要养成良好的道德品质和热爱祖国的崇高精神，就应该让他们向人民学习。赫尔岑对俄国专制制度下的教育制度进行批判的同时，对西欧资本主义教育制度的弊病也进行了批评。例如，他指出西欧资本主义国家教育的通病是教育脱离社会生活实际，使培养出的学生看不到社会的本质，缺乏社会责任感，没有远大的理想，不可能自觉地融入现实生活。

他从革命民主主义的立场出发，认为教育的目的是培养有人道主义精神、自由主义精神的人，他们应该关心人民大众的利益，并自觉地致力于改造不合理的社会，因此，教育不能脱离社会实际，否则，培养出来的学生对于社会来说，将是多余的人。为了实现教育的目的，赫尔岑十分重视自然科学知识的教育，他强调，科学不仅给学生有益的知识，开发他们的智力， 而且是和宗教神学的谬误进行斗争的有力武器。

赫尔岑不同意西方教育学中的“自由教育”理论，但也坚决反对粗暴的体罚教育和棍棒教育，主张在维护学生的尊严，爱护他们的自尊心，为他们身心健康的发展提供一个良好的外部条件的同时，还要加强纪律教育，因为纪律是向学生实施正确的教育的必要条件。 学生优秀品质的培养不能没有纪律，不能脱离集体，不能脱离社会生活实际。

别林斯基的教育思想比赫尔岑有更彻底的革命民主主义精神。 他认为，在沙皇专制制度和农奴制的背景下，俄国人民不可能接受正确的教育。19 世纪 40 年代时，他已经成为一个著名的空想社会主义者，他说，只有人人都平等的社会主义社会才能保证人的全面发展和正确教育。与沙皇政府制订的教育目的相对立，别林斯基针锋相对地提出新的、革命民主主义的教育目的，那就是使受教育者的全面及和谐的发展。

在他看来，不管学生的社会地位、宗教信仰或财产状况如何，他们共同的、基本的任务就是学习如何做一个人，这个“人”应该是勇敢、坚强、机智、热爱劳动的人；应该有真正的人道主义精神，爱憎分明，敢于同非人道的社会制度进行坚决的斗争。别林斯基明确提出了学生应在德育、智育、体育等方面全面发展。他认为，德育是教育的重要内容，其目的是造就对社会有益的人，它对于让学生有良好的道德修养、坚强的意志、敢于同邪恶进行斗争有决定性的意义。智育不仅仅是传授文化知识，它的重要性在于让学生在掌握一定知识的基础上，形成科学的世界观 。别林斯基认为，体育是和德育紧紧联系在一起的，它不仅是要发展学生的体力，提高他们的敏捷性和灵活性，而且还要使他们接受有关人的自然科学知识，培养学生健康的、正常的生活方式。

赫尔岑和别林斯基等人的革命民主主义教育思想，在俄国教育发展的历史上具有重要的意义。革命民主主义教育思想以唯物主义世界观为基础，将教育与消灭专制制度，建立新的社会制度紧密地联系在一起；将培养一代用科学思想武装起来的，对生活在水深火热之中的贫苦人民怀有深切同情心的一代新人作为努力目标，这对当时和后来俄国教育的进步和发展方向都产生了一定的影响。

第三节　自然科学的新发展

沙皇政府一贯轻视自然科学的发展。沙皇及其上层统治集团穷兵黩武，对内残酷压榨各族人民，对外连年不断地侵略扩张。他们认识不到科学技术在社会发展中的地位和作用，相反，为科学技术的发展设置了许多的障碍。农奴制和沙皇专制制度严重地阻碍了科学技术的发展，使 19 世纪上半期俄国的科学技术水平明显地落后于西方国家。但是，在 19 世纪上半期，俄国的科学技术有了明显的进步。之所以发生了这种变化，主要有两方面的原因：一是 18 世纪末以来生产力不断向前发展的趋势为科学技术的发展奠定了必要的物质基础；二是十二月党人和革命民主主义者积极宣传、汲取西欧资本主义国家先进的科学思想，坚持捍卫唯物主义哲学世界观，唯心主义在俄国哲学中不再是居统治地位的主导思想，从而使俄国科学技术沿着正确的道路发展有了切实的保证。在彼得堡、莫斯科等大城市，成立了许多科学团体，如自然研究者协会、数学协会、矿物学协会、农业协会、地理协会等。这些科学组织对促进俄国科学的发展有着重要的积极意义。

19 世纪上半期，俄国科学的进步首先表现在基础理论研究方面。1826 年 2 月，喀山大学教授、数学家尼·伊·罗巴切夫斯基提出非欧几里得几何学——“罗式几何”，他在《几何学基础简述及平行线定理的严格证明》等论文中提出了一个崭新的空间概念，突破了 2000 余年来数学上居统治地位的欧几里得公理，奠定了新几何学的基础。姆·弗·奥斯特罗格拉茨基在数学物理、天体力学和分析力学等领域进行了深入的研究，在数论、概率论等方面都取得了重大的成果，在世界数学思想史上占有重要的地位。此外，数学家布尼亚科夫斯基、切贝晓夫等人在各自的研究领域也都取得了显著的成绩。

与 19 世纪上半期俄国工业发展相联系，俄国在技术科学方面取得了显著的成果。首先在电工、冶金等方面，1803 年，彼得堡医学科学院教授瓦·弗·彼得罗夫首先发现了电弧和电气分解，并在其专著《关于电流电压试验的报告》中，论证了电弧应用于照明、熔化金属及金属氧化还原的可能性，从而为电化学和电冶金学奠定了坚实的基础。彼得堡科学院院士艾·赫·楞次在电工技术方面也取得了重大的成就。他通过大量的研究，提出了确定感应电流方向的定律，被人们称作“楞次定律”。楞次还与科学院院士鲍·谢·雅科比一起研究了电磁循环的可逆性问题，成功地提出了电机中电磁的计算方法。从这一原理出发，鲍·谢·雅科比研制了电动机。1839 年，雅科比研制的电动机被安装在一艘轮船上，这艘船在涅瓦河上成功地进行了试航。

俄国在冶金技术方面也取得了显著的成就。普·普·阿诺索夫先后任乌拉尔兹拉托乌斯托夫斯基工厂的工程师、阿尔泰工厂的厂长。他经过深入研究和反复的实践，提出了著名的“布拉特”钢的冶炼方法，成为俄国优质钢冶炼技术的奠基者，享誉欧洲许多国家。1860 年，奥布霍夫用这种优质钢制造出了一门钢炮，发射4000余次仍完好如初，在伦敦世界博览会上获得金奖。

俄国在天文学方面取得的成就为世界天文学的发展做出了重要的贡献。1839年，著名的天文学家瓦·雅·斯特鲁维在彼得堡附近的普尔科沃，亲自建立了俄国第一座天文台，他常年从事双星研究，对俄罗斯－斯堪的纳维亚的子午线弧线部分进行了测定，还对3000多个星座进行了观测，发现了其中的一些新星。他还提出后来被天文学界公认的恒星际空间光线吸收假说，推动了天文学的发展。

19世纪上半期，在俄国工业生产蓬勃发展的推动下，俄国的许多科学研究和工业生产有了更加密切的关系，在化学研究方面表现得特别突出。俄国的一些化学家的优秀成果在理论上和实际应用上都有重要的意义，这使他们成为国际知名的著名学者。尼·尼·季宁是他们的代表之一，他早年毕业于喀山大学，被授予硕士学位，后在英国、德国、法国等西欧先进国家考察学习，他不仅在实验室中学习外国先进的化学理论，而且到工厂中去考察化学工业的发展情况。1814年，他完成了论文《论苯甲酰化合物和新发现的苯甲酰系列物》，获得了博士学位。在这篇论文中，他详尽地分析了提取二苯乙醇酮和联苯酰的方法。此后他经过努力，又找到了从联苯酰中制取联苯酸，从苯中制取苯胺的方法。这些科研成果结束了合成染料必须从外国进口的状况，对俄国的纺织业和印染业独立发展有重要的意义。

俄国社会生产力的发展的重要结果之一，是密切了俄国与世界各国家、各地区的联系，使俄国增进了对世界地理的了解。19世纪上半叶，俄国的探险家已经完成了一系列重要的探险活动，他们的足迹到达了北冰洋、南极大陆等人迹罕至的地方。1803年，俄国航海家们首次完成了环球航行，在此后的半个世纪，俄国进行环球航行约40次，积累了大批有关世界地理的宝贵资料。

19世纪上半期，达尔文的进化论已经传入俄国。生物学家克·费·鲁尔叶等坚持唯物主义的指导，有力地推进了俄国生物学的发展。他们在古生物学、胚胎学、比较解剖学等领域进行了深入而细致的研究，明确指出了生物的自然进化过程。克·费·鲁尔叶在自己的著作《论地球的大变化》中，强调有机物形式的改变是自然历史的过程，而不是上帝的旨意。由于这部著作公开宣传无神论，反对有神论，反对宗教神学，他遭到沙皇政府和教会的迫害。但是，这并没能阻止达尔文进化论在俄国的广泛的传播。俄国许多自然科学家都是进化论的积极拥护者，他们对进化论的研究有助于以后的俄国学者自觉地接受达尔文进化论。在 19 世纪上半叶，俄国建立了多所动物博物馆、植物博物馆，对动植物进行了内容广泛的研究。

第十二章　19世纪上半期俄国的文学

第一节　从古典主义到现实主义

19 世纪初，俄国文坛出现了流派林立、各领风骚的局面。这是因为俄国文学在继承 18 世纪传统的同时，不断从现实生活出发孕育了新的文学潮流。

产生于 18 世纪的古典主义、感伤主义文学依然存在，但它们的影响已经明显地减弱了。古典主义开始与感伤主义、浪漫主义相结合，在这个过程中，俄国浪漫主义文学得到了较大的发展。在思想倾向上，早期浪漫主义文学与感伤主义有着密切的联系，表现出了一种消极的情绪。它逃避尖锐复杂的社会现实，沉溺在充满幻想、没有矛盾、没有冲突的田园牧歌中。著名诗人茹科夫斯基是早期浪漫主义文学的代表，他在政治上始终是保守的，反对通过革命改变俄国的现状。他发表的第一篇诗作，是翻译英国诗人格雷的悲歌《墓园挽歌》。此外，他还准确生动地翻译了世界著名诗人荷马、席勒、拜伦等人的作品，扩大了西欧诗歌在俄国的影响。他的作品多取材于民间神话传说，如《黄昏》《柳德米拉》等。这些诗作有力地推动了俄国浪漫主义文学的发展。

随着十二月党人武装起义的准备和发生，反对沙皇专制统治，歌颂自由、民主、解放的积极浪漫主义文学开始出现。十二月党诗人雷列耶夫、丘赫尔别克尔、奥多耶夫斯基、拉耶夫斯基等在自己的诗作中，揭露了专制制度、农奴制的黑暗、野蛮，强烈表达了对自由的追求，表现出鲜明的积极浪漫主义精神。雷列耶夫等十二月党诗人主张文学作品不应无病呻吟，而是战斗的武器，应表现出具体的、充实的思想内容 。雷列耶夫在《致宠臣》一诗中，影射了沙皇亚历山大一世的亲信、残暴的阿拉克切耶夫，称他是“专制统治下的奸诈谄媚者”，使俄国社会震惊。在著名的组诗《沉思》中，他以俄国历史上的勇士为主人公，借以唤起人民的爱国精神和争取解放的决心，号召人民用自己的力量夺回属于自己的东西。

在积极浪漫主义文学发展的同时，现实主义文学也得到了发展。它的产生和发展反映了俄国因经济关系深刻变化导致的社会思想的活跃，这是文化发展中的民主主义因素的胜利，从而也赋予了俄国现实主义文学的革命民主主义的性质。

寓言作家科雷洛夫在自己的作品中，以生动的文学形象和深刻的社会意义，表现出鲜明的现实主义精神。自 1806 年起，科雷洛夫将主要精力用于写作寓言，共写了 200 多篇，在 1809 年出版了第一部寓言集。《狮子打猎》《兽类的瘟疫》《杂色羊》《狼和羊》《梭鱼》《野兽的会议》《树叶和树根》等寓言反映了俄国的社会现实，揭露了统治阶级的懒惰、残暴和贪婪，控诉了鱼肉百姓、贪赃枉法的各级官吏，同时对生活在水深火热之中的劳动人民表现了深切的同情。科雷洛夫的作品，语言平易近人、自然、流畅、简洁，对当时及以后俄国现实主义文学的发展产生了积极而重要的影响。

第二节　普希金与俄罗斯文化

1799 年 6 月 6 日，杰出的俄罗斯诗人普希金生于莫斯科一个贵族家庭。其父曾是禁卫军军官，其母是“彼得大帝的黑奴”汉尼拔的孙女。他童年时代的学习由法国家庭教师负责。他 8 岁时就能用法语写诗了，12 岁时进入彼得堡皇村学校学习，结交了许多志同道合的朋友。他的一些友人后来成为著名的十二月党人。这些人对他后来的生活道路产生了重要的影响。

普希金画像

普希金同十二月党人有着密切的联系。在思想上，他和他们的政治主张有许多共鸣，对他们后来的遭遇十分同情。十二月党人起义失败后，普希金写下了著名的《致西伯利亚的囚徒》，托一位十二月党人的妻子将其带到西伯利亚的赤塔去。普希金鼓励他们把争取自由解放的斗争坚持到底。他在诗中这样写道："在西伯利亚矿坑的底层，望你们保持着骄傲忍耐的榜样，你们悲惨的工作和思想的崇高意向，决不会就那样消亡。""沉重的枷锁会掉下，阴暗的牢狱会覆亡，自由会愉快地在门口迎接你们，弟兄们会把利剑送到你们手上。"这些诗使十二月党人深受鼓舞，他们中的一位诗人奥多耶夫斯基曾和了一首诗："我们悲惨的工作不会就这样消亡，从看星星之火会发出熊熊的火光。""我们将把铁炼成利剑。我们再把自由之火烧起，煽起烈火轰向帝王那边，那么人民将愉快地呼吸。"

普希金的诗作广泛流传，在俄国社会各界产生了越来越大的影响。普希金实际上成了俄国解放运动的代言人。沙皇政府大为恼火，急欲除之而后快。沙皇亚历山大一世说：应当把普希金流放到西伯利亚去，他弄得俄国到处都泛滥着煽动性的诗，所有的青年都在背诵它们。由于朋友们的大力帮助，沙皇政府才以"调动职务"为名，将其流放到俄罗斯南部一个偏僻的小城市。在这之后，普希金继续以诗歌为武器，与沙皇专制制度展开了不可调和的斗争。在《短剑》这首诗中，他号召人民用暴力消灭暴君。十二月党人起义失败后，新沙皇尼古拉一世赦免了普希金，允许他回到莫斯科，但他仍生活在军警的监视之中。

严酷的社会现实使普希金同古典主义彻底决裂，走上了现实主义道路，成为俄国现实主义文学的旗手。除了短诗、童话诗、长篇叙事诗、诗体小说外，普希金还撰写了多种体裁的文学作品，如散文、戏剧、中篇小说、长篇小说，以及许多政论、文论和书信等。这些作品无一例外地表明，普希金文学创作中的现实主义精神在不断发展，为 19 世纪俄国文学在世界文坛上的崇高声誉做出了不可磨灭的贡献。

诗体小说《叶甫盖尼·奥涅金》是普希金用 8 年时间完成的代表作之一，是俄罗斯文学的典范，它以深刻的思想内涵和高超的艺术表现力，再现了 19 世纪 20 年代俄国社会的各个方面，使俄罗斯现实主义文学创作达到了高峰。

普希金在俄国贵族面前朗诵自己创作的诗歌

历史小说《上尉的女儿》在广阔的历史背景下描写了俄国历史上规模最大的农民战争——普加乔夫农民起义，生动地塑造了体现人民意志的农民领袖的形象。短篇小说《黑桃皇后》揭露了彼得堡上层社会的腐朽，主人公盖尔曼为了获取金钱，满足贪婪的野心，去追求 82 岁的伯爵夫人，反映了 19 世纪初俄国社会资本主义经济关系在迅速成长，开启了俄国文学中追求个人财富的早期资产者形象塑造。别林斯基对普希金给予了极高的评价，认为“只有从普希金起，才开始有了俄罗斯文学”。

普希金对俄国文学的贡献是多方面的。其中之一是促进民间语言和文学语言的结合，以俄罗斯人民的语言，普通的口语作为俄罗斯文学语言的基础，致力于俄罗斯文学语言的建立，从而有力地促进了俄国文化的发展。在普希金的许多作品中，都可以清楚地看到他在这方面所作出的积极努力。他有许多传世之作，这一切，不仅因为他是天才，更是他呕心沥血、辛勤劳动的结晶。谈到散文的写作时，他说：“准确和洗练，是写散文的首要诀窍。散文需要的是思考再思考，离开思考任何美丽的词句全都无用。”普希金在创建俄罗斯文学语言方面所做出的贡献，永远铭记在俄国人民的心中。

普希金不仅是俄国著名的诗人、文学家，而且是一位追求自由、解放，坚决反对专制制度的斗士。1836 年他逝世前不久，写了《纪念碑》一诗，成为他文学生涯的总结和遗嘱。他深情地写道：“我为自己建立了一座非人工的纪念碑。”“我的名声将传遍整个伟大的俄罗斯。”“我所以永远能和人民接近，是因为我曾用我的诗歌，唤起人们的善心，在这残酷的世纪，我歌颂过自由，并且为那些倒下去了的人们，祈求过宽恕和同情。”1837 年 2 月 10 日，普希金悲惨地死于决斗。噩耗传来，数以万计的彼得堡市民到普希金的住宅吊唁。普希金的死被认为是俄罗斯民族的一大悲剧。

第三节　为自由献身的莱蒙托夫

1814 年 10 月 15 日，莱蒙托夫生于莫斯科一个退役军官家庭，他幼年丧母，由外祖母抚养成人。他先后在莫斯科贵族寄宿中学、莫斯科大学、彼得堡近卫军骑兵士官学校就读，1834 年从士官学校毕业，被派到彼得堡近郊的近卫军骠骑兵团服役。早在中学生时代，他就开始写诗。他写了抒情诗、长诗和剧本。著名的诗篇有《乞丐》《帆》《天使》《1831 年 6 月 11 日》等；还有长诗《哈吉·阿勃列克》和剧本《假面舞会》。这些作品表达了同普希金一样追求自由、解放的精神。莱蒙托夫热情歌颂法国大革命，猛烈抨击沙皇专制制度，他在 1830 年曾预言说，在俄国，沙皇王位倾倒的日子就要来到了。他的名作《诗人之死》表明，他是人民忠诚的朋友，是沙皇政府不共戴天的敌人。沙皇尼古拉一世清楚地认识到，这首诗是“革命的宣言”，将他逮捕并流放到高加索。

经过他的外祖母和著名诗人茹科夫斯基多方奔走营救，莱蒙托夫在 1838 年从流放地回到了原来的部队，担任近卫军旗手的职务。不久，他发表了民歌体长诗《沙皇伊凡·瓦西里耶维奇之歌》。在这篇长诗中，他生动地刻画了勇敢的青年商人卡拉希尼科夫的形象。他还写了《诗人》《沉思》《不要相信自己》，长诗《童僧》《魔鬼》等。《童僧》这首诗讲述了一个被俘送入修道院的少年的故事。他习惯于无拘无束的自由生活，他十分怀念自己的家乡，忍受不了修道院的禁锢，在一个秋夜，从修道院逃了出来。在过了几天自由的、幸福的生活之后，少年又重新被抓回修道院，临死之前，他深情地向老修道士诉说了自己对自由的追求和向往。

莱蒙托夫重要的代表作《当代英雄》在 1840 年 4 月问世，虽然这部长篇小说有鲜明的浪漫主义色彩，但它仍是现实主义作品，并将其现实主义文学创作推向高峰。小说的主人公毕巧林和普希金笔下的奥涅金一样，是俄罗斯文学中的又一个“多余的人”的形象。他年轻、聪明、精力过人，不愿与贵族上层社会同流合污，所以在专制的、农奴制的俄国，无法发挥自己的才能。他精神十分痛苦，却又找不到出路，只能在琐碎的、无聊的小事上耗费自己的精力和生命。莱蒙托夫对主人公持批判态度，他说，这个形象“是由我们这整整一代人身上充分发展了的缺点构成的”。然而更重要的是，莱蒙托夫通过毕巧林这个文学形象尖锐地批判了沙皇专制制度，因为这个腐朽的制度束缚着人们的思想，摧残着人们的才智。《当代英雄》在艺术表现上也达到了很高的水平。细腻的心理描写和错落有致的情节安排，以及生动、富有个性的语言，引人入胜的情节，都使这部小说极富特色。该书对俄国现实尖锐批判的深刻的思想内容，使尼古拉一世大为恼火，他认为这是一部“令人厌恶的”小说。

1840 年 2 月，莱蒙托夫第二次被流放到高加索。临行前，他创作了《乌云》一诗，与朋友们告别，诗中写道：“天空的乌云，终身流浪者啊！你们，被放逐者啊，也和我一样……由可爱的北国匆匆地奔向南方。”他并没有因为被流放而放弃战斗，仍然对俄国的未来充满信心，正如赫尔岑评论他时说：在戴着脚镣手铐的时候，必须有无边无际的自豪感，才能高高地昂起头颅。1841 年 7 月 27 日，年仅 27 岁的莱蒙托夫在决斗中被杀害，沙皇尼古拉一世听到这个消息后，恶狠狠地说：“狗应当像狗一样地死去。”不难看出，这实际上是有计划的谋杀。

莱蒙托夫的诗歌和小说与普希金的作品一样，是俄国文学创作的典范，在俄国文学史上占有重要的地位，对当时和后来俄国文学的发展产生了深远的影响。

第四节　批判现实主义作家果戈理

1809 年 4 月，果戈理生于乌克兰波尔塔瓦省的一个地主家庭。1821 年—1828 年他就读于波尔塔瓦省涅仁高级科学中学，这所学校是乌克兰最著名的学府，学制 9 年，在校的后 3 年要学习大学的课程，毕业时可以得到大学生的称号。果戈理在他父亲的影响下，从童年时代就爱好文艺，尤其喜欢乌克兰民谣和民间戏剧。他积极参加学校剧团的活动，是闻名全校的活跃人物。他不仅热衷于演戏，而且还和同学一起编写剧本。此外，在搭建舞台、缝制剧装和设计布景时，都可以见到他的身影。他惟妙惟肖的表演给师生们留下了深刻的印象，大家都说，果戈理长大后，一定会是一名优秀的演员。

果戈理画像

果戈理博览群书，酷爱学习。学校里虽然有一个颇具规模的图书馆，但为了更好地了解当代文学，果戈理和要好的同学一起成立了自己的图书馆，由果戈理出任图书馆管理员。他们专门收集自己感兴趣的文学作品，如普希金、茹科夫斯基等人的诗歌等；他们还筹资订阅当时的进步期刊。果戈理在少年时代就受到普希金、十二月党诗人和法国启蒙学者的影响，普希金是他最崇拜的诗人，称他是自己“灵魂的统治者”。这一切对其后来的文学创作表现出强烈的现实主义精神有重要的影响。果戈理1829年开始发表文学作品，最早是长诗《汉斯·古谢加顿》，这篇诗作无论是在内容上，还是在文学技巧上，都受到批评，存放在书店里的诗集几个星期也没有卖掉一本，果戈理将书店的存书全部买回烧毁，潜心钻研，开始了更加刻苦的文学创作生涯。

1834年秋到次年年底，果戈理在彼得堡大学任世界史副教授。在这段时间，他对中世纪史和乌克兰史进行了研究。虽然他认真备课，但学生却对他的课没有兴趣，听课的人越来越少。与讲授世界史相比，他更热爱文学，于是果戈理离开彼得堡大学专门从事文学创作。不久，中篇小说集《米尔戈罗德》和《小品集》相继问世，这两部书鲜明地表现出他的批判现实主义精神。别林斯基对它们给予了很高的评价，认为这两本书对俄国文学的发展有重要的意义。

果戈理在创作小说的同时，还完成了不朽的讽刺喜剧《钦差大臣》。它生动而具体地体现了果戈理的现实主义原则。1836年6月，果戈理离开祖国来到了德国和瑞士，后又到过法国和意大利。1837 年初，他在国外听到普希金遇害的消息后，心中十分悲痛，为了永远铭记他们之间的友谊，他决定倾尽全部心血，完成由普希金提供素材的《死魂灵》。他认为写作《死魂灵》是他义不容辞地在执行普希金的“神圣的遗嘱”。1842 年 5 月，《死魂灵》第一卷问世。这部批判现实主义的文学作品像《钦差大臣》一样，使整个俄国再次受到震撼。

《死魂灵》的主人公乞乞科夫是俄国封建社会解体前，从小贵族向新兴资产者过渡的典型形象。在他的身上，表现出这一类人不择手段地聚敛财富、善于钻营、富于冒险等特点。果戈理还出色地塑造了形形色色的地主、赌徒、酒鬼、骗子等形象，通过对他们辛辣的讽刺和批判，揭露了俄国专制制度和农奴制的腐朽性及反动性，反映出当时俄国社会中的一些本质特征。这部小说深刻的思想内容为沙皇政府所不容。就如《钦差大臣》当年出版时一样，一些官吏又跳了出来，认为这部小说是在“造谣中伤俄罗斯”，怀疑果戈理是革命家，要求警察机关给他带上镣铐，发往西伯利亚充军。

《死魂灵》第一卷出版后，果戈理开始了这部著作第二卷的写作。此时果戈理的思想开始发生了一些重要的变化，他企图通过人道主义和道德说教来改变农奴制的俄国。显然，这不可避免地削弱了这部作品的批判现实主义的力量。如乞乞科夫在道德的感召下，改恶从善、洗心革面。但果戈理毕竟是一位现实主义作家，他对这些描写也是不满意的，他在 1845 年将这部书的手稿全部烧毁。

尽管如此，果戈理并没有摆脱抽象的人道主义和超阶级的博爱主义的影响。从《与友人书信集》中可看出，他对沙皇专制制度的批判愈来愈软弱无力，以至发展到公开为其辩护。1848 年春，别林斯基在著名的《致果戈理的一封信》中，深刻地分析并严肃地批判了果戈理的错误思想，认为果戈理这是“在说谎，是变节，是对俄罗斯的诬蔑”。果戈理逐渐认识到自己思想上的错误，他说，如果说出口了的话还能追回，我情愿取消我那本《与友人书信集》，我情愿把它烧掉。1852 年果戈理逝世前，再次烧毁了他改写的《死魂灵》第二卷的手稿。

果戈理逝世于这幢莫斯科郊外的别墅。临死前他烧毁了《死魂灵》第二卷的手稿

果戈理是 19 世纪伟大的作家，他的文学活动为 19 世纪俄国批判现实主义文学奠定了坚实的基础。他不仅对当时，而且对后来俄国文学的发展都产生了重要的影响。

第五节　农奴制解体前夜的俄国文学

19 世纪 50 年代，俄国农奴制危机进一步加剧，俄国社会处在封建农奴制解体前夜。如果说文学是时代的一面镜子，那么，这时俄国文学的主流则是不断加强的反对封建农奴制的主题。这一时期的主要代表人物有屠格涅夫、冈察洛夫、亚·尼·奥斯特洛夫斯基、涅克拉索夫、陀思妥耶夫斯基 、萨尔蒂科夫·谢德林，以及杜勃罗留科夫、车尔尼雪夫斯基等。他们继承了普希金、莱蒙托夫、果戈理和别林斯基等人的批判现实主义精神，使现实主义在俄国的文学发展中得到进一步的体现。

屠格涅夫 1819 年生于奥廖尔省一贵族家庭，先后在莫斯科大学语文系、

19世纪俄国著名的批判现实主义作家合影：后排左起为列夫·托尔斯泰、德米特里·格里戈罗维奇；前排左起为伊凡·冈察洛夫、伊凡·屠格涅夫、亚历山大·德鲁日宁、亚历山大·尼古拉耶维奇·奥斯特洛夫斯基

彼得堡大学哲学系和柏林大学就读。1842年结识别林斯基后，深受其革命民主主义思想的影响，在文学实践中逐渐形成了现实主义的文学观。1847年—1852年问世的《猎人笔记》标志他的思想完成了向现实主义的转变。在这部作品中，在以往被遗忘的广大农民是主角，他以深厚的人道主义精神表达了对农民的同情，揭示了农奴制下俄国农民的悲惨境地，以及农奴主的虚伪、凶残。屠格涅夫说：这部作品反对俄国人民主要的敌人，“在我的眼睛里，这个敌人有一定的形象，有一个大家都知道的名字。这个敌人叫作农奴制度”。

《多余人日记》《罗亭》《贵族之家》等作品生动地刻画了贵族知识分子的典型，揭示了贵族阶级不可避免地要走向灭亡的历史命运。屠格涅夫不仅是在为贵族知识分子，而且是在为整个贵族阶级唱挽歌。

在长篇小说《前夜》中，主人公活动的历史舞台是农奴制改革的“前夜”。在新兴的平民知识分子的身上，体现了当时俄国社会发展的时代精神。在另一部长篇小说《父与子》中，屠格涅夫刻画了平民知识分子中的“新人”形象，并指出小说中父子之间的矛盾实质上是贵族与平民知识分子之间的矛盾。

冈察洛夫，1812年生于辛比尔斯克的一个商人家庭，1834年毕业于莫斯科大学语文系后，开始文学创作活动。在别林斯基的影响下，他逐渐放弃了自然主义的写作方法，开始了现实主义的文学创作。他认为，现实主义是文学创作的最重要的原则之一；现实主义文学的典型人物，应该或多或少地“反映出本身生活于其中的时代”。1847年，他的第一部长篇小说《平凡的故事》在《现代人》杂志上发表。在这部作品中，他通过对贵族青年彼得·阿杜耶夫的描写，生动地揭示了在俄国正在成长的资本主义。当时俄国社会生活中所发生的深刻变化激发了冈察洛夫的创作欲望。他的代表作《奥勃洛莫夫》深刻地反映了农奴制改革前夜俄国社会不可逆转的历史发展趋势，通过对地主知识分子奥勃洛莫夫这一“多余的人”的典型形象的刻画，表达了俄国社会强烈的反抗农奴制的情绪。

涅克拉索夫，1821年生于乌克兰的一个军官家庭。他因违背父愿，离开武备学堂去报考大学，被家庭断绝经济供给，从17岁起开始了贫困的生活。他在彼得堡大学旁听时，开始了诗歌创作，在《祖国之子》《文学报》等刊物上，经常发表作品。后在别林斯基的影响和帮助下，他成为革命民主主义者，其诗歌创作鲜明地体现了时代的特征，在俄国文坛上也产生了越来越大的影响。长诗《谁在俄罗斯能过好日子》是他的代表作，他在诗中控诉了封建农奴制的罪恶，表达了人民对自由、幸福的向往。

陀思妥耶夫斯基，1821年生于莫斯科一个医生家庭，1843年毕业于彼得堡军事工程学校。1845年发表了第一篇小说《穷人》，在小说中，他以极大的同情心描绘了彼得堡生活在社会底层的人们的生活，尖锐地揭露了严重的社会问题，被别林斯基誉为“社会小说的第一次尝试”，成为俄国文学发展史上里程碑式的作品。陀思妥耶夫斯基其他的代表作还有《被欺凌与被侮辱的》《罪与罚》《赌徒》《卡拉马佐夫兄弟》等。

萨尔蒂科夫·谢德林，1826 年生于特维尔省一个地主家庭，先后就读于莫斯科贵族学校和皇村学校。他在校读书时，即对空想社会主义、资产阶级革命等社会政治理论产生兴趣，并积极从事文学创作活动。1849 年因在作品中批判专制制度，被沙皇政府流放。他以流放见闻为素材写成《外省散记》，对俄国人民争取解放的斗争表达极大的支持，同时，继续猛烈抨击沙皇专制制度。谢德林是作为著名的讽刺作家为人们所景仰的。他的代表作还有《一个城市的历史》《庞巴杜尔先生和庞巴杜尔太太》《塔什干的老爷们》《戈洛夫略夫一家》等。他的这些作品继承了批判现实主义的优秀传统，体现了俄国革命民主主义思想，成为俄国进步文学的遗产。

杜勃罗留科夫，1836 年生于下诺夫哥罗德的一个神父家庭，先后就读于尼日哥罗德正教中学、彼得堡中央师范学院。他作为著名的文学批评家和政论家，对俄国的解放运动及文学的发展做出了重要的贡献。1855 年，为了宣传革命民主主义思想，他创办了手抄刊物《传闻》，1858 年出任《现代人》杂志评论栏主编，开办讽刺专栏“口哨”，发表讽刺农奴制的文章。他的主要论著有《俄国文学发展中人民性渗透的程度》《什么是奥勃洛莫夫性格》《黑暗的王国》《黑暗王国的一线光明》《真正的白天什么时候到来》《逆来顺受的人》等。杜勃罗留科夫被赫尔岑称为“未来风暴中年轻的旗手”。

第十三章　19世纪上半期俄国的艺术

第一节　戏　剧

19 世纪前半期是俄国戏剧艺术发展最快的时期之一。这和这一时期俄国戏剧文学的发展、一系列新型剧院的建立、戏剧学校的发展、演员演技的迅速提高以及一大批相对稳定的观众的出现，有着密切的关系。

戏剧文学是俄国文学的重要组成部分之一，它的发展与俄国文学的发展有着密切的联系，它同样经历了从古典主义、感伤主义向现实主义的转变。19 世纪初，俄国的戏剧舞台上占统治地位的是古典主义和感伤主义，它们的代表人物主要有伊林、伊万诺夫、费奥多罗夫、奥泽洛夫、沙霍夫斯科伊、卡普尼斯特等。他们每个人的情况不一样，有些人的作品表现出鲜明的人道主义精神，反对黑暗的农奴制，如伊林的《宽宏大量，或招募新兵》；有些人的作品中则表现出保守的、消极的倾向，如费奥多罗夫、扎戈斯金、沙霍夫斯科伊等人的作品。

19 世纪 20 年代末 30 年代初，浪漫主义戏剧艺术逐渐取代了古典主义和感伤主义，并向现实主义转变。发生这种转变的重要原因之一是十二月党人革命思想的影响。他们将戏剧作为宣传自己政治主张的重要工具，而为了充分发挥它的作用，他们强调戏剧的民族化，使戏剧艺术带有鲜明的民族特色，为更多的人所接受，充满激情的浪漫主义戏剧艺术就是在这时逐渐形成的。一些十二月党人剧作家，以及一些亲近十二月党人的戏剧家，都为后人留下了不少著名的作品。如早期现实主义喜剧家格里鲍耶陀夫即是其中之一。他的代表作是喜剧《聪明误》，它以生动的、个性化的语言，刻画了19世纪20年代贵族知识分子的形象，深刻地反映了十二月党人武装起义前的俄国社会状况，严厉地批判了农奴制。沙皇政府的检察机关禁止这部作品出版，它只能靠手抄本流行。现实主义的内容和高超的艺术表现手法使这部剧作在俄国文学发展史上占有极其重要的地位。赫尔岑指出，剧作中的主人公和十二月党人有着不可分割的“亲缘特征”。别林斯基认为，它是俄国文学的奠基作之一。普希金对这部剧作也给予了高度评价，认为剧中的一半台词都可媲美谚语。

普希金写于1825年的《鲍里斯·戈都诺夫》，用他自己的话说，是“给最戏剧性的现时代再穿上一件戏剧的外衣”。《鲍里斯·戈都诺夫》堪称历史剧的精品，普希金通过描述沙皇戈都诺夫篡夺王位的经过，鲜明、生动地表现了16世纪末17世纪初的俄国社会各阶层的状况，以及激烈、复杂的社会斗争。普希金所强调的是，人民不仅是剧中的主角，而且也是社会的主人。由于该剧作的思想内涵与十二月党人的思想是直接相通的，所以它被沙皇尼古拉一世禁演，直至40年后进行了不少修改，才重见天日。此后，普希金还撰写了《吝啬的骑士》《莫扎特和萨列里》《石客》《瘟疫流行时的宴会》等剧本。这些剧本后来多被谱曲，成为俄国著名音乐家创作歌剧的素材。

尼古拉一世镇压十二月党人起义后，进一步实行思想专制，强化对包括戏剧在内的文艺作品的意识形态政治审查。因此，在俄国的戏剧舞台上，那些追求进步、民主，宣传自由、解放的作品，被宣传效忠沙皇政府、为专制君主歌功颂德，或庸俗无聊、无病呻吟，令人民斗志涣散的剧作所代替，如《悲剧》《上帝的手拯救祖国》等。

但是，俄国社会的历史发展，以及与之相适应的俄国文化发展的进步趋势是不可改变的，尽管在某一历史时期会出现反复甚至是暂时的倒退。在19世纪30年代初，俄国戏剧出现了新的现实主义的高潮。

果戈理自1833年开始讽刺喜剧的创作，其代表作《钦差大臣》是批判现实主义戏剧的精品。它是根据普希金提供的素材编写的。这部讽刺喜剧的剧情并不复杂。故事发生在俄国的某一城市，以市长为首的一群昏官听说钦差大臣即将来视察的消息后，慌乱之中错将来自彼得堡的小官吏赫列斯达科夫当成钦差大臣，他们为了达到自己今后升官发财的目的，对这位“钦差大臣”极尽溜须拍马、阿谀奉承之能事，市长还要将自己漂亮的女儿嫁给他。这时，真正的钦差大臣来到了，全剧随之结束，给观众留下了深入思考的空间。在这部剧作中，果戈理把他所知道的俄国社会一切丑恶的东西集中起来，“一次性加以讽刺”。他以现实主义精神深刻地解剖了病入膏肓的俄国封建专制制度，无情地揭露了沙皇政府上层官吏贪赃枉法、献媚取宠、自吹自擂等劣迹，入木三分地批判了腐败的俄国社会现实，这部剧成为俄国封建官僚社会的缩影。

亚・尼・奥斯特洛夫斯基是继果戈理之后，俄国又一著名的剧作家。1823 年，他生于莫斯科河南岸的一个法官家庭，莫斯科大学法学系肄业。1843 年起，他在莫斯科法院工作 8 年，广泛接触、了解社会各个阶层，特别是对当时俄国商人的狡诈有深刻的了解，这一切成为他文学创作的宝贵财富。他一生写有 50 多个剧本，是俄国最多产的剧作家之一。农奴制改革前夜，他在《现代人》杂志上发表了许多剧作，从不同方面批判野蛮的农奴制，迎接俄国历史新的一页的到来。他的代表作是屡演不衰的《大雷雨》。在这部剧作中，农奴制下的俄国这个“黑暗的王国”被暴露得淋漓尽致，女主人公卡杰林娜投河自尽抗议封建农奴制，被认为是这个“黑暗王国的一线光明”。亚・尼・奥斯特洛夫斯基是俄罗斯民族戏剧的奠基者之一。他在大量撰写反映俄国社会生活各方面内容的戏剧的同时， 还翻译了包括莎士比亚在内的剧作家的世界名剧，对俄国戏剧事业的发展做出了重要的贡献。时至今日，不仅在俄国，而且在英、法、德等国家，仍经常上演他的剧作。

早在 19 世纪初，在莫斯科就建立了俄国国家剧院。1824 年，这个剧院在莫斯科彼德洛夫广场重建，改名为“莫斯科小剧院”。在 19 世纪以来俄国社会文化的发展中，它都起着重要的作用。继莫斯科小剧院之后，彼得堡亚历山大剧院在 1832 年开放，成为俄国戏剧表演的又一重要中心。除了这些著名的剧院外，在基辅、奥德萨、哈尔科夫、库尔斯克、沃罗涅什、喀山、奔萨、叶卡捷琳堡等地，还成立了规模大小不等的剧团，在各地进行巡回演出。他们以献身艺术的崇高精神，在相对艰苦的条件下传播进步的戏剧文化。他们同样为俄国戏剧艺术做出了重要的贡献。

著名的莫斯科小剧院是和俄国天才的表演艺术家赛普金、莫恰洛夫联系在一起的。米哈伊尔·赛普金，生于1788年，原是农奴，30岁后才获得解放。1805年开始演员生涯，1823年来到小剧院做演员，直到40年后离开人世止，他将毕生精力献给了莫斯科小剧院和他所热爱的现实主义的戏剧艺术。他在舞台上创造出一系列生动的艺术形象，尖锐地揭露了腐败的农奴制，以及沙皇政府官吏的种种劣迹，鲜明地表现出了他的现实主义艺术观点。他强调，“艺术越接近自然就越崇高”；他还要求演员生活在群众之中，在实际生活中去理解和创造角色。他和俄国进步的文学家，如普希金、赫尔岑、果戈理、别林斯基等有着亲密的交往。在他们的影响和支持下，米哈伊尔·赛普金将俄国戏剧表演艺术推进到一个新的发展阶段。正如赫尔岑所指出的那样，他创造了俄罗斯舞台上的真实，他是在舞台上第一个没有矫揉造作的人。别林斯基称赞他是一名“创造性的、天才的”艺术家，正是他出自“热情的天性”的自然的表演使观众的心灵受到震动。

帕维尔·莫恰洛夫生于1800年，是俄国著名表演艺术家莫恰洛夫之子，在其父的影响下，自17岁时，即开始了他的舞台生涯。他与米哈伊尔·赛普金一样，为推动俄国戏剧艺术的发展做出了重大的贡献。莫恰洛夫强调戏剧表演的社会意义，认为演员的表演应该为人类、为真理、为幸福而斗争；同时应将自己的表演同反对暴政、反对专制、反对道德败坏、反对低级趣味结合起来。他是一名杰出的悲剧演员，他认为要胜任自己所扮演的角色，需要“心灵的深度和奔放的想象力”。他在自己的演出中切实实践了这两点，所以在《强盗》《阴谋与爱情》《奥赛罗》《理查三世》《哈姆雷特》等世界名剧中，他塑造了一系列令人难忘的角色，为俄国的舞台艺术赢得了世界性的声誉。别林斯基等评论家对他有极高的评价，认为他的演出给予哈姆雷特以莎士比亚原著本来的深刻意义，为俄国演员永远博得了把世界艺术典范传达到俄国人心灵的神圣权利。

米哈伊尔·赛普金和帕维尔·莫恰洛夫不仅自己是杰出的表演艺术家，

而且还身体力行、悉心指导，培养了一批批著名的演员。19 世纪上半期，俄国戏剧舞台上群星璀璨，涌现出不少著名的艺术家，如利沃娃－西涅茨卡娅、奥尔洛娃、列平娜、日沃基尼、萨马林、舒姆斯基、普罗夫·萨多夫斯基、索斯尼茨基、阿先科娃、薇拉·萨莫伊洛娃、林斯卡娅、卡拉特金、卡拉特金娜－科洛索娃、亚历山大·马丁诺夫、瓦西里·萨莫伊洛夫等。他们不仅在俄国和其他国家的名剧中有精彩的表演，而且通过自己的艺术实践，不断丰富和完善俄国的戏剧表演理论，有力地推动了俄国戏剧事业的发展。

第二节　音　乐

俄罗斯民族音乐在 19 世纪上半期得到迅速发展，不仅在歌曲方面，而且在歌剧、交响乐、芭蕾舞剧等多种艺术表现形式上，都取得了历史性的进展。正是这一时期的音乐奠定了俄罗斯民族音乐的基础和未来的发展方向。这种情况的出现不是偶然的，它反映了当时俄国社会发展正在出现新的、重大的变化。

有悠久传统的俄罗斯民歌和民间音乐，是 19 世纪上半期俄国音乐迅速发展的坚实的基础。卡申、鲁平、基尔沙·丹尼洛夫等收集整理了优秀的俄罗斯民歌民乐，并编辑出版，其中的一些还被改编成器乐曲。这是一件十分有意义的工作，它不仅积累、保存了许多优秀的曲目，而且对俄罗斯民族音乐艺术的发展有着积极的影响。

在俄罗斯民族音乐的形成过程中，歌剧艺术作为音乐表现的一种综合形式，具有特别重要的意义。19 世纪初期，俄国歌剧的题材多以历史或童话故事为主，当时对俄国歌剧艺术做出重要贡献的艺术家有达维多夫、卡沃斯、季托夫、韦尔斯托夫斯基等。

达维多夫和卡沃斯的作品主要表现早期浪漫主义的精神，如达维多夫的歌剧《列斯塔，第聂伯河的人鱼公主》突出地表现出这一点。他还为一些著名的悲剧谱写了歌剧曲谱。他的歌剧形成了自己独特的风格，使浪漫主义植根于一定的思想内容之中。达维多夫是一位才华横溢的、多产的音乐家，除悲剧、喜剧等歌剧外，他的作品还包括独唱、无伴奏合唱、芭蕾舞曲。他十分重视汲取民间音乐的精华，但又不是简单地照抄照搬。一些古老的乐曲经过他的再创造，被赋予了新的艺术生命力。卡沃斯不仅是知名的音乐家，而且是音乐教育家、指挥家和音乐活动家。他重视从俄罗斯的民间童话、民歌中挖掘创作素材，用以表达现实的思想内容。在歌剧《火鸟》中，他成功地运用了俄罗斯民歌的旋律，给人们留下了深刻的印象。

19世纪早期俄国浪漫主义乐派的杰出代表是韦尔斯托夫斯基。他根据俄国著名的浪漫主义诗人茹科夫斯基的名篇写成的歌剧充分体现了浪漫主义精神。1835年，他的歌剧《阿斯科尔多夫之墓》公演，大获成功，成为俄国歌剧发展史上的里程碑式的作品。

19世纪俄国民族音乐的奠基者，是杰出的、享有世界盛誉的格林卡。在俄国音乐界，他被认为是一步便跨到与莫扎特和贝多芬并驾齐驱行列的音乐家，是俄国音乐中的普希金。格林卡生于1804年，1822年毕业于彼得堡高等教育学院，曾先后到意大利、法国、西班牙、波兰、德国等国学习音乐，广泛汲取西欧音乐文化的精华，结识了门德尔松、柏辽兹、贝利尼等著名的音乐家。然而，这始终没有动摇他深深植根于俄罗斯的文化土壤，按照俄罗斯的风格创作音乐作品的信念。他强调："人民创造了音乐，而我们只是把它编写。"他的音乐为俄罗斯民族音乐的成长开辟了道路，从而使他的作品表现出鲜明的人民性和民族性。格林卡的声乐和器乐作品是俄国人民宝贵的精神财富。他的代表作有《交响序曲》《悲壮三重奏》《威尼斯之夜》《幻想圆舞曲》《霍塔·阿拉公奈沙》《马德里之夏夜》《卡玛林斯卡娅》等，歌剧《伊凡·苏萨宁》《鲁斯兰与柳德米拉》更是闻名世界的佳作。

格林卡

格林卡歌剧代表作《伊凡·苏萨宁》舞台剧照

1836 年 11 月，《伊凡·苏萨宁》在彼得堡大剧院公演，格林卡克服了文字剧本上的一些局限，特别是他堪称天才的艺术表现力使这部歌剧鲜明地表达了俄国人民的英雄气概和爱国主义精神，获得了极大的成功。普希金、果戈理、别林斯基、奥多耶夫斯基等社会进步人士热烈赞扬这部歌剧，对其给予高度评价，认为它在俄国艺术史上开始了一个新的俄罗斯音乐的时期。格林卡虽然不是一位多产的音乐家，但他奠定了优秀的俄罗斯民族音乐发展的基础，对后来的俄国作曲家产生了重大的影响。

格林卡事业的继承者是音乐家达尔戈梅斯基。他与格林卡一样，有强烈的民族意识，他最早而且最充分认识到了格林卡音乐创作的价值。他努力在自己的艺术实践中，贯彻他自己提出的“音调现实主义原则”，回应社会发展的需求。他与格林卡一样，是俄国民族音乐的奠基者之一。他的代表作有《爱斯梅拉达》《人鱼公主》等。他还为普希金、莱蒙托夫等著名诗人的作品谱曲，有力地推动了俄罗斯抒情歌曲的发展。

在 19 世纪上半期，芭蕾舞音乐成为当时俄国音乐的重要组成部分之一。一些优秀的俄国舞蹈家，如瓦尔别尔赫、狄德洛、格卢日科夫斯基等将继承俄罗斯舞蹈的优秀传统与符合时代要求的创新完美地结合起来。莎士比亚的名作《罗密欧与朱丽叶》、普希金的长诗《高加索的俘虏》等都被改编成芭蕾舞剧上演。与此同时，这些舞蹈艺术家还创作了许多新的作品，如《新巾帼英雄》《爱神与女魂》《匈牙利农舍》等。他们的精彩演出不仅不断提高了俄国芭蕾舞的艺术水平，而且有力地促进了俄国芭蕾舞音乐，以及整个俄国音乐的发展。

在俄国音乐发展的过程中，一些音乐组织或团体发挥了积极的作用，如彼得堡音乐协会、交响乐协会等。1859 年，俄国音乐协会成立，成为俄国一个新的、重要的艺术活动中心。

第三节　绘画、雕塑和建筑艺术

19 世纪初，俄国绘画艺术的中心是俄国皇家艺术学院，占据统治地位的是传统的古典主义，直至 19 世纪 30 年代以后，情况才开始发生变化，学院派古典主义逐渐被充满活力的现实主义所代替，许多艺术家走上了现实主义的创作道路。

学院派画家的创作题材主要是遥远古代的历史以及宗教内容。如古代、中世纪的重大历史事件，还有《圣经》故事等，脱离俄国人民现实的生活。对于历史画所应表现的内容，有两种不同的观点：以历史学家卡拉姆津为代表的一派认为，历史画的任务是颂扬开明君主；以作家屠格涅夫为代表的另一派认为，历史画的任务应该是反映普通人的历史性格。

当时俄国著名的历史画画家有伊万诺夫、叶戈罗夫、舍布耶夫等。他们的作品在俄国美术史上产生了广泛的影响。伊万诺夫生于 1776 年，他的代表作有《968 年一个基辅人的功绩》《姆斯季斯拉夫 · 乌达洛伊与列捷基亚决斗》。叶戈罗夫生于 1776 年，他的代表作是 1814 年完成的著名的《耶稣基督受难》。在他的作品中，表现出明显的古典主义的色彩。舍布耶夫生于 1777 年，他的作品也是以宗教内容为主，如《喀山大教堂中的大瓦西里》《牧师的礼拜》等，但是在这些画中，已经表现出现实主义的萌芽。

当时浪漫主义画家的代表有基普连斯基、奥尔洛夫斯基、谢德林、艾瓦佐夫斯基、特罗皮宁、韦涅齐阿诺夫等。

浪漫主义画家的肖像画既保留了传统的古典主义画作的优点，同时又进行了大胆的创新。浪漫主义画家不仅要求形似，更重视神似，即要描绘出肖像画人物复杂的、富有个性的、丰富的内心世界，同古典主义相比，表现出更符合时代要求的新的艺术思维。1827 年，基普连斯基为普希金所作的画像是一幅传世名作。这幅画不仅将普希金的外貌画得惟妙惟肖，更重要的是它准确地表现了普希金独特的内心世界，得到包括普希金在内的人们的普遍赞扬。特罗皮宁也为普希金绘有多幅肖像画。这些作品同样极富表现力，准确而生动地描绘出了诗人的神态和气质，以及丰富的内心感情，给人们留下了深刻的印象。

谢德林和艾瓦佐夫斯基是浪漫主义的风景画家，后者以描绘大海著称，地中海、黑海和克里米亚的奇特风光是他创作的主要内容。他一生创作了 6000 余幅画作，对俄国绘画艺术的发展有重要的影响。韦涅齐阿诺夫在肖像画、风俗画、风景画等方面都取得了重大的成就。由于他常年在农村生活，因此对俄国农村以及农民的生活有更切实的了解，这些在他的画作中都有明显反映，如《洗甜菜》《打谷场》《耕地》《夏天》《地主婆的早晨》等都是佳作。他的作品关注普通人的生活，对他们的命运有浓厚的兴趣，表现出一种人道主义的精神。他自己在农村进行艺术创作的同时，还建立了一个培养画家的画室。在他的影响和帮助下，不少人脱颖而出，成为著名的画家。

19 世纪 30 年代以后，一些学院派的古典主义画家在浪漫主义的影响和推动下，逐渐同学院派分道扬镳。如布留洛夫毕业于艺术学院，在肖像画、风景画、历史画等方面都表现出很高的艺术造诣。他在艺术实践中，不断提高在艺术学院学到的艺术技巧，但他的艺术思想却同学院派的传统思想有着明显的区别。他的《女骑士》等肖像画不仅注意构图、色彩，更重视如何做到传神，发掘人物复杂的心理。《意大利的早晨》《庞贝城的末日》等风景画不仅通过色彩、光线的变化表现出高超的艺术感染力，同时通过对风景的描绘着力表现深刻的社会主题。《庞贝城的末日》就是这样，它在法国、意大利等国际画展上获得金质奖章不是偶然的。

伊万诺夫的艺术风格虽然属于古典主义，但他的艺术理论却更接近现实主义。他强调画家的使命在于为人类的真理服务。在他的作品中，可清楚地看到他汲取了古典艺术的许多精华，但是他并没有停留在传统层面，而是有许多创新。他不仅重视形式，而且更重视内容，努力将两者和谐地统一起来。他的代表作是 1857 年完成的《基督显圣》。这幅画最初构思是在 1833 年，他倾尽全部心血，画了20余年才完成。耶稣在画面上不占主要的位置，因为伊万诺夫所要表现的不是耶稣，而是渴望着幸福的人民。与其说是人们等待耶稣复活，不如说是人们期待自己的解放。这幅画的创作基本上是在意大利进行的，当这幅画被带回俄国时，尽管它在艺术技巧上所达到的高超水平无懈可击，但因强烈的现实主义倾向，并不能得到沙皇政府的承认。尽管如此，伊万诺夫在俄国艺术史上的重要地位却是不可否定的。人们认为，他是将斯拉夫人的宗教思想与西欧绘画艺术结合在一起，揭开了俄国绘画艺术崭新一页的伟大的画家。为了不断追求新的境界、新的水平，使自己的作品真实地反映社会现实和时代的要求，他与著名的革命民主主义者赫尔岑、车尔尼雪夫斯基等建立了亲密的友谊。从他们那里，伊万诺夫在思想上得到了许多有益的启示和帮助。

1861年农奴制改革前夕，社会矛盾空前尖锐、复杂。人们在不断觉醒中，进一步认清了农奴制阻碍历史前进的本质，加强了对腐朽的专制制度的反抗，盼望着一个民主、自由的社会的到来，这一切在绘画艺术中有鲜明的表现。费多托夫在19世纪40年代以后创作的《新获勋章的人》《挑剔的新娘》《少校求婚》《小寡妇》《安科尔，依旧是安科尔》等，具有深刻的社会意义和时代特征。处在剧烈社会变动中的没落贵族、官吏、小市民、商人等，都是他作画的素材，这些作品具体而生动地表现了在特定的历史条件下，他们各具特色的内心世界，而有强烈感染力的绘画技巧则深化了每一幅作品的主题。他的艺术生涯对俄国绘画艺术的发展产生了重要的影响。

雕塑艺术和各种类型的美术一样，是俄国视觉艺术的重要组成部分。19世纪上半期，纪念性的和装饰性的雕塑在俄国艺术发展历史上占有重要的地位。这一时期著名的雕塑艺术家有马尔托斯、谢德林、捷列别尼奥夫、皮缅诺夫、杰穆特－马利诺夫斯基、普罗科菲耶夫等。他们的代表作有各地大教堂的宗教内容的雕塑群，俄国海军部大厦、总参谋部拱门、矿业学院大楼、彼得堡亚历山大剧院等处精美的装饰性塑像。这些雕塑都有鲜明的思想内容，例如，教堂中的雕塑或是各种圣像，或是宗教教义的形象化阐释。各类建筑物上的雕塑往往与建筑物本身的性质相一致，如军事部门大楼上舰队、战车的雕塑，不仅仅是单纯的装饰，而是在宣扬沙皇政府侵略扩张的“武功”。

19世纪30年代以后，俄国雕塑艺术发生了明显的变化，主要变化是反映社会现实生活内容的题材越来越普遍。不仅仅是宗教的各种圣像，一些现实生活中的人也成为雕塑艺术家创作的素材，即使是历史人物，也表现出一定的时代精神。这样，雕塑从狭隘的局限中摆脱出来，以广泛的社会内容为素材，有力地推动了雕塑艺术的发展，产生了不少流传后世的精品。如维塔利的作品，他的作品内容广泛，无论是莫斯科剧院广场上的喷泉雕塑，还是普希金的半身塑像，都给几代人留下了深刻的印象。科洛特在1833年—1850年间，完成了阿尼奇科维桥上的四马群像。这组塑像的对象虽然是动物，但它所要表现的主题却是人类战胜自然灾害，表达了现代人的愿望和追求。苏联艺术史学家认为，这个作品可以说是俄国乃至世界艺术的珍品，它仿佛“熔铸”了19世纪前半期俄国雕塑艺术发展中最有力和最美的因素。

19世纪上半期，俄国的建筑艺术继承发展了18世纪以来的古典主义传统，并在实践中逐渐形成了新的风格，即“俄罗斯帝国风格”。如果说古典主义更多地表现为富丽堂皇、气势恢宏，那么，俄罗斯帝国风格则更注重庄严肃穆、巍峨挺拔。因为这时俄国的主要建筑不再仅仅是宫殿、教堂。俄国的建筑更加与城市建设和发展联系在一起。彼得堡、莫斯科等城市的发展和城市建筑本身的性质决定了俄国建筑风格不可避免会发生更符合社会发展需要的变化。

这一时期代表性的建筑，除著名的单圆顶喀山大教堂外，还有海军部大厦、总参谋部大楼、彼得堡交易所大厦、矿业学院、莫斯科贸易大楼、莫斯科大剧院及剧院广场、改建后的莫斯科大学等。俄国著名建筑师扎哈罗夫是俄罗斯帝国风格的创始人，俄国海军部大厦是他的杰作，此外还有沃罗尼欣、罗西等，都为19世纪上半期俄国建筑艺术的发展做出了重要的贡献。在莫斯科，著名的建筑师有博韦、日里亚尔季、格里戈里耶夫等。他们在莫斯科市的建设实践中，逐渐形成了自己的特点。在俄罗斯帝国风格的基础上，莫斯科的建筑表现出更鲜明的俄罗斯文化精神，柔和、优雅和沉稳、含蓄。在19世纪上半期，彼得堡、莫斯科等城市的布局已经基本完成，为此后俄国城市建设和建筑艺术的发展创造了有利的条件。

莫斯科大剧院外观

莫斯科大剧院内部景观

第十四章　19世纪下半期俄国的文学、艺术和科学

第一节　列夫·托尔斯泰

列夫·尼古拉耶维奇·托尔斯泰，19 世纪下半叶俄国著名的批判现实主义作家、思想家，因创作了“世界文学中第一流的作品”，表现出“最清醒的现实主义”，所以他也被公认为是世界文学史上最杰出的作家之一。1828 年 8 月 28 日，托尔斯泰出生于图拉省一个名门贵族家庭，其远祖从彼得一世时即获得封爵。父亲尼古拉·伊里奇伯爵参加过 1812 年卫国战争。托尔斯泰一岁半丧母，九岁丧父，监护人是两位姑母。托尔斯泰自幼接受典型的贵族家庭教育，1844 年 9 月入读喀山大学，先后在东方语文系、法律系学习，但他迷恋社交生活，同时对哲学感兴趣，深受卢梭、孟德斯鸠等法国启蒙思想家影响。1847 年 4 月，托尔斯泰退学，回到亚斯纳亚·博利尔纳。他漫长的一生大部分时间在这里度过。在庄园，托尔斯泰尝试改善农民生活，但因得不到农民信任而停下。1851 年 4 月底，他随同服军役的长兄尼古拉赴高加索，以志愿兵身份在高加索部队中服役两年半，后晋升为准尉。1854 年 3 月，他加入多瑙河部队。克里木战争开始后，自愿调赴塞瓦斯托波尔，参加了这个城市的最后防御战。在历次激战中，他目睹平民出身的军官和士兵的英勇精神和优秀品质，加深了他对普通人民的同情和对农奴制的批判。

20岁的托尔斯泰

在高加索时，托尔斯泰就开始了他的文学创作，在《现代人》杂志上陆续发表《童年》《少年》和根据他亲身经历和见闻写成的《塞瓦斯托波尔故事》等。1855 年 11 月，他从塞瓦斯托波尔来到彼得堡，受到屠格涅夫、涅克拉索夫等人的欢迎，并先后结识了冈察洛夫、费特、奥斯特洛夫斯基、德鲁日宁、安年科夫、鲍特金、车尔尼雪夫斯基等作家和批评家。德鲁日宁等人提倡为艺术而艺术，反对革命民主派所主张的暴露文学。托尔斯泰倾向于德鲁日宁等人的观点，但又认为任何艺术不能脱离社会生活。1856 年底，托尔斯泰以中尉军衔退役。次年年初到法国、瑞士、意大利和德国游历，扩大了他的文学艺术的视野，加深了他对落后的俄国的清晰认识。他在国外，也看到了资本主义社会的尖锐矛盾，但苦于找不到解决社会矛盾的途径，只能呼吁人们按照“永恒的宗教真理”去生活。1860 年—1861 年，为考察欧洲教育，托尔斯泰再度出国，在国外结识了赫尔岑，听狄更斯演讲，会见普鲁东等。他认为，俄国应在小农经济基础上建立自己的理想社会；农民是最高道德理想的化身，贵族应走向“平民化”。这些思想后来鲜明地体现在他的作品中。

对于 19 世纪 50 至 60 年代的农奴制改革，托尔斯泰的思想是极其矛盾的。他非常同情农民，厌恶农奴制，却又认为根据“历史的正义”，土地应归地主所有。他不同意自由主义者、斯拉夫派以及农奴主的顽固立场，并且也认识到沙皇政府“自上而下的改革”的虚伪性，却又反对以革命方法消灭农奴制，幻想寻找自己的道路。托尔斯泰思想中充满着矛盾，这种矛盾正是俄国社会错综复杂的矛盾的反映，正是在这个意义上，托尔斯泰被列宁称为“俄国革命的镜子”。托尔斯泰对农民的同情招致沙皇政府和农奴主的敌视。1862 年 7 月他外出时，家中遭到宪兵连续两天的搜查，成为他的世界观转变的开端。从 19 世纪 70 年代初起，俄国乡村旧基础的破坏日趋加剧。随着“到民间去”等社会运动的迅速兴起，托尔斯泰的思想进入了新的探索时期。他对自己的贵族寄生生活深感苦恼，开始怀疑生存的目的和意义，他研读各种哲学和宗教书籍，希望能从中找到答案。在 19 世纪 70 至 80 年代新的革命形势的强烈影响下，托尔斯泰开始站到宗法制农民的立场上。他否定土地私有制，对国家和教会进行猛烈地抨击。然而，他却反对暴力革命，企图从宗教、伦理中寻求解决社会矛盾的道路。托尔斯泰的世界观发生深刻变化后，他于 1882 年和 1884 年曾一度想离家出走。他意识到了农民的觉醒，但又为自己和他们之间的差距难以弥合而悲观失望。托尔斯泰思想中充满着矛盾，这种矛盾是一个正直的贵族知识分子在寻求新生活中的迷惘、彷徨与苦闷的生动写照。1910 年 11 月 10 日，托尔斯泰从亚斯纳亚 · 博利尔纳秘密出走，在途中患上肺炎，20 日在阿斯塔波沃车站逝世，享年 82 岁。遵照他的遗言，遗体安葬在亚斯纳亚 · 博利尔纳的森林中。

托尔斯泰一生辛勤创作，其成名作是在高加索写成的自传体小说《童年》（1851 年—1852 年）以及后来相继发表的《少年》（1852 年—1854 年）和《青年》（1855 年—1857 年）。这些作品充斥着贵族庄园的牧歌情调，但也表现了一定的民主倾向，反映了他对贵族生活的批判。他的代表作有长篇小说《战争与和平》（1863 年—1869 年）、《安娜 · 卡列尼娜》（1873 年—1877 年）、《复活》（1889 年—1899 年）等。19 世纪 70 年代末，托尔斯泰的世界观发生巨变，写成《忏悔录》（1879 年—1882 年）。19 世纪八九十年代，他创作剧本《黑暗的势力》（1886 年）、《教育的果实》（1891 年）、《伊凡 · 伊里奇之死》（1886 年）、《克莱采奏鸣曲》（1891 年）、《哈泽 · 穆拉特》（1886 年—1904 年），短篇小说《舞会之后》（1903 年），他还创作了大量的童话。这些天才的著作使他登上了当时欧洲批判现实主义文学的高峰。

1863 年—1869 年，托尔斯泰创作了长篇历史小说《战争与和平》，这是其创作历程中的第一个里程碑。《战争与和平》描绘了自1805年至“十二月党”人起义前夕俄国社会生活的广阔画面。作者在书中以卡拉金、罗斯托夫、鲍尔康斯基、别祖霍夫四大贵族家庭的生活为情节主线，反映了19世纪初期的俄国社会生活。托尔斯泰以宏大的叙事反映了1805年—1820年发生的一系列重大历史事件，特别是1812年库图佐夫领导的反对拿破仑的卫国战争，歌颂了俄国人民的爱国热情和英勇斗争精神。它不仅是俄国贵族的“英雄田园诗”，同时它也在抒写整个人类的爱与恨、生与死。托尔斯泰继承了之前欧洲文学的深厚传统，将长篇史诗发展到一个新的阶段。

《安娜·卡列尼娜》的构思始于1870年，到1873年才开始动笔。小说的重心转移，主要是写农奴制改革后俄国资本主义发展所产生的灾难性后果：贵族阶级家庭关系的瓦解和道德的败坏、贵族地主趋于没落，以及农村中阶级矛盾的激化。主人公安娜·卡列尼娜追求真正的爱情和幸福，但她既无力对抗上流社会的虚伪而冷酷的道德压力，又不能完全脱离贵族社会，结果在极其矛盾的心境下卧轨自杀。另一主人公列文是作家的自传性质的人物。他看到地主经济的没落，寻求避免资本主义发展的道路，希望通过地主和农民合作来缓和阶级矛盾，并把这种“不流血的革命”推广至全世界。这种空想破灭后，他悲观失望，怀疑人生意义，甚至要从自杀中求解脱，最后在家庭幸福和宗法制农民的信仰中找到了精神的归宿。

晚年的托尔斯泰在工作室（摄于1908年）

长篇小说《复活》（1889年—1899年）是托尔斯泰晚年的代表作，这是托尔斯泰世界观转变后的最重要的作品，堪称他晚年思想与艺术探索的结晶，是世界文学的不朽名著之一。小说情节的基础是真实的案件，讲述了贵族青年聂赫留道夫诱奸了姑母家中的养女——农家姑娘卡秋莎·玛丝洛娃，导致她沦为妓女；而当她被诬告谋财害命时，他却以陪审员身份出席法庭审判她。这看似巧合的事件却有典型的社会意义。聂赫留道夫良心发现，决心要赎罪，为她上诉。上诉失败后，他随玛丝洛娃流放到西伯利亚，并决定和她结婚。玛丝洛娃拒绝了他，但内心为他的行为所感动。最后，他们的精神都走向了“复活”。小说表现了作者晚年的代表性主题——精神觉醒和离家出走，借聂赫留道夫的经历和见闻，展示从城市到农村的社会阴暗面，对政府、法庭、监狱、教会、土地私有制和资本主义制度作了深刻的批判。不过，作品的后面部分，却是托尔斯泰一贯的非暴力抗恶和自我修身的说教。

第二节　柴可夫斯基

柴可夫斯基，俄罗斯音乐大师，19 世纪世界伟大的作曲家之一，其代表作主要有歌剧《叶甫盖尼·奥涅金》《黑桃皇后》、芭蕾舞剧《天鹅湖》《胡桃夹子》《睡美人》及 6 部交响曲、3 部钢琴协奏曲、3 部小提琴协奏曲、幻想序曲《罗密欧与朱丽叶》、音乐会序曲《1812 序曲》等。1840 年 5 月，柴可夫斯基出生在维亚特卡省，其父是一冶金厂的厂长兼工程师，母亲爱好音乐，善唱歌、弹琴，家庭中充满了音乐气氛。柴可夫斯基自幼受到良好的教育，在音乐方面表现出非凡的才能。

1850 年，柴可夫斯基进入圣彼得堡法律学校学习，并选修音乐课。1859 年，他从法律学校毕业后任职司法部，但没有放弃对音乐的钻研，后进入圣彼得堡音乐学院学习。1865 年，柴可夫斯基以优异成绩毕业于圣彼得堡音乐学院，毕业作品获银牌奖。同年他接受俄罗斯作曲家、指挥家、钢琴家鲁宾斯坦的邀请来到莫斯科，任教于莫斯科音乐学院长达 11 年之久，并在此期间进行了音乐创作活动。一些著名的交响曲、钢琴协奏曲、歌剧、舞剧、管弦乐序曲、室内重奏等，就是在这个阶段完成的。

柴可夫斯基

柴可夫斯基生活在沙皇专制制度腐朽没落的时期，那时，俄国革命民主主义思想不断高涨。尽管柴可夫斯基在政治观点上比较保守，但 19 世纪 60 年代的进步社会思潮仍给他以积极的影响，这些在他的音乐创作中有所体现，主要表现为他热爱祖国，关心俄国人民的命运。但俄国政治的黑暗与腐败使他看不到俄国的未来。柴可夫斯基的思想长期处于矛盾之中，他将对祖国的前途、社会的出路、人生的意义进行的深刻思考，熔铸在他的音乐作品中。

柴可夫斯基一生的音乐创作几乎涉及了所有的音乐体裁和形式。其独具个性和悲剧风格的音乐作品始终表现出对光明的追求和信心，表现出对俄罗斯民族音乐的热爱和继承。柴可夫斯基将民族文化与西方交响乐传统成功地融合在一起，他的大部分音乐都清晰地表现出民族文化的元素。柴可夫斯基曾写道："俄罗斯民族音乐无法描述的美丽就已经充满了我的生命。"他认为俄罗斯永远是神圣无比的。他说："我没有见过比我更热爱俄罗斯母亲的人，我爱她的总体，也爱她的部分，我热爱俄罗斯人、俄罗斯语言、俄罗斯的思维方式、俄国人的美丽、俄国的习惯……我憎恶那些先生们，他们借口在俄罗斯生活不舒适，情愿饿死在巴黎的某一角落，他们谩骂俄罗斯的一切，能够丝毫不觉得遗憾地在国外虚度一生。我恨这些人，他们把我最珍贵和神圣的东西践踏在污泥之中。"

柴可夫斯基一生共写过 11 部歌剧，其中最卓越的作品是《叶甫盖尼·奥涅金》和《黑桃皇后》。这两部歌剧取材于俄国著名诗人普希金的同名作品。《叶甫盖尼·奥涅金》写于 1877 年—1878 年。歌剧表现了塔吉雅娜、奥涅金、连斯基等贵族青年由于厌倦了本阶级的生活方式，在追求理想的生活道路上所经历的悲剧，表现了历史的进步趋向。音乐以悠长、抒情的旋律，细腻地表现了人物的内心世界。《黑桃皇后》写于 1890 年，主题思想是幸福的理想被残酷的现实所粉碎。音乐在刻画人物性格、表达戏剧冲突上具有强烈的艺术感染力。

柴可夫斯基在舞剧音乐创作上也取得了具有世界意义的成就。他一生写了 3 部舞剧音乐作品：《天鹅湖》（1875 年—1876 年）、《睡美人》（1888 年—1889 年）和《胡桃夹子》（1891 年—1892 年），都已成为世界舞剧艺术中的经典作品，广泛流传在各国的芭蕾舞台上。这和柴可夫斯基对舞剧音乐进行了许多革新有直接联系，他赋予舞剧音乐更广泛的表现力，使之更富于戏剧性，大大提高了舞剧音乐的影响。芭蕾舞剧《天鹅湖》自 1877 年 2 月 20 日在莫斯科皇家剧院首演以来，已有 100 多年历史。《天鹅湖》取材自德国的童话故事及俄罗斯的民间故事，叙述了公主遭到恶魔的魔咒变成天鹅，但伟大的爱情力量破除了魔咒，光明战胜了黑暗，有情人终成眷属。《天鹅湖》首次使舞蹈作品有了音乐的灵魂，成了芭蕾舞的代名词，至今在世界各国仍然受到广大观众的喜爱。

为了纪念 1812 年库图佐夫将军带领俄国人民击退拿破仑大军的入侵，赢得 1812 年俄国战争的胜利，柴可夫斯基于 1880 年创作了管弦乐作品《1812 序曲》，1882 年 8 月 20 日该作品在莫斯科救世主大教堂首演。《1812 序曲》以曲中的炮火声闻名，在一些演出，尤其是户外演出中，曾起用真的大炮。苏联作家高尔基称赞《1812 序曲》为“深具人民性的音乐，像平稳的波涛那样庄严有力地在大厅回荡，它以一种新的东西攫住你，把你高举于时代之上，它的声音表达出这一庄严的历史时刻，极其成功地描绘了人民奋起保卫祖国的威力及其雄伟气魄”。

柴可夫斯基的晚年是他创作的顶峰时期。1888 年—1889 年他访问了德国、捷克、法国和英国，与世界著名音乐家勃拉姆斯、格里格、德沃夏克、古诺、马斯涅等结下了友谊。1891 年他到美国作演出旅行，获得很大成功。1893 年 6 月，英国剑桥大学授予他名誉博士学位。

柴可夫斯基一生共创作了6部交响曲。《第四交响曲》《第五交响曲》《第六交响曲》（又名《悲怆交响曲》）被称为柴可夫斯基的“悲剧三部曲”。《悲怆交响曲》于1893年8月末完成，强烈地表现出“悲怆”的情绪，旋律的优美、形式的均衡、管弦乐法的精巧等都在本曲中得到深刻的印证，被认为是柴可夫斯基一生总结性的代表作品，也是他交响曲成就的最高体现，成为世界交响曲中第一流的精品。《悲怆交响曲》反映了主人公的悲惨境遇，表现了个人的苦难、斗争、愤怒、抗议以及对幸福、欢乐和爱情的追求，但黑暗的力量终于将悲剧的主人公拖向死亡。俄罗斯音乐家巴拉基雷夫曾说：“一个人要经历过多少苦难才能写成像这样的作品啊！”

柴可夫斯基生前最后居住的寓所，在克林，现在是柴可夫斯基博物馆

1893年10月28日，《悲怆交响曲》在圣彼得堡首演时，柴可夫斯基亲自指挥，演出获得了巨大的成功。然而9天之后，他却不幸与世长辞，《悲怆交响曲》成为柴可夫斯基的绝笔之作。关于这部交响曲最初的构思主旨，柴可

夫斯基说：“第一乐章是激情，满怀信心、渴望有所作为，第二乐章是爱情，第三乐章是失望，第四乐章以生命的熄灭来结束。”这些最初的构思虽然未能在第六交响曲中完全实现，但确实成为作者创作此曲的思想基础。柴可夫斯基本人非常喜爱这部作品，说自己“将整个心灵都放进这部交响曲了……”，并说：“在这一生中，我从来也不曾感到这样满意、这样骄傲和这样幸福！因为我知道自己写成的确实是一部好作品。”

第三节　列宾和苏里科夫

列宾，俄国 19 世纪末伟大的现实主义画家，巡回展览画派重要代表，1844 年出生于俄罗斯边境的楚古耶夫，其父是屯垦军军官，一家人靠屯垦耕作和母亲替别人家帮佣来维持生活，童年的列宾亲身体会到了生活的艰辛，他经常目睹失去自由的囚犯如牲畜一样被驱赶着，这些给他留下了深刻的印象，成为他日后创作的素材。列宾的表哥在画坊当学徒，时常给他带回一些纸张、颜料、画笔，列宾受其影响，很快对绘画着了迷。1864 年，列宾考入彼得堡美术学院，他在美术学院学习六年后以优异的成绩毕业，并获得了大金质奖章和公费到意大利、法国留学的机会。1873 年—1876 年先后旅行意大利及法国，研究欧洲古典及近代美术。

1876 年，列宾回国后开始了坚持不懈的勤奋创作。他创作了大量的历史画、风俗画和肖像画，表现了人民的贫穷苦难及对美好生活的渴望。1878 年，他加入巡回展览美术画家协会。他的代表作品有《伏尔加河上的纤夫》《查波罗什人复信土耳其苏丹》《宣传者被捕》《意外归来》及《托尔斯泰》等。为了刻画沙皇统治下俄国劳动人民的痛苦生活，他在毕业前曾两度到伏尔加河去，他对纤夫的生活作了长期的细致观察，画了许多速写，努力熟悉他们的精神世界和生活经历。在经过长时期的准备和酝酿之后，列宾将纤夫们画得栩栩如生，他们既是苦难的生活在底层的人们，也是有毅力的生活的

《伏尔加河上的纤夫》

强者。列宾笔下的 11 个纤夫衣衫褴褛，他们在烈日酷暑下拖着货船，沿着漫长的沙滩步履沉重地前进着。纤夫犹如一组雕刻群像，立在一座黄色的底座上。《伏尔加河上的纤夫》堪称俄罗斯和世界的美术精品，它不仅深刻地揭示了现实的社会矛盾，同时肯定了社会的积极力量，为俄国美术作品增添了新的现实主义的语言。

列宾的历史画十分出色，深刻揭示了历史人物复杂、矛盾的精神面貌，并通过生动的戏剧性的场面表现出来。他的历史画代表作《查波罗什人写信给苏丹王》，以英雄的群像和乐观的色彩，描绘了 17 世纪查波罗什部落的一段历史。画面上的 20 多个人物个个形象鲜明，令人过目难忘，生动表现了查波罗什人酷爱自由和勇敢豪迈的性格。列宾的历史画代表作还有《伊凡雷帝杀子》。《伊凡雷帝杀子》原名叫作《1581 年 11 月 16 日恐怖的伊凡和他的儿子》，创作于 1885 年。这幅绘画讲述的是 16 世纪的一个历史悲剧。伊凡雷帝，即伊凡四世，是俄罗斯历史上第一位沙皇，他是一位出色的政治家，推行了一系列有利于中央集权的改革。但伊凡雷帝生性残暴，为达目的不择手段。他听信小人谗言，怀疑自己儿子图谋篡位。在一次与儿子的争吵中，伊凡雷帝使用权杖击中儿子的太阳穴，导致儿子身亡。画家以这个悲剧场面作为描绘对象：沙皇在深红色的地毯上，紧紧搂抱着血流如注、因自己而丧命的儿子。画家通过该作品，展现出人类情感的复杂性。托尔斯泰看到这幅作品后称赞道：“好，太好了，技艺那么巧妙，又不露痕迹。”

列宾与进步的革命民主主义者、知识分子保持着密切的联系，这使其创作的作品多与时代的脉搏一起跳动，表现出有鲜明的时代精神。他绘制了许多以 19 世纪后期俄国民粹派反对沙皇专制的政治斗争为题材的作品，反映了革命者不屈的斗争精神。这类作品的代表作是《意外归来》《泥泞路上的押送》《宣传者被捕》和《拒绝忏悔》等。描绘流放者突然回家时的场景的《意外归来》是家喻户晓的世界名画。这幅油画向人们讲述一个革命者被流放后经受了怎样的痛苦，家人是多么的悲伤，以及流放者和家人不期而遇是多么的意外、惊喜。画面上每个人物都栩栩如生：妇人刚从坐着的椅子上站起来，转向“归来者”，似乎要扑过去拥抱，却又惊喜交加抬不动脚；桌边坐着的两个孩子，稍大的男孩儿欣喜地抬起头注视着，嘴巴吃惊地半张着，似乎要喊出声来；较小的孩子用有些胆怯的目光注视着“陌生人”。画面中的流放者高高瘦瘦，身着不合体的旧大衣，脚上的靴子沾满泥土，他经历了长途跋涉才得与亲人相见，但他的神态却透出勇敢和坚毅。列宾抓住流放者跨进门槛的一瞬间，他及每个家庭成员的表情生动地展现了人们意外、惊喜等复杂的情感。

列宾也是一位出色的肖像画家，他把肖像画称作“最有现实意义的绘画体裁”。他为同时代的名人创作了一系列出色的肖像。最杰出的是《穆索尔斯基像》《斯塔索夫像》《托尔斯泰像》。《托尔斯泰像》作于 1887 年，托尔斯泰是一位伟大的思想家和作家，既是一位勇士，又是一位贤者。画中的托尔斯泰正在读书间隙，书中的内容似引起他注目沉思，托尔斯泰的睿智目光直视远方，充满着巨大的精神力量和信念。列宾十分重视对托尔斯泰的复杂心理描绘，所有这一切都表现在他的姿态、手势、目光和神情之中。

列宾一生创作都非常勤奋，对每幅画都精益求精，他不仅是俄罗斯民族的骄傲，在世界美术史上也占有举足轻重的地位。

苏里科夫，俄国现实主义画家，巡回展览画派的代表人物之一，因其成名作大部分取材于俄罗斯历史事件，故被称为历史画巨匠。苏里科夫 1848 年

《近卫军临刑的早晨》

1月12日生于西伯利亚的克拉斯诺亚尔斯克一哥萨克家庭，1870年考取彼得堡皇家美术学院，师从契斯恰柯夫，1876年从该学院毕业时，获一级艺术家称号。他毕业后在圣彼得堡从事美术创作，后移居莫斯科。曾游学意大利、法国、德国。

苏里科夫的画作所描绘的都是俄罗斯的生活。童年时，他非常喜欢听老人讲哥萨克的传奇故事，并阅读历史书籍，经常在老师的带领下外出写生，学习各种绘画技巧。成年后他也多次深入到顿河、伏尔加河流域体验生活，表现出对祖国的深情。他的作品充满了民主主义精神和对农奴制度、贵族阶级和教会的憎恶，以及对下层人民的同情。他和列宾的艺术成就，标志着俄国19世纪绘画达到巅峰，对俄罗斯和世界美术的发展产生了深远的影响。

苏里科夫的代表作是历史画《近卫军临刑的早晨》《女贵族莫洛卓娃》《缅希柯夫在别留佐夫》和《苏沃洛夫越过阿尔卑斯山》。

《近卫军临刑的早晨》在1878年开始创作，大约花了3年时间完成，以彼得大帝在1698年镇压近卫军兵变这一历史事件为背景，画面的内容是兵变失败后，近卫军在莫斯科红场临刑前的场景。1689年，彼得大帝执政，为改变俄国的落后面貌，使其“走向欧洲”，他进行了以军事改革为中心的内容广泛的改革，改革涉及政治、经济、文化教育等方面。改革的目的是建立完整的中央集权统治，提高工作效率。改革内容包括剥夺贵族领主杜马会议的职能，代之以参政院，下设 11 个委员会（实际上相当于西方国家的“部”）负责具体工作；罢黜大教长，代之以宗教院，使教会成为国家政权的一部分；划分行政区域，将全国分为 50 个省。彼得大帝还将文武官员分成 14 个不同的等级，所有的官员不管门第出身，都要从最低一级做起，靠功绩晋升。这一切遭到政敌的激烈反对，他们乘彼得在国外学习之机，于 1698 年再次发动兵变。兵变失败后，彼得以最残酷的方式惩罚敌人，下令杀死 1000 多人，那些已死去的贵族被从墓中挖出来鞭尸。他亲自挥舞马刀砍下叛乱士兵的头颅。《近卫军临刑的早晨》表现了互不妥协的两个阵营。苏里科夫赞成彼得改革，也同情近卫军，他在人群中画了一些妻子、母亲与儿女来刑场诀别的悲惨场面，令人同情。为了表达他的同情心，他将自己的女儿也画在其中。

《女贵族莫洛卓娃》创作于 1887 年，以 17 世纪俄国的宗教分裂为题材，描绘了俄国分离派的卓越人物女贵族莫洛卓娃被流放的情形。尼康主教的宗教改革，得到了彼得大帝的父亲阿历克谢·米哈伊洛维奇大公的支持，有一定的进步性。但遭到分离派的激烈反对，分离派的行为得到了狂热的宗教信徒的支持，沙皇的亲属、孀居的女贵族莫洛卓娃就是其中之一。她年轻时即守寡，拥有农奴 8000 余人，激烈地反对沙皇的宗教改革，把自己的住宅变成一个修道院，成为一切不赞成新教的信徒们的避难所。沙皇阿历克谢·米哈依洛维奇亲自下令逮捕莫洛卓娃，并将其流放到远离莫斯科的帕洛夫斯克，关在地牢里，她后来因饥寒交迫而死去。在历史名画《女贵族莫洛卓娃》中，画家选择押解莫洛卓娃赴流放地途经莫斯科街道的情景，莫洛卓娃乘坐的雪橇向远方飞驰而过，一群旧教的信徒赶来送行，其中有人掩面悲哀哭泣，而画面左上方描绘了一组新兴资产者和拥护新教的人物，他们喜笑颜开。莫洛卓娃神情傲慢，脸色苍白，眼睛放射出复仇的光芒。画中人各尽其态，这幅画塑造的每个人物都有典型的意义。

《缅希柯夫在别留佐夫》是苏里科夫在1881年至1883年创作的，描绘了彼得一世的重臣缅希柯夫被彼得二世流放到西伯利亚的别留佐夫后的情景。缅希柯夫是彼得大帝的宠臣，也是彼得大帝实施改革的谋划者和执行人。他虽然出身卑贱，但才智过人，被彼得大帝委以重任，辅佐彼得立国治业，功勋卓著，升至元帅。彼得去世后，他将年幼的彼得二世接回家中抚养，并将自己的长女许配于他。不料，在安娜女皇和德国使臣策划的阴谋下，俄国政局剧变，缅希柯夫一家被流放到西伯利亚。途中妻子去世，他最终居住在别留佐夫小镇上自建的小木屋中。这幅画的色调压抑、沉闷，但几件昔日宫中器具使小木屋仍显出一丝昔日荣耀的光辉。

《苏沃洛夫越过阿尔卑斯山》创作于1899年，描绘了俄国军事家苏沃洛夫率兵远征意大利，翻越阿尔卑斯山的情景。在苏里科夫的心目中，苏沃洛夫是民族英雄，他和那些士兵是俄罗斯民族精神的体现者。这幅画强调俄罗斯人热爱自由的民族本性，歌颂了爱国主义精神，表现出强烈的民族自豪感。这幅画没有正面描绘两军相遇的激战，而是选择表现俄军征服险要的阿尔卑斯山时所体现出的无畏精神，以此表达俄国军队所向无敌、征服一切的英雄气概。

《苏沃洛夫越过阿尔卑斯山》

第四节 发展中的自然科学

19 世纪后半叶，资本主义世界进入相对稳定的发展阶段。和平的局面推动了大体始于这个时期的第二次工业革命。1861 年俄国农奴制改革后，俄国资本主义也得到发展，但仍保留有大量的农奴制残余。在第二次工业革命中，俄国的自然科学有了长足的发展，涌现出一些享有世界声誉的科学家。

1834 年 2 月，俄国化学家门捷列夫生于西伯利亚托博尔斯克。他早年就读于彼得堡师范学院，后在德国海德堡大学深造，1865 年获化学博士学位，出任彼得堡大学普通化学教授，1890 年当选为英国皇家学会外国会员。门捷列夫在广泛汲取前人研究成果的基础上，通过自己艰苦的努力，在 1869 年 2 月编成了世界上第一张元素周期表。他在周期表中留下空位，并详细预言尚未发现的元素的种种性质。若干年后，他的预言都得到了证实，引起了科学界的轰动。

工作中的门捷列夫

1869 年 3 月 18 日，俄国化学学会举行学术报告会，门捷列夫因病未能出席，他委托他的同事彼得堡大学化学教授门许特金代他宣读他的论文《元素性质和原子量的关系》。门捷列夫通过大量实验事实，提出这样一条规律：元素（以及由它所形成的单质和化合物）的性质随着原子量（相对原子质量）的递增而呈周期性的变化，即元素周期律。化学元素周期表是根据原子序数从小至大排序的化学元素列表。列表大体呈长方形，某些元素周期中留有空格，使特性相近的元素归在同一族中，如卤素、碱金属元素、稀有气体、放射性元素等。这使周期表中形成元素分区，且分有七主族、七副族与零族、八族。门捷列夫把已经发现的 63 种元素全部列入表里，为元素系统化奠定了坚实的基础。因周期表能够准确地预测各种元素的特性及其之间的关系，因此它在化学等学科中被广泛使用。门捷列夫的名著《化学原理》在 19 世纪后期和 20 世纪初被国际化学界公认为奠基性著作，前后共出了八版，在国际化学界有广泛影响。人们为了纪念他的功绩，把元素周期律和周期表称为门捷列夫元素周期律和门捷列夫元素周期表。

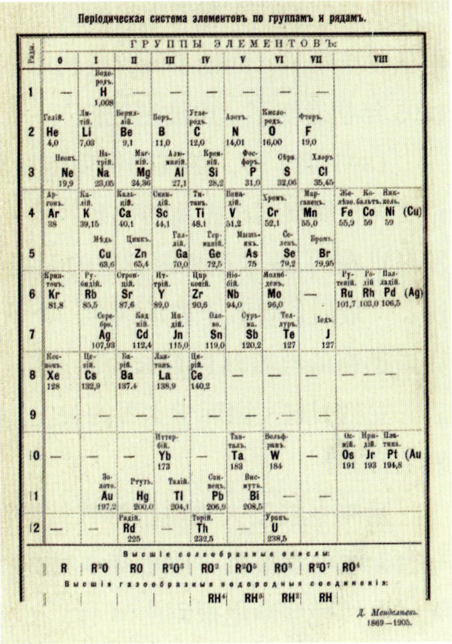
Періодическая система элементовъ по группамъ и рядамъ.

Ряды	0	I	II	III	IV	V	VI	VII	VIII
1	—	H 1,008	—	—	—	—	—	—	
2	He 4,0	Li 7,03	Be 9,1	B 11,0	C 12,0	N 14,01	O 16,00	F 19,0	
3	Ne 19,9	Na 23,05	Mg 24,36	Al 27,1	Si 28,2	P 31,0	S 32,06	Cl 35,45	
4	Ar 38	K 39,15	Ca 40,1	Sc 44,1	Ti 48,1	V 51,2	Cr 52,1	Mn 55,0	Fe 55,9 Co 59 Ni 59 (Cu)
5		Cu 63,6	Zn 65,4	Ga 70,0	Ge 72,5	As 75	Se 79,2	Br 79,95	
6	Kr 81,8	Rb 85,5	Sr 87,6	Y 89,0	Zr 90,6	Nb 94,0	Mo 96,0	—	Ru 101,7 Rh 103,0 Pd 106,5 (Ag)
7		Ag 107,93	Cd 112,4	Jn 115,0	Sn 119,0	Sb 120,2	Te 127	J 127	
8	Xe 128	Cs 132,9	Ba 137,4	La 138,9	Ce 140,2	—	—	—	— — —
9		—	—	—	—	—	—	—	
10	—	—	—	Yb 173	—	Ta 183	W 184	—	Os 191 Jr 193 Pt 194,8 (Au
11		Au 197,2	Hg 200,0	Tl 204,1	Pb 206,9	Bi 208,5	—	—	
12	—	—	Rd 225	—	Th 232,5	—	U 238,5		
Высшіе солеобразные окислы:	R	R^2O	RO	R^2O^3	RO^2	R^2O^5	RO^3	R^2O^7	RO^4
Высшія газообразныя водородныя соединенія:					RH^4	RH^3	RH^2	RH	

Д. Менделѣевъ. 1869—1905.

门捷列夫提出的第一份元素周期表

周期表。

亚历山大·斯捷潘诺维奇·波波夫是俄国物理学家、无线电通信发明家、军事无线电通信的奠基人。1859 年 3 月，波波夫出生在俄国乌拉尔斯维尔德洛夫斯克州的一个神父家庭，他在童年时即表现出对电工技术的特殊爱好，曾用电铃把家里的钟改装成闹钟。他早年就读于彼得堡大学数学物理系，曾先后出任电技术研究所的教授和研究所所长。

波波夫年幼时，英国物理学家麦克斯韦就预言了电磁波的存在。1888 年，德国物理学家赫兹以著名的电火花放电实验证实了麦克斯韦的预言。赫兹发现电磁波的消息传到俄国后，波波夫被强烈地吸引住了。他兴奋地说：“用我一生的精力去装设电灯，对广阔的俄罗斯来说，只不过照亮了很小的一角；要是我能指挥电磁波，就可以飞越整个世界！”第二年，波波夫就成功地重复了赫兹的实验。在一次公开的讲演中，他提出了可以用电磁波进行无线电通信的设想。波波夫在 1893 年到俄国海军喀琅施塔得鱼雷学校任教，并于 1894 年发明了第一架无线电接收器——一个金属检波器。他将教学活动与科研工作结

合起来，起初从事直流电机的研究，后研究电磁现象，并设计了赫兹振子辐射电磁波指示器，同助手们首次利用电磁波进行无线电通信。经过实验，终于在1895年初发明了“电波测记仪”——无线电接收机。

1895年4月，在彼得堡俄国物理化学学会的物理分会上，波波夫宣读了论文《金属屑同电振荡的关系》，并且演示了他发明的无线电接收机，探测出发射机在约60米距离内发送的无线电信号。演示结束后，波波夫充满信心地说：“最后，我敢于表示这样一个希望，我的仪器在进一步改良以后，就能够凭借迅速的电振荡进行长距离通信。”波波夫的论文和演示被有关刊物发表后，立刻引起了国际学术界的关注。几十年以后，人们将这一天定为“无线电发明日”。

后来，波波夫用电报机代替电铃，当作接收机的终端，这种装置就成了一台无线电发报机。1896年3月24日，在彼得堡物理学年会上，他进行了用无线电传递摩斯电报码的演示，在场的观众有1000多人。演示的时候，接收机装设在物理学会会议大厅里，发射机放在附近森林学院的化学馆里。雷布金拍发信号，波波夫接收信号，通信距离是250米。物理学会分会会长佩特罗司赫夫基教授把接收到的电报字母逐一写在黑板上，最后得到的报文是“海因里希·赫兹”。它表达了波波夫对这位电磁波的发明者的崇敬。这份电报虽然只有几个字，却是世界上第一份有明确内容的无线电报，为实现通信技术的革命，把电报从有线阶段推进到无线阶段做出了重要贡献。1897年春，波波夫在喀琅施塔得港试验时，无线电通信距离达到600米，1897年夏在舰艇上试验时已增至5千米。1898年他和俄国海军一起进行了10千米距离的海岸和军舰之间的通信实验。1900年在波波夫的指导下，俄国海军在波罗的海中的高戈兰岛设立了无线电站，和芬兰沿海城市科特卡之间实现了无线电通信。1900年初，铁甲舰“阿普拉克辛海军上将号”在戈格兰德岛一带触礁搁浅。俄国海军在进行曳引营救时，无线电台发挥了很大的效用。1901年夏天，波波夫又在黑海进行了实验，使行进中的舰队能在110千米内保持无线电联系。

波波夫的成就在国内外科技界赢得了高度评价。1898年，波波夫因发明无线电报获得俄国技术学会颁发的奖金。1900年，在巴黎召开的第四届国际电气技师代表大会上，波波夫荣膺金质奖章。1904 年，他当选为俄国理化学会副主席，他发明的接收机于 1900 年在巴黎万国博览会上获得大金质奖章。

伊凡·彼德罗维奇·巴甫洛夫是俄罗斯生理学家、心理学家、高级神经活动生理学的奠基人。关于消化系统的实验使他在 1904 年荣获诺贝尔生理学或医学奖。1849 年 9 月，巴甫洛夫生于俄国梁赞一乡村牧师家庭。他曾是神学院的学生，但后来退出。19 世纪 60 年代，俄国一些伟大的革命民主主义者赫尔岑、别林斯基、车尔尼雪夫斯基等革命先驱的思想深深影响着巴甫洛夫。他 1870 年进入圣彼得堡大学学习自然科学，1875 年毕业时获金质奖章；1879 年毕业于军事医学研究院；1883 年获医学博士学位；1884 年起在军事医学研究院任副教授、教授等职，领导过实验医学研究所生理研究室的工作；1901 年为彼得堡科学院通讯院士，1907 年成为正式院士。

1878 年至 1890 年，巴甫洛夫重点研究血液循环和神经系统作用的问题，当时，神经系统对于许多器官的支配作用和调节作用还没有被人们清楚地认识。在极为恶劣的工作条件下，巴甫洛夫坚持研究。他发现了胰腺的分泌神经。不久，他又发现了温血动物的心脏有一种特殊的营养性神经，这种神经只能控制心跳的强弱，而不影响心跳的快慢。科学界人士把这种神经称为“巴甫洛夫神经”。巴甫洛夫自此开辟了生理学的一个新分支——神经营养学。1884—1886 年期间，巴洛甫夫赴德国莱比锡大学路德维希研究室进修，继续研究心脏搏动的影响机制。此时，他提出心脏跳动节奏与加速由两种不同的肌肉在进行，而且是由两种不同的神经在控制。

1887 年，他逐渐将研究的方向转向人体的消化系统。从 1888 年开始，巴甫洛夫对消化生理进行研究。在 19 世纪 90 年代，巴甫洛夫研究了狗的胃，通过唾腺来研究在不同条件下狗对食物的唾液分泌。他注意到狗在食物送进嘴里之前便开始分泌唾液，并开始研究这个他所称的“灵魂分泌液”，建立了他所称的条件反射理论，这些研究成为许多消化系统研究的基础。从 1903 年起，巴甫洛夫连续 30 多年致力于高级神经活动的研究。通过长时间的研究，他发现了大脑皮层机能的活动规律。巴甫洛夫创立的动物和人类高级神经活动的学说，给唯心主义心理学以致命的打击，为创立科学的唯物主义心理学奠定了基础。晚年的巴甫洛夫转向精神病学的研究，认为人除了第一信号系统（即对外部世界直接影响的反应）外，还有第二信号系统，即使人的高级神经活动发生重大变化的语言。巴甫洛夫的第二信号系统学说解释了人类所特有的思维生理基础。巴甫洛夫在生理学研究方面的杰出贡献集中于三大领域，即血液循环生理学、消化生理学和高级神经活动生理学。巴甫洛夫从事科学研究60余年，大量时间都是在生理实验室度过的，他的科学研究成果一直在造福着人类，他为科学、为人民真正奋斗到了生命的最后一刻。

在人类航天历史上，俄国的康斯坦丁·齐奥尔科夫斯基将永远为人们所铭记。他是现代宇宙航行学的奠基人，被称为航天之父。他最先论证了制造人造地球卫星，利用火箭进行星际交通和建设近地轨道站的可能性，他找到了火箭和液体发动机结构的一系列重要工程技术解决方案，他的名言是："地球是人类的摇篮，但人类不可能永远被束缚在摇篮里。"

齐奥尔科夫斯基，1857年9月生于俄国梁赞一贫寒家庭，齐奥尔科夫斯基虽然自小热爱读书，但因贫穷不能去学校学习。他获得的唯一正规教育是在伊耶夫斯科的乡村学校里的学习。他10岁时患病，听觉几乎完全丧失，但他更加发奋读书，积极努力。他从家乡来到莫斯科，不畏艰苦，在莫斯科的图书馆花了整整3年时间自学了中学和大学课程，掌握了系统的高等数学、解析几何和微积分，以及物理学、天文学知识。他关于宇宙航行的思想似乎就是在这个时期产生的。他在1911年曾回忆说："在过去很长时间里，我也和其他人一样，认为火箭不过是一种少有用途的玩具。我已很难准确回忆起我是怎样开始计算有

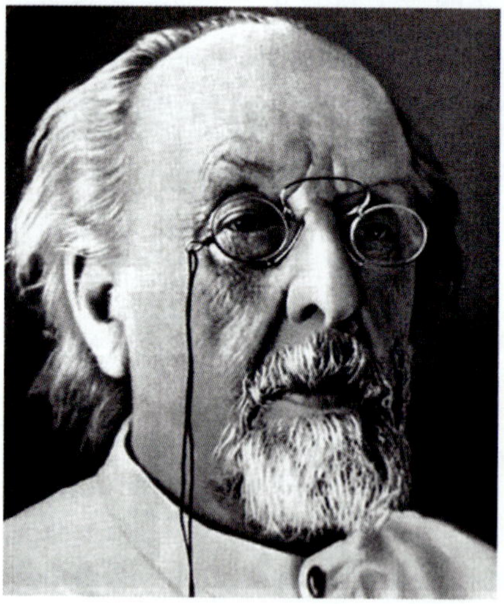

宇航学家齐奥尔科夫斯基

关火箭的问题。对我来说，第一颗太空飞行思想的种子是由儒勒·凡尔纳的幻想小说播下的，它在我的头脑里形成了确定的方向。我开始把它作为一种严肃的活动。”

在自学的同时，他还开始了独立的研究工作。1883 年春，他完成了他的第一篇论文《自由空间》，该论文首次提出宇宙飞船的喷气运动原理。1898 年，他在论文《利用喷气式器械探测宇宙空间》中，阐述了火箭飞行理论，首创液体燃料火箭的设想和原理图，论述了将火箭用于星际交通的可能性，他还提出为实现飞往其他行星的设想，必须设置地球卫星式的中间站。这是他一生中最重要的学术著作。他画出了火箭结构示意图，并且论证了之后成为宇宙航行基本公式的火箭速度公式。接着，他又于 1910 年、1911 年、1912 年和 1914 年在《科学报告》上发表了多篇关于火箭理论和太空飞行的论文。这些出色的著作系统地建立起了航天学的理论基础。他于 1927 年发表气垫列车理论和方案，1932 年发表喷气式飞机在平流层的飞行原理和一些高超音速飞机的构造方案，1929 年又提出多级火箭的结构理论。他还写出了许多科普、科幻著作，《宇宙的召唤》和《在地球之外》是他的代表作。这些奠定了齐奥尔科夫斯基在人类宇航理论的领先地位。

《在地球之外》大约是齐奥尔科夫斯基在 1896 年开始写的，内容却是 2017 年发生的事。20 名不同国籍的科学家乘坐火箭飞船飞出大气层，进入环绕地球的轨道，处于有趣的失重状态。他们建成了大温室，种出了足够食用的蔬菜、水果。他们穿上宇宙服从飞船走出，在太空中飘游。然后，飞船又飞向月球，其中的两个人乘月球车在月球表面着陆，进行科学考察后又乘火箭离去，与在环绕月球轨道上等候的母船会合。在

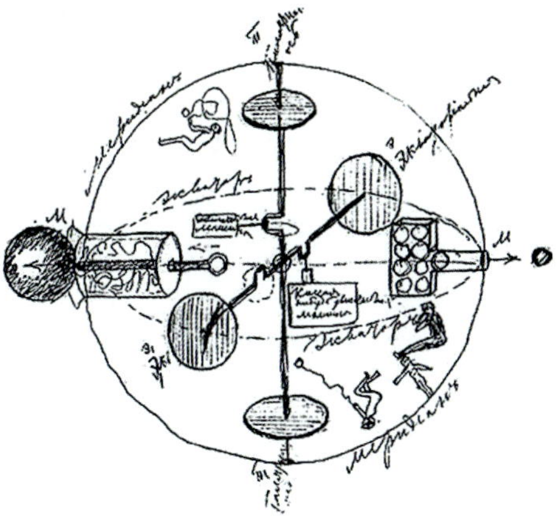

齐奥尔科夫斯基手绘的宇宙飞船设计图

这些先驱者的鼓舞下，地球上的人们也大量转移到外层空间，住进环绕地球轨道上的温室住宅里。而那 20 名探险家则继续飞到了火星附近，途中曾降落在一颗无名小行星上。许多年过去后，他们成功地返回地球，重新住进了建在喜马拉雅山上的科学城堡。

齐奥尔科夫斯基因其杰出的科学成就，在俄国乃至世界享有盛誉。德国航天先驱奥伯特曾在致齐奥尔科夫斯基的信中说：“您已经点燃了火炬，我们绝不会让它熄灭。让我们尽最大的努力，以实现人类最伟大的梦想。”他被誉为“俄罗斯航天之父”，月球上的一座环形山也以齐奥尔科夫斯基命名。

第十五章　苏维埃时期的文化

第一节　十月革命和苏维埃新文化的建立

1914年第一次世界大战爆发后，俄国强征1500万壮劳力入伍，几乎占全俄男性劳动力的1/2，使大片土地荒芜、工厂倒闭；战争使国债激增，从1913年的88亿卢布增加到1917年的500亿卢布；俄军在战场上接连失利，丢失大片土地，伤亡数百万人，进一步加剧了社会危机。

1917年3月10日，彼得格勒出现了30万人的全市政治总罢工。11日，有近200名工人被军警开枪打死打伤，激起工人更大规模的反抗斗争。12日—13日，10多万名士兵在革命高潮的影响下，站到了起义工人一边。他们并肩战斗，攻打兵工厂、军械库、发电厂和火车站，捣毁警察局和监狱，释放政治犯。起义者占领了彼得保罗要塞和冬宫，逮捕了政府大臣。彼得格勒的胜利迅速扩展到全国。3月15日，沙皇尼古拉二世被迫宣布退位，统治俄国300余年之久的罗曼诺夫王朝结束。这时，在俄国出现了资产阶级临时政府和工兵代表苏维埃两个政权并存的罕见局面。

7月3日，彼得格勒再次爆发大规模示威游行，工人和士兵群情激愤，要求立即发动武装起义推翻临时政府，但布尔什维克党认为时机尚不成熟，在劝阻的同时，继续组织和平示威游行。7月17日，临时政府从前线调回军队，向参加示威游行的彼得格勒工人和士兵开枪，造成600余人伤亡。随后临时政府宣布彼得格勒戒严，查封了布尔什维克的《真理报》，并以“叛国”和“组织武装暴动”的罪名通缉列宁。临时政府还发布了解除工人武装、解散示威游行的队伍、禁止群众集会、在前线恢复死刑等命令。这场事变标志着两个政权并存局面结束，资产阶级临时政府完全掌握了政权。此后，俄国政治形势发生急剧变化，通过和平方式，使政权转归苏维埃已经不可能。苏维埃大会号召工人、革命士兵和贫苦农民准备武装起义，同资产阶级展开决战。

1917年11月6日晚，列宁化装来到斯莫尔尼宫指挥武装起义。入夜，起义达到高潮。25日凌晨，起义队伍已经占领了电报总局、电话总局、发电厂、通讯社、国家银行、火车站和桥梁等重要目标。7日（俄历10月25日）上午，除冬宫外，整个彼得格勒都掌握在起义者手中。晚9时40分，阿芙乐尔号巡洋舰发出攻打冬宫的信号，凌晨1时，起义者冲进冬宫，与守军进行了殊

圣彼得堡冬宫

死搏斗，逮捕了临时政府的部长，最终占领了冬宫，彼得格勒武装起义取得了彻底胜利。在攻打冬宫的同时，11 月 7 日晚，全俄工兵代表苏维埃第二次代表大会在斯莫尔尼宫开幕。大会通过了《告工人、士兵和农民书》，宣布代表大会已经把政权掌握在自己手中。大会成立了由 15 名布尔什维克组成的第一届苏维埃政府人民委员会，列宁当选为人民委员会主席。苏维埃政府的建立宣告了世界上第一个社会主义国家的诞生。

十月革命的胜利在俄罗斯文明史上具有划时代的意义，它标志着一种主宰国家命运的新体制——社会主义制度诞生。苏联的成立使社会主义从理想变成一种社会制度，出现在欧亚大地。到 1940 年，加入这个社会主义联盟的共和国已达 15 个。社会主义的苏联与沙俄帝国的本质区别在于，它是以消灭人剥削人的制度为基础而建立和发展起来的。苏维埃政权的建立使长期处于被压迫状态的广大人民群众成为国家的主人。

十月革命中的列宁

为了更好地建设社会主义的物质基础，首要的任务是提高建设者的素质，使苏维埃文化成为人民大众的文化。数个世纪以来，俄国的文化几乎是清一色的精英文化。俄国最先接受文化教育的是王公贵族，到 19 世纪中叶以后，知识分子队伍才扩大到平民阶层。俄国史上的两代知识分子（贵族知识分子和平民知识分子）都产生于有产者阶层，而广大的下层人民则没有受教育的机会和权利，其文化水平极为低下。要改变当时的文化状况，就必须加大宣传和投入力度。因此，苏联党和国家在国民文化的发展中一直发挥着积极的干预作用。通过国家组织和社会组织系统，共产党促进了国民教育、医疗卫生、文学艺术的发展，开展了以马克思列宁主义理论为指导的思想政治工作。国家向文化的各个领域大量拨款，为国民文化的发展提供了可靠的物质保障。自第一个五年计划起，苏联的文化建设在全国范围内普遍展开，到第二个五年计划末，扫盲运动宣告结束，普遍义务教育制度在城乡实施，新型的知识分子队伍建立起来。正是有了坚实的人才资源基础，才使苏联后来在科学发展方面取得了举世瞩目的成就，攻克了掌握原子能和征服宇宙等尖端课题。

与此同时，苏维埃政权还十分重视国民体质的增强。“健康的精神寓于强健的体魄之中”这句古老的谚语普遍为苏联人所熟知。苏联的医疗保健事业发展迅速，免费医疗和定期体检等制度充分保障了国民的身体健康，而众多卫生防疫站的建立则使流行病的发病率大大降低，苏联在全民健身活动中所取得的成就尤为显著。在苏联，体育不仅是国民普通教育的有机组成部分，而且还被看作是共产主义教育的一部分。苏联的体育组织形式包括作为普通教学科目的体育、专业体育教育和群众性的业余体育。体育学校是培养专业体育人才的摇篮，苏联的体育学校分为少年体育学校（始建于1934年）、奥林匹克后备运动员体育学校和高超运动技巧体育学校，它们为培养世界一流水平的体育运动员做出了杰出的贡献。20世纪30—50年代，苏联还设立了功勋体育健将（1934年）、全苏级裁判（1934年）、苏联体育健将（1935年）和苏联功勋教练（1956年）等称号。苏联党、国家和各级体育人才的共同努力使苏联在各届奥运会上的体育竞赛成绩名列前茅，苏联因此获得了体育强国的美誉。另外，苏联群众性的业余体育活动也在悄然兴起。20世纪20至30年代，由工会、军队等部门组织的体育爱好者社会团体体育俱乐部成立，一些类似于体育协会的非官方组织出现。1959年，全苏多项运动的体育协会改名为全苏体育联合会。为了保持体育强国地位，1992年，俄罗斯也依照苏联的方式设立俄罗斯联邦功勋体育健将、功勋教练等称号。同时，将民间体育联合会的传统继承下来，命名为俄罗斯联邦体育联合会。

苏维埃政权自建立之初就明确宣布，保障俄国境内各民族拥有真正的自决权。1917 年 11 月颁布的《俄国各族人民权利宣言》就是新政权向各族人民发出的权利保证书。为了履行诺言，苏联在教育、科学、图书馆事业、博物馆事业和档案馆事业方面都采取了统一的国家政策。苏联在落后民族区域的文化建设中发挥了主力军作用。俄罗斯联邦教育人民委员部内设有少数民族教育局（1921 年起改为非俄语民族教育事务局），在 20 世纪 20 年代，为组族建民族语言学校、保障这些学校的师资和课本供应做了大量的工作，还开展过全国性的少数民族语言（如莫尔多瓦语、马里语、科米语、楚瓦什语等语种）的识字竞赛。另外，国家还组织苏联自然科学家、考古学家和民族学家对民族地区自然资源、历史资源和人民生存现状进行考察。各共和国都创办了培养民族干部和知识分子的民族高校，莫斯科和列宁格勒的艺术高校还为各民族培养了一大批艺术家。合作性的展览、音乐会、巡回演出、代表团互访，这一切都加强了苏联各民族知识分子间的联系，加深了广大人民对各民族文化成就的认识。各民族地区的文化遗产逐渐变成全联盟人民共同拥有的精神财富。少数民族地区文化的快速发展是苏联国民整体文化素质提高的一个明显标志。

当然，由于苏联的政治和经济体制存在着严重的弊端，苏联文化事业的发展受到了不同程度的限制，文化资源的潜力没有得到充分的发挥。20 世纪 20 年代末到 30 年代初形成的行政命令体制使社会主义的许多原则被扭曲，最终导致苏维埃初期掀起的文化高潮降温，文化建设进程受阻。苏联对文化建设采取了简单的行政命令手段。20 世纪 30 至 50 年代的肃反扩大化给文化界带来了不可估量的损失，也影响了社会道德水平的提高。虽然后来的苏联领导人（赫鲁晓夫、勃列日涅夫和戈尔巴乔夫）曾先后掀起过三次改革浪潮，试图对畸形的“斯大林模式”进行局部的调整，但这些改革最终都没有超出“斯大林模式”的框架。20 世纪 50 年代的改革使苏联的文化生活出现了短暂的“解冻”时期，但十年以后，苏联文化又恢复了旧时的状态。在 20 世纪 60 年代末至 80 年代初的“停滞”时期，高度集中体制下形成的指令性计划经济模式使国家的经济生活变成了一潭死水，概念化和公式化使文化也丧失了其应有的活力。正如官方经济导致了“影子经济”的盛行一样，主流文化的僵化导致了“持不同政见运动”的蔓延，人们在徘徊和彷徨中，对苏联文化的现实和未来感到迷茫。苏联领导人戈尔巴乔夫曾提出过全方位改革苏联社会的构想。一时间，“民主化”“公开性”和“多元化”等词成为苏联文化领域中极富诱惑力的字眼。但是，苏共长期教条对待马克思主义、长期僵化对待社会主义、长期忽视人民生活水平的提高、长期缺乏社会主义民主和法治、长期不能正确处理民族关系和民族矛盾、长期放松执政党自身建设，使共产党的执政地位丧失，世界上第一个社会主义国家最终宣告解体。总之，苏联文化的发展轨迹基本上是与苏联的政治演变史相吻合的。文化既是一种社会现象，又是一种历史现象，与物质力量相比，它是国家发展中更基本、更深沉、更持久的力量。从某种意义上来说，苏联文化是苏联社会政治变化的晴雨表。

第二节　国民教育

十月革命胜利后，列宁强调为把十月革命所开创的伟大事业进行到底，必须抓紧教育。因为随着战争的停止，教育问题将处于越来越重要的地位。广大工人、农民文化水平低是建设社会主义的主要障碍，不克服这一点，社会主义事业就不能胜利。列宁明确指出，“我们所缺少的主要东西就是文化”，他认为摆在全国人民面前的“最重要的任务就是学习再学习”。发展教育的紧迫性和必要性不仅表现在经济建设上，也反映在国家政权建设上。列宁深刻地指出产生官僚主义的主要原因之一就是文化落后，因为文化落后性“贬低了苏维埃政权并使官僚制度复活”。只有进行最广泛的民众教育和训练，才能使工人阶级真正地担负起管理国家的任务。

十月革命前俄国的文化非常落后，成年人中文盲占1/3以上。少数民族地区情况更加严重，文盲在塔吉克人中占99.5%，在吉尔吉斯人中占98%，在亚库特和土库曼人中占99.3%，在乌兹别克人中占98.4%。为了迅速改变这种情况，俄共（布）中央和苏维埃政府在十月革命后，立即把扫盲问题提上日程。列宁不断对扫盲问题作出一系列重要指示。据克鲁普斯卡娅回忆，在他生命的最后日子里，列宁想口授而未能口授成的最后一篇文章，就是论述扫盲问题的。

1919 年 5 月，列宁发出“动员识字者来扫除文盲”的号召。同年 12 月 26 日，人民委员会颁布了由列宁签署的《关于在俄罗斯苏维埃联邦社会主义共和国居民中扫除文盲的法令》（以下简称《扫盲法令》），宣布了全国扫盲运动的开始。《扫盲法令》规定，凡 8 岁至 50 岁的不会读和写的居民，必须按自愿原则让其学习本民族文字或俄文。此项教学，在当时的国立学校以及根据教育人民委员部为扫盲设立的学校中进行。对逃避该法令规定的义务和阻碍扫盲学习者的，必须追究其刑事责任。1920 年 7 月 19 日，苏维埃政府成立了全国扫盲非常委员会，地方上也成立了相应的委员会，有力地推动了全国性的扫盲运动。1921 年 3 月，俄共（布）通过了向新经济政策过渡的决议。随着党的工作重心从战争转变到社会主义经济建设上来，在新经济政策初期却出现了轻视文化教育的倾向，给扫盲运动带来了消极的影响。以列宁为代表的苏维埃政权及时纠正了这个问题。列宁当时明确指出，文盲现象是当时苏维埃俄国的三大敌人之一，扫盲依然是党和国家的重大政治任务，如果这个起码的任务还没有完成，那么，谈新经济政策是很可笑的。

20 世纪 20 年代中期，苏联开始推行国家工业化和农业集体化。工农业生产的蓬勃发展为大规模的文化建设提供了有利的物质条件，也对文化教育提出了新的要求。1928 年—1932 年，苏联开始执行第一个五年计划。在此期间，教育战线的主要任务是深入开展扫盲运动。1929 年 5 月 17 日，联共（布）中央通过了《关于扫除文盲工作的决议》，强调必须使扫盲工作成为动员劳动群众完成第一个五年计划的各项任务的重要内容。

在扫盲运动不断取得新成就的基础上，联共（布）中央执行委员会和人民委员会在 1930 年 8 月通过了《关于普及初等教育的决议》。1933 至 1937 年，苏联共开办了两万多所新学校，其数量大约相当于沙皇俄国 200 年间所建立学校数量的总和。1930 年—1939 年，共有 8500 多万人参加了扫盲学习。1939 年，苏联扫盲和初等教育事业取得了决定性的胜利，全国人口中的

89.1% 已经能识字。

1941 年苏联卫国战争的爆发给苏联实现普及七年制义务教育带来了许多的困难，各级学校的主要任务是照顾好学生的健康和安全。1942 年，根据苏联人民委员会的指示，各地成立了克服儿童无人照管现象委员会，设立了少年之家和儿童收容所。苏联政府在极端困难的条件下，为实现普及教育进行了积极的努力。

为夺取反法西斯战争的胜利，成千上万的教师、高年级学生、大学生满怀爱国主义的激情离开学校，走上战场；还有一些教师和学生留在后方，积极从事防御工事建设、卫生救护或疏散老人、妇女及儿童。还有一些学生留在学校里，他们在教师的带领下，认真学习语文、历史、地理、物理、化学、生物等课程。这些课程教学在战争的条件下表现出鲜明的特点，那就是整个教育教学工作，自始至终表现出强烈的爱国主义精神，培养了学生大无畏的斗争精神、勇敢精神和严格的组织性、纪律性。为保卫祖国英勇献身的青年英雄卓娅和舒拉、马特洛索夫等，成为青年一代学习的榜样。

第二次世界大战结束后，苏联教育在恢复和发展苏联国民经济第一个战后五年计划期间（1946 年—1950 年）得到了较大的发展。到 1950 年—1951 学年，开办的普通学校已经超过 22 万所，在校学生达 3500 万人。在此期间，苏联教育发展历史上最重要的事情是普及七年制义务教育（1949 年）。1956 年开始开办“寄宿学校”，主要接收战争中失去双亲或母亲的儿童，以及战争残疾者或劳动致残者的子女。他们在校的费用完全由国家负担。为了适应战后恢复和发展国民经济的需要，学校中的综合技术教育占有越来越重要的地位。1956 年召开的苏共第二十次代表大会的决议中，再次强调在普通学校实行综合技术教育，使学生了解现代工农业生产的最重要部门。为了推动教育事业的发展，这一时期还出版了克鲁普斯卡娅、卢那察尔斯基，以及乌申斯基等人的著作，进一步丰富和发展了苏联的教育学理论。

20 世纪 60 年代以后，苏联教育进入了一个新的发展阶段。其主要成就表现为在全国普及中等义务教育。学生在 8 年制学校毕业后，在“完全的普通中学（10 年制）”“普通中学（9—10 年制）”“中等专业学校（3—

4 年）”“中等职业技术学校（3—4 年）”等学校可继续学习。1975 年，有 86% 的适龄青年接受了完全的中等教育。此外，在教育实践中，苏联不断形成新的教育理论，其中影响较大的是苏联教育科学院院士苏霍姆林斯基的教育理论。他的代表作有《同年轻校长的谈话》《中小学生的精神世界》《集体教育的方法论等》。在这些著述中，他强调对学生的教育应体现出社会主义的人道主义精神，教育的前提是热爱和尊重儿童，教师要真诚和有同情心，特别要尊重学生的人格，使他们的身心健康得到全面的发展。为了对高年级学生进行劳动教育和职业指导，20 世纪 70 年代，苏联广泛建立了教学生产联合体，职业技术教育也得到了系统的发展。80 年代初，一些改革派教育学家针对学校教育中存在的迫切问题，如学生学习兴趣下降、忽视素质培养以及教学中的形式主义等，提出了改革学校教育的方案。方案制订了以普通职业教育来补充对青年的中等教育的方针，1984 年，改革在全国范围内展开。1985 年，苏联的大学数量达到了 69 所。在各加盟共和国、大多数州里，都建立了大型教育中心。不过，直到苏联解体前，国民教育的整体管理方式仍属于粗放型，无论在专家培养体系方面，还是在高校人才的培养方面，都没有摸索到更加有效的集约化的人才培养举措。高校资源的利用不足也是长期困扰苏联教育的一大难题。

第三节　文　学

十月革命的胜利使无产阶级思想体系在苏维埃国家生活中占据了统治地位。为了建立新型的文化，苏维埃政权首先加强无产阶级的意识形态宣传，并以此为阵地，逐渐将资产阶级的思想体系排挤出历史舞台。苏维埃采取的措施是：建立马克思主义社会科学中心，如马克思恩格斯研究院、红色教授学院、东方劳动者共产主义大学等，来培养工农出身的人才；将马克思主义思想理论纳入高校必修课程；对待非无产阶级出身的知识分子的态度是说服、感化和扶持，使他们经过改造后能够在无产阶级的文化中发挥积极作用。

文学和艺术是思想冲突最为激烈的领域之一。苏维埃政权建立初期，文学艺术领域流派纷呈，数量繁多。仅在20世纪20年代的莫斯科，文学艺术团体就有30多个。如“锻冶场”（1920年成立）、“谢拉皮翁兄弟”（1921年成立）、“莫斯科无产阶级作家协会”（即“莫普”，1923年成立）、“左翼艺术阵线”（即“列夫”，1922年成立）、“超越”（1923年成立）、“俄罗斯无产阶级作家协会”（即“拉普”，1925年成立）等。这一局面的出现是列宁正确的文艺路线的结果。列宁曾在1920年—1922年亲自领导了思想文化领域的一系列斗争，他既反对以无产阶级文化派的观点为代表的极“左”的文化思潮，又不赞成来自“右”的方面的“出版自由”的主张，强调对过去的文化遗产采取扬弃的态度，坚持对不同的文化部门采取不同的政策，给艺术创作以应有的自主权。可惜，列宁的早逝使这些思想没有能够长久地在实际中得到贯彻。

20世纪20年代末以后，随着“斯大林模式”的形成，苏联的文学创作被严格地控制在意识形态的框架中。1934年，苏联作家第一次全苏代表大会在莫斯科举行。作家马克西姆·高尔基（1868年—1936年）是苏联作协的发起人和第一任主席，会议将社会主义现实主义确定为苏联文学的主导方针。从此，俄苏文学分成三个方向：以社会主义现实主义为特征的官方主流文学（代表人物为高尔基、马雅可夫斯基、肖洛霍夫等）、不为官方所承认且不能及时在苏联出版的内侨文学（代表人物为布尔加科夫、阿赫玛托娃、普拉东诺夫等）和外侨文学（代表人物为布宁、纳鲍科夫、什梅廖夫等）。其中，外侨文学由于远离祖国，其乡土气息日渐淡薄，这类作品逐渐失去了读者；内侨文学长期处于严格的审查中；社会主义现实主义文学曾试图建立自己独特的体系，但最终并没有成功。该流派中曾产生过一批反映苏联社会主义革命和建设的优秀作品，然而，由于忽视艺术创作的基本规律，其中一部分作品已经脱离了艺术的框架，致使社会影响力大大降低。

通常，在苏联文学史上，高尔基被称作苏联社会主义现实主义文学的奠基人。的确，高尔基作为现实主义的文学大师是当之无愧的。自20世纪初，高尔基就已经成为“白银时代”现实主义文学的中坚人物。他的早期作品《海燕之歌》（1901 年）、剧作《底层》（1902 年）和长篇小说《母亲》（1906 年—1907 年）都显示出鲜明的社会批判倾向。他在 20 世纪 20—30 年代创作的长篇小说《克里姆·萨姆金的一生》（1925 年—1936 年）反映了旧世界崩溃不可避免及革命形势日趋逼近的主题，体现了作者对现实的思考和对未来的预测。然而，作为苏联文学的“一代宗师”，高尔基的思想却是十分复杂的，有时甚至是矛盾的，他的创作融入了欧洲多种文学艺术思潮。高尔基的早期文集《随笔与短篇》（3 卷本，1898 年—1899 年）曾在俄国文坛产生了强烈的反响，他对新自由道德的载体——流浪汉形象的塑造明显地受到了尼采思想的影响。他的中篇小说《忏悔》（1908 年）在文学批评界引起了激烈的争论，作品首次提出了“造神说”这一哲学伦理思潮，得到了诗人布洛克的高度评价。1917 年—1918 年，他发表了一系列文章，谴责武装夺权和内战时期的红色恐怖活动，这些文章收集成册，题为“不合时宜的思想”；1921 年—1933 年，高尔基的绝大多数时光都是在国外度过的。旅居国外期间，他仍密切关注着国内的文学和社会生活。他既为国内的建设成就高兴，同时又对苏联官方的极左思想感到不满。他的晚期作品《阿尔达莫诺夫一家的事业》（1925 年）和《克里姆·萨姆金的一生》是现实主义和现代主义艺术流派相结合的产物。

从文学体裁上看，20 世纪初，在战争与革命的环境下，苏联文学的主导性体裁是短小精悍的评论、消遣性作品和抒情诗等。1917 年—1921 年是苏联诗歌的繁盛时期，歌颂革命的诗人（如马雅科夫斯基、别德内等）和不赞成革命的诗人（沃洛申、普宁、吉皮乌斯等）都十分活跃。一些新人，如帕斯捷尔纳克和吉洪诺夫等开始步入文坛。1921 年，苏联文学中出现了第一批长篇小说，如扎布林的《两个世界》等。到 20 世纪 30 年代，长篇小说成为令人瞩目的文学体裁。这时，革命和社会主义建设成为文学创作的主要题材，除了高尔基的作品，肖洛霍夫的长篇小说《静静的顿河》（1928 年—1940 年）、奥斯特洛夫斯基的长篇小说《钢铁是怎样炼成的》（1934 年）都是这一时期的代表作。

20 世纪 30 年代，苏联在文学艺术领域展开了批判“形式主义”的斗争。

受无冲突论思想的驱使，一些文学家和艺术理论家主张文艺作品应当以突出正面人物为主。因此，20 世纪 30 年代下半期，一些体裁，如讽刺文学等，都被视为过时的体裁，许多题材成为禁区，社会主义现实主义文学被赋予了更多的意识形态内容。当时产生的许多“别出心裁”的作品都没能及时地与读者见面。布尔加科夫的《大师和玛格丽特》直到 1966 年才出版，普拉东诺夫的《初生海》《基坑》和《切文古尔镇》1986 年—1988 年间才初次与读者见面，阿赫马托娃的《安魂曲》1987 年才问世。

在 1941 年—1945 年的卫国战争期间，苏联各族人民同法西斯侵略者的正义斗争成为时代的主旋律，国家意识形态工作的重心也随之发生了转移，爱国主义成为苏联人民精神力量的核心。作家们纷纷挥笔，号召人民保卫祖国，战胜法西斯，通过对祖国历史的回忆来激发人民千余年来所积累的爱国情绪。许多作家，如苏尔科夫、西蒙诺夫、肖洛霍夫、法捷耶夫和吉洪诺夫等都上过前线。他们同战壕中的战士交谈，亲身体验战争生活，及时将战争生活以文学作品的形式向人民进行宣传，曾有 10 名作家（如博尔津科、嘉尔等）荣获了“苏联英雄”称号。特瓦尔多夫斯基的长诗《瓦西里·焦尔金》、西蒙诺夫的政论和诗作、爱伦堡的政论文章在当时都广为流传。一些剧作的脚本，如列昂诺夫的《侵略》、西蒙诺夫的《俄罗斯人》、考涅楚克的《前线》等，也通过权威性的报纸刊登出来。战时文学在题材上的共同点是以纪实材料为基础。

战争初期，苏联文学的体裁以政论文、随笔和短篇小说为主，纯艺术性的散文较为少见。从 1942 年起，苏联战时的第一批中篇小说开始问世，作家们将注意力转向莫斯科保卫战和斯大林格勒保卫战中的具体事件。格洛斯曼的作品《人民不死》堪称战时最成功的中篇小说之一。战争期间，肖洛霍夫的长篇小说《他们为祖国而战》的部分章节发表，这是苏联卫国战争期间的第一部长篇小说。许多作家还转向祖国历史，寻找俄罗斯人民爱国主义激情的源头。鲍罗金的长篇小说《顿河王季米特里》、希什科夫的《叶麦里扬·普加乔夫》等都是这一时期的代表作。战争题材在战争期间成为作家们创作的主攻方向，即使在战后初期，再现战争生活的作品仍在苏联文坛上占据主导地位。作家波列沃依的小说《一个真正人的故事》和法捷耶夫的小说《青年近卫军》歌颂了苏联人民在保卫祖国的战争中所表现出的英雄主义气概和高尚的道德情操。在战争题材的诗歌中，诗人苏里科夫和西蒙诺夫的作品在战后初期几乎家喻户晓。

战争使苏联人的心态发生了明显的变化。战争中人民曾不惜用鲜血和生命来捍卫和平，经过战争的洗礼，人民的个人尊严感加强。面对着满目疮痍的祖国，人民希望将战争中的爱国主义和英雄主义精神化为国家恢复与建设时期的首创精神和主人翁责任感，希望有一个自由宽松的发展环境，以便更好地发挥个人潜能。然而，人民的美好愿望并没有实现。苏联在第二次世界大战中的胜利使斯大林的威望和声誉空前提高，在某种程度上也导致了第二次“大清洗运动”的发生。在苏联国内，这位“人民之父”的言论被视为无可争辩的真理，苏联共产党的历史和苏维埃社会的历史继续以《联共（布）党史简明教程》为基准，苏联共产党在意识形态工作中不断强化行政命令体制。1946 年—1948 年间，联共（布）通过了四项决议，即《关于〈星〉和〈列宁格勒〉两杂志》《关于剧院的上演节目及其改造办法》《关于影片〈伟大的生活〉》和《关于穆拉杰利的歌剧〈伟大的友谊〉》。决议指责苏联作家、记者、作曲家、电影和剧作家等艺术家们忽视政治、缺乏原则，认为他们宣扬了资产阶级的意识形态，呼吁文学艺术家们去创造反映苏联人民劳动功勋的、具有高度思想性的艺术作品。决议对阿赫马托娃、左琴科、穆拉杰利等作家的作品作出了不公正的甚至是侮辱性的评价。自此，苏联文学被严格地控制在单一的模式中，文坛上教条主义、僵化意识、理论与实践的脱离等倾向颇为明显。1945 年—1955 年间，帕斯捷尔纳克完成了小说《日瓦格医生》的创作。由于作品反映的主题与官方的舆论导向不相吻合，这部曾于 1958 年就获得过诺贝尔文学奖的作品，30 年以后才第一次在苏联国内发表。

斯大林去世以后，苏共新的领导人赫鲁晓夫开始对斯大林“大清洗”时期的个别案件进行重新审查，这表明苏联共产党的政策出现了新的动向。1956 年，在苏共二十大的一次会议上，赫鲁晓夫做了题为“关于个人崇拜及其后果”的报告，文中揭露了斯大林个人崇拜及“大清洗”给人民带来的严重恶

各个时期出版的英文版《日瓦格医生》封面

果，批判了斯大林时期发生的一些践踏法制的行为。赫鲁晓夫的“秘密报告”首次触及斯大林破坏社会主义法制的问题，在社会思想界起到了“揭盖子”的作用。随之，国家重新审理斯大林时期的一些冤假错案，为那些在战前和战后无辜蒙难的人平反。同时，对把持国家安全机构的上层人士的犯罪行为进行追究。这时，国家政治、经济和文化生活等领域都出现了相对活跃的气氛。人们用作家爱伦堡的小说《解冻》（1954 年）这一称谓来概括自 20 世纪 50 年代中叶起至 60 年代初苏联文化的特征。

“解冻”时期，苏联文学中一改粉饰太平、轻描淡写地反映现实的作风，产生了一批展示生活本来面目、表现普通人生活和日常琐事、揭露社会阴暗面的作品，如奥维奇金的特写《区里的日常生活》、杜金采夫的小说《不只是为一面包》、舒克申的农村题材小说《村民》和《怪人》等。人们对卫国战争的思考也趋于多侧面性，许多作家将笔锋转向承受战争痛苦的普通人。肖洛霍夫的小说《一个人的遭遇》就是在这一时期完成的。西蒙诺夫的长篇三部曲《生者与死者》《士兵不是天生的》和《最后的夏天》是真实表现士兵战时日常生活的最优秀的作品之一。1958 年，苏共中央颁布决议，承认斯大林在 1946 年—1948 年间有关文学艺术的四项决议是错误的。不久，长期遭禁的诗人阿赫马托娃、左琴科、茨韦塔耶娃和叶赛宁等的诗集出版。新一代的诗人，如叶夫图申科、沃兹涅先斯基等步入文坛，苏联的散文和诗歌又出现了一个繁荣时期。1962 年，索尔仁尼琴的中篇小说《伊凡·杰尼索维奇》发表，这部小说打开了苏联文学的一个禁区，涉及了斯大林“大清洗”的主题，该书的发表成为“解冻”时期令人瞩目的现象。

1964 年，赫鲁晓夫因在内政和外交中表现出“主观主义和唯意志论”倾向而被解职，苏联党和国家的最高领导权转入勃列日涅夫手中。自 20 世纪 60 年代中期起，苏联文学中的“解冻”时期已经成为历史，勃列日涅夫对社会科学和思想意识形态领域加大行政限制的力度。在这种背景下，社会科学失去了应有的活力。国家机构臃肿、腐败现象盛行、人浮于事，表面上社会“安定”的背后隐藏着深刻的社会危机，这种状况一直持续到 20 世纪 80 年代中期，学术界通常将这一时期称为苏联社会政治、经济和文化的“停滞”时期。此时，苏联文化艺术领域分化为两个明显的层面——官方文化艺术和非官方文化艺术。由于官方所允许的思想、主题和形式都严格受到狭隘的条条框框的制约，官方文化发展迟缓。然而，值得注意的是，在当时的官方文学中，已经有一些作品超出了官方思想的限制。自 20 世纪 70 年代起，部分作家开始对“停滞”时期的精神文化进行思考。特里丰诺夫的作品《交换》《另一种生活》展示了城市知识分子日常生活的精神孤独感和悲剧性；艾特马托夫的长篇小说《断头台》尖锐地揭示出危害社会的精神痛苦。当然，“停滞”时期苏联文学中最活跃的领域当属不为官方所承认甚至受到排挤的非官方文学。非官方文学是伴随着国家对官方文学的限制而产生的，一些对苏联政策甚至对苏联的社会体制不满的作家虽遭到官方的批判，但仍不辍笔，他们转入“地下”，继续写作。他们甚至自办出版社，发表那些与官方思想不同的作品。至今仍流行于俄罗斯文坛的布尔加科夫、普拉东诺夫、阿赫马托娃和索尔仁尼琴的作品当时都是通过自办刊物面世的。在苏联的“持不同政见者”运动中，文学作品占有相当的比例。“停滞”时期，先后共有三名苏联作家获得过诺贝尔文学奖，他们是肖洛霍夫（1965 年）、索尔仁尼琴（1970 年）和布罗特斯基（1987 年），其中有两名是被苏联驱逐出境的“持不同政见者”。

1985 年，戈尔巴乔夫上台后，提出了全面改革苏联社会的一揽子构想。在论著《改革与新思维》中，戈尔巴乔夫对苏联以往的社会科学研究提出了严厉的批评。他指出，必须结束社会科学的僵化状况，使之具有更加广阔的发展空间。在戈氏所提出的“公开性”和“民主化”的口号下，人们的思想和言论不再受来自意识形态方面的任何限制。一些被忘却或隐入“地下”的文学作品开始回归，非官方文学在苏联成为公开的、合法的甚至是时髦的。1986 年 6 月，苏联作家协会第八次代表大会召开，一些代表提出废除作品审查，改组作家协会，使其不再是“衙门”的观点。会后，苏联文学界形成了相互对立的两派：“改革派”和“传统派”。

“改革派”也被称为“自由派”“西方派”或“民主派”，其代表人物有巴克拉诺夫、贝科夫、格拉宁、叶甫图申科、沃兹涅先斯基、雷巴科夫、沙特罗夫、柯罗季奇、维诺格拉多夫、萨尔诺夫等。与该派观点接近的作家有艾特马托夫、扎雷金等。该派掌握的主要刊物是《旗帜》《星火》《莫斯科新闻》。“传统派”的代表人物有邦达列夫、别洛夫、拉斯普京、普罗斯库林、库尼亚耶夫、沃罗宁、阿列克谢耶夫、柯日诺等。传统派的主要刊物有《我们的同时代人》《莫斯科》和《青年近卫军》。这两派在苏联文学的许多原则问题上都存在着矛盾。他们在各自控制的刊物上发表文章，宣传自己的文学主张，驳斥对方的观点。1987 年 4 月，全苏联作协理事会召开全体会议，改革派和传统派在会上展开了激烈的论战。如果说在这以前苏联文学界在一些问题上只是进行争论的话，那么在此之后，文学界的“内战”则公开爆发。这表明两派的矛盾已达到不可调和的地步。两派原则性的分歧主要表现在如何认识战后，特别是 20 世纪 60 年代以来苏联文学的成就；如何认识改革以来苏联文学界的形势；如何评价现代西方的文化；如何评价社会主义现实主义的原则等。在一些具体的文学问题上，如在评价帕斯捷尔纳克、普拉东诺夫、高尔基、马雅可夫斯基、叶赛宁等作家及对《阿尔巴特街的儿女们》（雷巴科夫著）、《日瓦格医生》（帕斯捷尔纳克著）、《人生与命运》（格罗斯曼著）等作品的评价上，双方观点都针锋相对。1989 年以后，随着苏联社会的进一步动荡，苏联文学界两派的斗争也不断升级。当苏联社会的“改革”转向否定列宁和列宁主义的时候，文学界迅速产生了回声。1989 年，第 6 期《十月》杂志发表了格罗斯曼的小说《一切都是流动的》。作品认为列宁“扼杀了俄罗斯过去最神圣的东西——自由”，进而指出十月革命是“一场悲剧”。同年，《新世界》杂志开始连载索尔仁尼琴的小说《古拉格群岛》。作者认为，非人的劳改营及一切“大镇压”均起源于列宁。此后，在《十月》《星火》《新世界》《文学评论》等文学刊物中否定列宁的文章不断出现。进入20世纪90年代以后，随着政治“多元化”思想的蔓延，共产党在苏联的执政地位发生了动摇，一些传统派作家也加入否定列宁和十月革命的潮流中。如索洛乌欣在《读列宁全集札记》《与上帝告别》《不把新酒装在旧瓶里》等文章或著作中，无端认为列宁关于无产阶级革命的理论和实践充满了“盲目性和狂热性”，十月革命造成的可悲结果“是不能弥补的”。

在1991年的“8・19”事件中，文学界的一些传统派作家支持以亚纳耶夫为首的国家紧急状态委员会，希望它能采取断然措施，结束国家的混乱局面，更多作家则采取了观望的态度。“8・19”事件后，原本不平静的苏联文学界更加波澜起伏。8月31日，苏联作家协会理事会书记处召开扩大会议，试图调解传统派和改革派之间的矛盾，俄罗斯联邦作协领导人却退出会场并于10月21日宣布成立俄罗斯作家协会。到1991年12月26日，即苏联解体时，苏联作家协会已经不复存在，各加盟共和国作协全部宣布独立。

第四节　雕塑和绘画

1918年，苏维埃政权颁布了《纪念碑宣传法令》，确定了通过造型宏伟的艺术品来宣传革命和社会主义建设的方针。不久，便产生了第一座新型雕塑作品——由舍尔乌多德完成的彼得格勒宫殿广场上的拉吉舍夫纪念碑。方尖碑这一俄罗斯传统的造型艺术形式在新时期也被发扬光大。1918年—1919年，建筑师奥希波夫在莫斯科创作出“苏维埃宪法”方尖碑。人物雕像是这一时期的主要美术创作类型。1922年，雕塑家安德烈耶夫为莫斯科大学旧楼塑造了革命家赫尔岑和奥加廖夫像。此外，该雕塑师还在前门建造了剧作家奥斯特洛夫斯基像，反映列宁生活的组雕也是安德烈耶夫的杰作。20世纪20—30年代，苏联另一位出色的雕塑家是沙德尔。他完成了大型雕像《工人》《农民》《播种者》《红军》等作品，还创作了反映 1905 年革命的雕塑《圆石块——无产阶级的武器》。

通常，苏联的造型艺术作品多以青铜、岩石等材料制成。20 世纪 30 年代后期，为了突出苏联社会主义国家雄厚的实力，不锈钢成为巨型雕塑的主要材料。1937 年，在巴黎世界博览会上，由雕塑家穆辛娜（1889 年—1953 年）设计，用不锈钢制成的高达 33 米的《工人和农庄女庄员》巨型雕塑，以独特的动感和活力吸引了诸多观众，成为以工农联盟为基础的苏联的象征。在莫斯科的苏联国民经济成就展览馆里，常年举行全苏联农业展览会。农展会的主要装饰物是巨型雕塑，它为各加盟共和国的艺术大师施展才能、表现造型艺术及实用艺术的民族风格提供了空间。农展会对苏联造型艺术的发展起到了积极的促进作用。

与造型艺术的主题相同，苏联绘画在 20 世纪二三十年代集中反映了革命战士及社会主义的建设者——人民的形象。苏俄内战期间，宣传画十分流行。宣传画大师莫尔的《你签名参加了志愿军了吗？》塑造了工人战士的形象。一种新的宣传艺术形式——“罗斯塔讽刺之窗”产生，它通过宣传画和四句诗歌来反映生活中的焦点问题。1922 年，苏维埃美术组织“革命的俄国画家协会”在巡回画展派协会的基础上成立，自 1928 年起，更名为“革命画家协会”。萨里扬、库普林、法里克等都是这一协会的著名画家。20 世纪 20 年代，刻画列宁生活及活动的风景画和线条画大批涌现。20 世纪 30 年代，苏联政府开始对绘画艺术进行统一管理和控制。各种画家团体被取消，“统一”的苏联画家联合会成立。为了宣传社会主义工业化的成就，全联盟范围内的著名画家作品巡回展经常举行。作品的主人公多为五年计划的突击手、苏联社会主义工业化的建设者等英雄人物。绘画展有助于加强苏联各民族画家间的联系和了解，推动了苏联绘画艺术的发展。1932 年，全俄美术学院和绘画、雕塑、建筑学院成立。在斯大林个人崇拜盛行的 20 世纪 30 年代，斯大林肖像画遍布全国各个角落，费洛诺夫和布洛德斯基创作的斯大林肖像画最为有名。

伟大的卫国战争一开始，苏联美术家们便积极投身保卫祖国的行列中。

艺术家们纷纷举办架上画、线条画和雕塑作品展览，通过逼真的美术作品进行爱国主义思想宣传。军事题材成为美术家们的主要创作素材。雕塑以充满英雄主义精神的肖像作品为主。穆辛娜的雕塑《女游击队员》（1942 年）、乌切季奇的雕塑《将军切尔尼亚霍夫斯基》都是战争时期的佳作。战争暂时中断了苏联纪念碑艺术创作的发展，但是纪念物的设计一直在进行。1941 年，雕塑家曼努伊洛夫、莫吉列夫斯基等完成了苏联英雄潘菲洛夫将军纪念碑的设计工作。1945 年—1949 年，苏联雕塑家乌切季奇和建筑师别洛波尔斯基共同设计了柏林的《苏联军人——解放者》雕塑，以此来缅怀为解放东欧各国人民而牺牲的苏军官兵。战争时期，苏联绘画的特点是：内容精练、创作手法简单、直截了当和具有宣传画性质。格拉希莫夫的油画《游击队员的母亲》（1942 年）和杰伊涅卡的《塞瓦斯托波尔保卫战》（1942 年）都是这一时期的优秀作品。

战后及整个 20 世纪 50 年代，苏联的纪念碑艺术都在突飞猛进地向前发展，作品的主人公包括战争英雄、历史人物及文化活动家等。1953 年，由奥尔洛夫、安德罗波夫和斯塔姆设计的莫斯科创立者长手尤里的纪念碑在莫斯科市政府广场上落成；1957 年，安尼库申创作的普希金纪念碑安放在列宁格勒俄罗斯美术馆前的广场上。这一时期，老一代雕塑家穆辛娜巨型雕塑作品——柴可夫斯基纪念碑问世。“解冻”时期，苏联绘画艺术中出现了“新先锋派”，该流派试图将 19、20 世纪之交的先锋派传统发扬光大。但是，短暂的“解冻”时期并没有使新先锋派得以长期落脚。1962 年，赫鲁晓夫在参观莫斯科画家作品展览时，批评非官方流派为“脱离人民”的“形式主义”的艺术。苏联的绘画艺术继续沿着官方指定的道路发展。20 世纪 60 年代初，苏联艺术创作中出现了新的趋势——“严肃风格”。这一时期的艺术作品突出不妥协性和近乎冷酷的铁面无私，追求动态性及情节的简洁性。

20 世纪 70 年代，在苏联享有盛誉的雕塑家有索科洛娃、波洛科娃和沙霍夫斯基等。他们都曾潜心研究过老一代雕塑大师马特维耶夫的风格。20 世纪 50 年代中期，他们开始了自己的美术生涯。起初，他们曾以浪漫主义手法来体现生活，歌颂他们的冷面主人公。后来，又转向对生活感受的个性化的、富有表现力的解释，以此确立了他们创作的人道主义风格。这些雕塑家的创作反映了自 20 世纪 50 年代中期起步的整整一代苏联雕塑家美学思想的历史流变。20 世纪 70 年代，一些画家和雕塑家开始追求题材标新立异，富于哲理性的题材在美术作品中出现。

1980 年，莫斯科政府在马涅什广场举办了征集俯首山大型建筑群设计图案的竞赛活动，建筑师波良斯基设计的伟大卫国战争纪念馆和圣约翰大教堂图案一举夺魁。同年，另一位苏联当代美术大师格拉祖诺夫获得了“人民画家”的称号。格拉祖诺夫的作品包括风景画、线条画和肖像画等多种形式。20 世纪 70—90 年代，他以自己独特的创作再现了俄国千余年的历史画面，代表作有《永恒的罗斯》和《我的生活》等。他根据联合国教科文组织的建议创作的大幅风景墙画《苏联各族人民对世界文化和文明的贡献》现存放在联合国教科文组织本部，与毕加索及其他世界美术大师的作品排列在一起。1989 年，格拉祖诺夫成为俄罗斯绘画、雕塑和建筑学院的创立者和第一任校长。

戈尔巴乔夫上台后，苏联的绘画及造型艺术也随着社会变革发生了根本性的变化。各种美术流派纷纷登场，绘画艺术的体裁也丰富起来，从不同角度来刻画同一个题材的二折画和三折画出现。在美术界，包括“先锋派”和“左翼美术阵线”的作品在内的被禁作品重见天日。与此同时，一些被流放或被镇压的画家的名誉得到了恢复（如立体—未来派画家索科洛夫，以及德列文、谢马什凯维奇等）。美术作品中出现了一些揭示历史真相的内容。1989 年，苏联美术家协会组织了大型术美展“怀念斯大林主义牺牲者”。一些著名的画家或雕塑家，如奥勃罗索夫、日林斯基、安宁科夫、米特里亚斯基、沙彼罗等，都通过不同的作品来反映这段历史的悲剧性。另外，自 20 世纪 80 年代中期涌入苏联的西方艺术思潮到 80 年代末已经在美术界产生了较大的影响。在美术界，以照相写实主义的影响最为突出，与此相接近的“新纪实派”的出现，同样在苏联美术界有重要的影响。这些流派的主要特征是利用照相和电影的“纪实”的表现手法，强调艺术形象的“写实主义”。凯斯丘拉的《塔林港湾》、沃尔科夫的《黎明》《动力实验室》、奥莫贝什·库兹涅佐夫的《通往乌连戈伊的路》等，被认为是照相写实主义和新纪实派的代表作。这个流派与现实生活保持着较密切的联系，当代人们所经历的政治、经济、科学技术以及文化发展中的一系列重要内容，如国际和国内的重大政治事件、人类征服宇宙、科技革命等，都被绘入画面之中。

20 世纪 80 年代，苏联美术界活跃的另一重要标志是美术团体和社团纷纷成立，这些艺术组织在引进西方现代艺术流派、交流创作经验、开展艺术评论及组织艺术鉴赏活动等方面作出了积极的努力。较有影响的社团组织是“莫斯科河”“友谊社”“马尔斯”“金字塔”等。“莫斯科河”成立于 1987 年，以莫斯科高等美术院校的学生和教授为主，他们的艺术宗旨是“继承和发扬世界各国和自己祖国文化艺术中人道的现实主义传统”。“友谊社”成立于 1986 年，以苏里科夫美术学院的毕业生为主，成员多是擅长画肖像画的年轻人，这是一个自由组合、自筹资金、自负盈亏的创作团体。“马尔斯”成立于 1988 年，以从事现代美术创作为主，成员以油画家、雕塑家、美术理论家为主，这是一个以经营艺术品来营利的美术组织。他们积极致力于建设莫斯科现代艺术博物馆，为此已经积累了一些资金和艺术品。他们认为，博物馆的建造不仅对于个人，而且对于国家和全体人民都具有重要的意义。“金字塔”于 1991 年在莫斯科成立，这是由青年雕塑家组织的美术社团。同年 5 月，他们在“莫斯科雕塑家之家”举办了一次小型的作品展览。这些作品在对生活的深切体验的基础上，努力表现自己独特的感受，受到广泛的关注。

20 世纪 60 年代受到严厉批判的“别留金画室”，此时也得到了新的发展。1962 年底，赫鲁晓夫曾下令禁止展出他们的作品，别留金被认为是“现代表现主义”的代表人物。他的风格显然与苏联官方的美术思想相抵触，因为苏联美术是不允许抽象主义存在的。但是，别留金及其支持者从来没有停止自己的艺术实践活动。他们在莫斯科附近建立了自己的画室，除了在国内举办画展外，还将作品送到美国、法国、加拿大、意大利、波兰、英国、德国展出，在国际画坛也引起了人们的广泛重视。一些艺术家给予别留金等人的作品较高的评价，认为他们的作品第一眼看上去是“抽象的”，而实际上蕴含着深刻的人类感受。

1991 年 12 月 21 日，《阿拉木图宣言》正式宣告苏联不再作为一个统一的国家存在。当红色的苏联国旗从克里姆林宫上空降下来的时候，全世界受到震动，苏联美术界也同样受到巨大的震动。同年12月，全苏美术家协会、全苏美术研究院关闭。苏联解体初期，莫斯科、列宁格勒等城市开始拆除苏共领袖人物列宁、斯大林、捷尔任斯基、斯维尔德洛夫及加里宁等人的雕像。同时，表现工人、农民、士兵形象的纪念性塑像也被拆除，还有一些诸如十月革命胜利纪念碑等的塑像也被拆掉，苏联时期的造型艺术珍品随着苏联解体而被“葬送”。

第五节　音乐建设

十月革命后，苏维埃的音乐建设被纳入了国家管理的轨道。俄国时期的音乐剧院、音乐学院、乐谱出版社、乐器厂等机构都被收归国有，许多城市建立了新的音乐剧院、音乐教育组织、民乐学院等高校机构。1918年11月，音乐被列入苏维埃统一的劳动学校教学大纲，成为各级学校的必修课。苏俄内战期间，歌曲、进行曲和合唱宣传曲等新的音乐体裁出现。从创作形式上看，这类音乐作品往往以老曲新唱的形式在民众中传播，如歌曲《我们勇敢地去战斗》就是在俄罗斯民间抒情歌曲《洋槐树》旋律的基础上改编而成的。作曲家们在谱写交响乐和歌剧的同时，也开始创作歌曲、进行曲和舞蹈音乐。作曲家和演奏家格拉祖诺夫、伊波里托夫－伊凡诺夫、阿萨菲耶夫、彼亚特尼茨基、索比诺夫等，举办音乐会和音乐讲座、创立业余合唱团和乐队、设立音乐教学机构，为苏维埃音乐文化的发展做出了杰出的贡献。20世纪20年代中期，广播成为传播和推广音乐作品的主要媒体。这时的音乐体裁有合唱歌曲、交响乐、歌剧等。1925年，作曲家肖斯塔科维奇的《第一交响曲》问世。该曲目体现了作曲家娴熟的交响乐创作技巧，它是苏联交响乐中最早享有世界声誉的作品之一。莫斯科大剧院是苏联时期歌剧和芭蕾舞剧演出较为集中的剧院，《天鹅湖》《睡美人》《胡桃夹子》等芭蕾舞剧和《黑桃皇后》《石客》等歌剧作为大剧院的传统剧目保留至今。1927年，由格利埃尔创作的反映苏联生活的芭蕾舞剧《红罂粟》成为苏联芭蕾舞剧的处女作。1930 年，肖斯塔科维奇根据果戈理中篇小说《鼻子》创作的怪诞讽刺歌剧是作曲家的一次创新性的尝试，该歌剧在 20 世纪 70 年代的苏联舞台上曾再度复兴。

俄罗斯国家芭蕾舞团经典剧目《天鹅湖》

为了加强对音乐事业的集权化管理，1932 年，联共（布）中央委员会通过决议，将 20 世纪 20 年代苏联的各种音乐团体取缔，建立了受国家统一管理的“苏联作曲家协会”。20 世纪 30 年代，反映苏联社会主义革命和建设的音乐文化蓬勃发展。新的音乐机构不断出现，如 1936 年，苏联国家交响乐团成立；1937 年，苏联民间舞蹈团成立等。1933 年，苏联举办全苏音乐演奏比赛。在苏联大众化歌曲声调及形式基础上产生的新型歌剧，如杰尔任斯基创作的《静静的顿河》《被开垦的处女地》等，成为群众喜闻乐见的音乐形式。普洛科菲耶夫创作的芭蕾舞剧《罗密欧与朱丽叶》（1936 年）、歌剧《谢苗·科特卡》（1940 年）都是战前苏联音乐文化的杰作。米亚斯科夫斯基、普洛科菲耶夫和肖斯塔科维奇创作的交响乐不仅为苏联音乐爱好者所推崇，而且还名扬欧美。当然，在“大清洗”中，苏联的音乐人才也难以幸免。

1936年，肖斯塔科维奇的古典歌剧《卡捷琳娜·伊兹玛伊洛娃》被当作“形式主义”的作品而遭批判。20世纪30年代初，有声电影在苏联问世，影视业的发展推动了音乐作品的普及。杜纳耶夫斯基为影片《快乐的人》谱写的主题歌和波克拉斯兄弟为影片《拖拉机手》创作的主题歌在人民群众中产生了广泛的影响。

二战前夕，气势磅礴的清唱大合唱创作在音乐领域占有重要的地位。普波科菲耶夫的《涅瓦王亚历山大颂》（1939年）和沙波林的交响乐大合唱《在库里科夫原野上》广为流传。1937年，杜纳耶夫斯基的轻歌剧《金色的峡谷》成功地进行了首次公演。该作品表明，在民间和现代大众歌曲基础上产生的轻歌剧体裁在苏联已经达到了相当高的专业水平。战争期间，作曲家杜纳耶夫斯基、扎哈洛夫、布兰杰尔、索洛维约夫－谢多依等根据诗人伊斯科夫斯基、苏里科夫和列别杰夫－库马奇的词创作的歌曲，成为人民进行反法西斯斗争的战斗号角。布兰杰尔创作的歌曲《喀秋莎》（1939年）无论从思想性还是从艺术性上看，都具有极强的感染力。这首歌曲至今仍为俄罗斯国内外爱好和平的人民所喜爱。雄壮的交响曲在战争期间倍受欢迎。肖斯塔科维奇的《第七交响曲》（1943年）、米亚尼斯科夫斯基的《第二十二交响曲》（1941年）和《第二十四交响曲》（1943年）、赫列尼科夫的《第二交响曲》（1942年）和普洛科菲耶夫的《第五交响曲》（1944年）堪称战争时期苏联交响乐的经典。

战后初期，各种音乐团体和组织得到恢复，回忆战争题材的歌曲、交响乐、歌剧活跃在音乐舞台。电视自20世纪30年代末在苏联出现，到50年代，它已经走进了千家万户。电视传媒对于音乐传播所起的作用日趋明显。20世纪50年代末以后，苏联音乐家与国外同行交流与合作的机会增多，国内外乐队的巡回演出频繁，苏联人民的音乐生活变得更加丰富多彩。苏联的两大主流民乐团——列宁格勒和莫斯科民乐团，都是在安德烈耶夫的乐队的基础上组建的。1946年，莫斯科民乐团改名为以奥希波夫的名字命名的俄罗斯国家民乐队；1951年，列宁格勒民乐团成为以安德烈耶夫命名的国家第一民乐团。另外，以彼亚特尼茨的名字命名的民间声乐合唱团在苏联也颇有影响。

20世纪60年代，规模宏大的交响乐音乐会逐渐退出了历史舞台，取而代之的是一些简单、小型的室内音乐会。在音乐体裁上，出现了一种非传统类型的声乐交响乐，即乐曲由声乐队在交响乐队的伴奏下以演唱的形式表现出来。莫斯科还成立了由波克罗夫斯基领导的室内音乐剧院。在歌剧表演中，除了多幕歌剧外，独幕和室内歌剧也逐渐发展起来。这一时期，苏联著名的芭蕾舞剧有：谢德林的《安娜·卡列尼娜》和《海鸥》、彼得罗夫的《创世纪》和加夫利林的《安妞塔》等。清唱大合唱作品有：杰尼索夫的《安魂曲》、什尼特格的《安魂曲》和季米特里耶夫的《往年纪事片段》等。

美妙的音乐是通过导演、歌唱家和乐器手的共同配合演奏出来的。20世纪60年代，苏联出现了一批举世闻名的音乐演奏家，如指挥家萨莫苏特、穆拉文斯基、罗日杰斯特文斯基、斯维特兰诺夫等；合唱指挥家斯维什尼科夫、尤尔洛夫等；钢琴家奥勃林、里赫杰尔和普列特涅夫等；小提琴家科甘、奥伊斯特拉赫和斯彼瓦科夫等；大提琴家罗斯特罗波维奇；歌唱家阿尔希波娃、巴尔索娃、维什涅夫斯卡娅、科兹洛夫斯基、列梅舍夫、涅斯杰林科、奥勃拉佐娃和奥布霍娃等。他们的演出通过唱片、录音带等技术手段保留下来，传给后人，成为人类精神文化的宝贵财富。

20世纪60年代末以后，苏联非官方音乐中出现了自编自演的弹唱歌手。他们的歌曲语言简单朴素，有时甚至带有粗俗的语汇，却真实地反映了人民内心的喜怒哀乐，表达了人民的心声。因此，深受人民的喜欢。这些作品往往以自然的语调和独白，加上吉他等便携式乐器的伴奏而完成。弹唱音乐家奥库扎娃、马特维耶娃和维索茨基的名字在苏联可谓家喻户晓。直到今天，这些音乐家的作品在俄罗斯都市街头仍随处可见。另外，自20世纪60年代中期起，一些青年职业音乐团体及音乐爱好者开始演奏摇滚音乐。他们选择的演出场地不是舞台，而主要是俱乐部、咖啡馆，甚至是街头及地铁通道。起初，这些作品多为西方摇滚乐的翻版，即借助于录音机、录像机等手段将西方摇滚乐作品录下来并进行模仿。20世纪80年代初期，在吸收本民族音乐的基础上，具有苏联特色的摇滚乐出现。个别作曲家还创作了摇滚歌剧。20世纪80年代中期以后，伴随着文艺创作及音像制品商业化趋势的加强，摇滚乐之类的非官方音乐在音乐舞台上、在广播电视中及在录音室内频频出现，大有取代严肃音乐的势头。苏联著名的摇滚乐团有：阿克瓦利乌姆、阿丽萨、布拉沃、基诺、斯基泰人、江湖艺人、时代列车和花等。在苏联经济的“停滞”和“滑坡”时期，商业的诱惑力对严肃音乐造成了强大的冲击。面对着这些不利条件，苏联音乐艺术家们仍执着于自己的事业，最终保住了传统歌曲、歌剧和芭蕾舞曲目的市场。

目前，俄罗斯共有音乐剧院近 50 家（其中包括歌剧和芭蕾舞剧院 15 家、交响乐团厅约 30 个），专业合唱团、室内乐队和乐器乐团等共 20 多个，音乐学院 8 所，音乐师范学院两所及数量繁多的各种音乐学校。

第六节 戏剧和电影

苏维埃政权建立后，立刻宣布所有的剧院归国家所有，戏剧表演艺术成为全国人民的精神财富。1918 年，国民教育委员会下设戏剧部，戏剧被当作国家对人民从事教育、思想和美学宣传的重要手段。苏维埃的戏剧艺术是在俄国时期几所著名的剧院的艺术传统基础上发展起来的。在话剧表演艺术中，莫斯科的小剧院、斯坦尼斯拉夫斯基和涅米洛维奇－丹钦科艺术剧院以及彼得格勒的亚历山大剧院的美学和艺术风格为苏维埃戏剧所继承。莫斯科艺术剧院主要上演代表俄国先进知识分子思想的剧本。自建立之日起，俄国批判现实主义作家契诃夫的戏剧就成为剧院的压轴戏。后来，高尔基的现实主义作品也被搬上莫斯科艺术剧院的戏剧舞台。随着剧院规模的扩大，莫斯科艺术剧院成立了一些附属艺术团。1913 年，斯坦尼斯拉夫斯基和苏列尔日茨基领导建立了莫斯科艺术剧院第一艺术团；1916 年，导演穆切杰洛夫创立了莫斯科艺术剧院第二艺术团；1920 年，以导演瓦赫坦戈夫的名字命名的莫斯科艺术剧院第三艺术团成立；1921 年，布尔德扎洛夫等领导的莫斯科艺术剧院第四艺术团成立。这些艺术团成为莫斯科艺术剧院的支柱和希望。1918 年，梅耶尔霍德导演的《宗教滑稽剧》成为苏维埃时期的第一场上演剧目。1919 年，反映革命呼声的彼得堡话剧大剧院成立。卢纳查尔斯基、高尔基和莫斯科艺术剧院的著名演员安德烈耶娃等都积极参加了剧院的筹建工作。

20 世纪 20 年代初，苏联的戏剧领域流派繁多。无产阶级文化协会的影响力在苏联的戏剧表演艺术中明显地表现出来。在各种流派争论与斗争的过程中，产生了一批新的、反映时代特征的戏剧创作团体：瓦赫坦戈夫剧院（由莫斯科艺术剧院第三艺术团建立）、革命剧院（马雅可夫斯基剧院）、莫斯科市委剧院、彼得堡大（话）剧院及其他上演革命讽刺作品的剧院。20 世纪 30 年代，苏联的戏剧艺术领域各种流派并存的局面结束，社会主义现实主义的剧作占领了苏联戏剧的主要阵地。1933 年，苏联人民委员会举办了苏维埃优秀脚本比赛活动，剧作家基尔松的《奇妙的融合》、科切尔加的《舰队的沉没》、罗马绍夫的《战士们》等作品获奖。

除了上演反映当代生活的话剧，苏联人民对世界戏剧的精神遗产也十分珍视。20 世纪 30 年代的苏联被称作“莎士比亚的第二故乡”。由别尔谢涅夫导演的莎士比亚的《第十二夜》在莫斯科艺术戏剧演出；由奥斯图热夫导演的《奥赛罗》在小剧院与观众见面；由波波夫导演的《罗密欧与朱丽叶》在革命剧院演出。到 1938 年，苏联共有剧院 702 家。1936 年，苏联设立“人民演员”的荣誉称号。首批获得该荣誉称号的话剧导演有：斯塔尼斯拉夫斯基、涅米洛维奇－丹钦科、卡恰洛夫、莫斯科温、科查金娜－亚历山大罗夫娜、勃留门塔里－塔玛林娜。另外，一批像休金等苏维埃时期成长起来的戏剧演员也获此殊荣。同时受表彰的还有一些少数民族戏剧艺术家。1937 年，高尔基艺术剧院和国家大剧院获得列宁奖章。

卫国战争将苏联戏剧工作者的爱国热情调动起来。在列宁格勒的 900 天围困期间，英勇的列宁格勒戏剧工作者们决心以实际行动支援前线。在他们的共同努力下，1941 年和 1942 年，列宁格勒分别建立了民兵剧院和围困剧院。演员和导演都全副武装，他们把西蒙诺夫的脚本《俄罗斯人》和列昂诺夫的脚本《侵略》编排成话剧，在群众中演出。战争期间，有近 400 个剧团、音乐团体和杂技团为苏联军人服务，有 25 个前线剧院活跃在战场上。戏剧工作者为卫国战争的胜利做出了杰出的贡献。

20 世纪 40 年代末至 50 年代初，苏联戏剧艺术的发展因意识形态因素的影响而出现了低潮。无冲突论在戏剧表演艺术中表现明显，剧情的冲突情节减少，剧中人物在观点上没有任何分歧，剧情在一种“好”与“更好”或者“好”与“优秀”的矛盾中发展。粉饰太平的官方基调使话剧失去了观众。尽管高尔基艺术剧院每年都得到官方的奖励，但是，观众的数量却日渐减少。“解冻”时期，高尔基艺术剧院曾做过恢复涅米洛维奇－丹钦科创作传统的尝试。但是，由于官方的控制过于严格，戏剧在思想性上没有多少改变。为了真正复兴高尔基剧院的优良传统，一批青年演员决定在莫斯科创办现代人剧院。1957 年，现代人剧院上演了第一幕话剧《永生》，剧作家罗佐夫成为该剧院的第一个脚本作者。

20 世纪 60 年代，苏联的戏剧表演领域出现了新的变化。戏剧的题材更趋政论化、作品的意图更直接。影响观众与演员交流的障碍物，如帷幕等全部被撤除，演员的表演空间扩大到舞台前部，这样，他们就可以直接面向观众。追求艺术创新的现代人剧院在 20 世纪 60 年代已经进入了自己的创作成熟期。剧院的创立者、戏剧导演耶夫列莫夫注意从优秀演员中选拔导演。沃尔切克就是被耶夫列莫夫识中的一匹“千里马”，20 世纪 60 年代，她已经将《平凡的历史》和《在底层》等剧目搬上舞台。1963 年，莫斯科塔干卡剧院由导演休金创立。这里的创作团体仍以青年演员为主，演员和导演都注重戏剧内容和表演形式的创新。在戏剧题材上，反映工厂生产的题材成为 20 世纪 70 年代苏联戏剧的主题。《一次党委会议》《局外人》和《炼钢工人》等剧本颇受观众欢迎。受电影和电视等视觉艺术的强烈冲击，苏联戏剧所拥有的观众数量呈递减趋势。当然，并不是所有的剧院都出现了“门前冷落鞍马稀”的现象。观众们根据自己的品位来选择剧院。那些敢于冲破思想禁锢的剧院就能够赢得诸多观众。20 世纪 70 年代，观众们为了购买柳彼莫夫导演的塔干卡剧院的剧票、耶夫列莫夫导演的现代人剧院的剧票和托夫斯托诺夫导演的列宁格勒大剧院的剧票，往往不惜排队等候到深夜。

20 世纪 80 年代，由于苏联经济不景气，苏联艺术的发展受到了物质条件的限制。为了更好地发挥才能，同时，为了使自己的价值能够得到精神和物质方面的认可，一些艺术家离开了祖国，到西方谋生。苏联末期，出现了艺术人才流失现象。不过，更多的艺术家仍留在国内，他们不计较劳动报酬的微薄，继续兢兢业业投身艺术事业。正是他们的努力，苏联的表演艺术传统得以保存至今。20 世纪 80 年代末以后，受“民主化”和“公开性”的影响，苏联戏剧出现了多元化的趋势。小剧院和契诃夫剧院等仍以上演俄罗斯经典剧目为主，它们成为苏联知识分子首选的艺术场所；由于苏联共产党的执政地位在苏联已经丧失，像革命剧院等一些带有苏维埃意识形态色彩的剧院或改变名称（如革命剧院现在已恢复旧称谓——马雅可夫斯基剧院），或改变题材和艺术风格。总之，反映苏联社会主义建设成就的作品已不再出现。那些苏联时期就代表了活跃思想的剧院，如现代人剧院等，几乎完全成为再现西方社会生活的舞台。一些剧院甚至上演西方色情类的东西，这些现象引起了苏联知识分子们的忧虑。

电影是一种年轻的表演艺术形式。1896 年，电影传入俄国。当时的电影实际上不过是一些“活动的照片”的堆砌，图像是黑白的，没有声音相伴。沙俄末期，电影主要在以营利为目的商业娱乐场所中放映。十月革命后，电影作为苏维埃政权进行社会主义思想宣传的手段，变成老百姓文化生活的组成部分。20 世纪 20 年代中期，反映革命场面的影片（如爱森斯坦导演的《十月》等）和革命领袖的纪录片（如《列宁电影纪实》等）在全国放映。电影媒体的宣传功能对于苏维埃政权的巩固发挥了积极的作用。20 世纪 20 年代末，苏联建立了一批设备齐全的电影制片厂和电影院，国产放映机和电影胶片也开始在电影事业中得到应用。

1931 年，苏联的第一部有声电影《生路》问世。苏联在电影领域的突破引起了世界电影界的惊叹。1932 年，在威尼斯举行的第一届世界电影节上，《生路》的导演埃克被誉为最有才华的导演。20 世纪 30 年代，《夏伯阳》《列宁在十月》《列宁在一九一八》及根据高尔基的自传三部曲改编的电影《童年》《在人间》和《我的大学》等纷纷与观众见面。1935 年，苏联的电影技术又出现了新的突破：首次进行了彩色图像的尝试。在这次尝试中，苏联的一些造型艺术珍品、1934 年—1935 年五一节游行的照片和反映格鲁吉亚工人活动及电影概况的照片被制成彩色图片放映，此次活动的总导演仍是埃克。声音和色彩的革新使世界电影的艺术和美学效果都有了长足的进步。苏联电影工作者在世界电影史上做出了不可磨灭的贡献。由于苏联电影业的国际影响，1935年，世界电影节在莫斯科举行。

卫国战争开始后，随着工业设施及人口的向东转移，苏联的电影制片厂也转移到东部。两家大型的电影制片厂——列宁格勒电影制片厂和莫斯科电影制片厂迁往阿拉木图。以这两个制片厂为基础，中央联合电影制片厂成立。许多杰出的导演，如爱森斯坦、普多夫金、瓦西里耶夫兄弟、埃尔姆列尔、佩里耶夫和罗沙利等都在这里工作过。战时 80% 的苏联国产故事片都是在这里制作的。战争没有中断苏联电影技术的发展，1941 年，苏联产生了第一部立体电影。电影工作者创作了一系列优秀的新闻纪录片和故事片。纪录片《斗争中的列宁格勒》《斯大林格勒》和《柏林》等，故事片《区委书记》《卓娅》和《两个战士》等都是战争时期苏联电影的杰作。

战后初期，大批回忆战争生活的纪录片和故事片被搬上银幕。仅 1945 年，苏联就拍摄大型艺术片 45 部。然而，1946 年联共（布）中央对电影《伟大的生活》的批评使苏联电影工作蒙受了冤屈。电影创作活动的受限制导致苏联国产电影业的萧条。1951 年，全国仅拍摄各类影片 9 部，其中相当一部分还属于舞台纪录片。“解冻”时期，苏联电影的命运出现了好转势头。1957 年，全国影片的产量比 1951 年增加 14 倍。1958 年，仅故事片的产量就达到 100 部。在大量的国产影片中，除了《静静的顿河》《苦难的历程》《战争与和平》《卡拉马佐夫兄弟》《堂吉诃德》《哈姆雷特》等俄苏及世界名著被搬上银幕外，一些反映战时战士平常生活的影片，如《一个人的遭遇》《这里的黎明静悄悄》《战地浪漫曲》等也与观众见面。反映普通人形象的作品，如《对岸街上的春天》《大家庭》《我亲爱的儿子》等在电影艺术中出现。不仅如此，自 20 世纪 50 年代后期起，莫斯科国际电影节也得到恢复并定期举行，苏联电影的国际交流加强了。

“停滞”时期，苏联多数电影变得平淡无奇，为领导人歌功颂德的影片频频上映。电影界占主要地位的是为举行纪念活动而拍摄的多集体史诗影片，电影的艺术性和趣味性都有减弱的趋势。然而，这期间仍有一些优秀的导演顶着压力在电影艺术领域孜孜求索。20 世纪 70 年代，苏联著名导演、演员舒克申导演的故事片《红莓》（1973 年）以其深刻的思想性引起了苏联评论界的思考。另外，舒克申还导演过故事片《他们为祖国而战》。由于有出色的导演和表演才能，1976 年，他被授予列宁勋章。导演埃吉达尔·梁赞诺夫根据舞台剧改编的《办公室里的故事》（1977 年）和《两个人的车站》（1982 年）、缅绍夫导演的《莫斯科不相信眼泪》（1979 年）等，深受观众喜爱。20 世纪 80 年代，苏联电影已经名扬国际影坛，苏联成为一个电影强国。

20 世纪 80 年代中期以后，苏联电影随着国家社会生活的变化得到明显改观。一个突出的表现是，长期遭禁的影片能够公开地在国内放映。1986 年，由坚吉兹·阿布拉泽导演的影片《悔悟》首次在莫斯科公映。影片披露了“大清洗”的内幕，在苏联社会引起了强烈的反响，观众无不为影片中的受害者而流泪。1987 年，苏联电视台放映的纪录片《再揭露》，再次将“大清洗”时期的真相揭露出来。另外，以往没有公映的影片，如沙特罗夫的电视系列片《列宁肖像素描》、格尔曼的《路上检查》和《我的朋友伊万·拉普申》等也都与观众见面。电影题材也趋于多样化。《小信差》（1986 年，导演沙赫纳扎洛夫）、《国际女郎》（1989 年，导演托多罗夫斯基）等反映青年人价值观和心理的影片增多。外国电影在苏联影院大量上映，良莠不齐的外国影视作品在一定程度上丰富了苏联人的业余生活，但是，一些外国影片也对青少年的身心健康造成了不良的影响。20 世纪 90 年代初，苏联青少年犯罪率的上升与西方影视作品的泛滥不无关系。

第七节　建　筑

俄国作家果戈理曾说过这样的名言：“建筑物也是一部世界编年史，当有关某个民族的歌曲和传说均已销声匿迹且再没有其他手段能够讲述这个消亡民族的历史时，建筑物则能够为该民族说话。”可见，建筑物是历史最好的见

证之一。为了体现人民当家做主的思想，十月革命后，苏维埃政权立刻宣布一切文化成果成为全国人民的财产。俄国时期的博物馆（如莫斯科特列季亚画廊、彼得格勒艾尔米达日美术馆等）和名胜古迹全部收归国有。同时，对旧时的建筑进行功能方面的改造，将宫殿、独幢住宅、写字楼等改为机关办公楼、工人俱乐部、幼儿园及公共宿舍。另外，还建立了一批便于劳动人民参加文化活动的新的文化设施，如工人俱乐部、阅览室、红角、流动图书馆等。博物馆的数量由革命前的213个增至1921年的310个。苏维埃政权建立初期，苏俄建筑基本上延续了俄国时的风格。“白银时代”的现代主义建筑风格在20世纪20年代已被列入资产阶级美学的范畴，一些著名的建筑师和工程师流亡国外。但是，国内仍有相当一大批俄国时期的建筑大师（如别努阿、若尔托夫斯基、休谢夫及休科等）在兢兢业业地从事设计活动。因此，苏俄初期的建筑得以保持高超的专业水平，俄国建筑文化的部分珍贵遗产正是通过该渠道为新政权所继承。内战期间，国家的经济状况十分严峻，大型建筑的建设工程实际上处于瘫痪状态。

1917年末，休谢夫、若尔托夫斯基及其他建筑师共同制订了莫斯科和彼得格勒等未来城市的改造方案，他们从城市建设、标准化、统一化以及建筑结构的原理诸多层面来探索解决建筑问题的新途径。以若尔托夫斯基为代表的一些建筑师主张古典建筑规律的永恒性；以福明为首的另一些建筑师则在潜心钻研改造古典遗产的可操作性；还有一些建筑师，如果洛索夫、利西茨基和梅里尼科夫等强调建筑风格中的浪漫主义形式，试图同传统主义彻底决裂。20世纪20年代中期，苏联成立了两个建筑师团体，即新建筑师协会（1923年）和当代建筑师联合会（1925年）。前者的成员有拉多夫斯基、科林斯基和梅里尼科夫等，他们提出了以“纯理性主义”建筑的心理—物理规律为基础的建筑与艺术统一的学说，突出建筑的情感成分和美学特征。后者的代表人物有韦斯宁兄弟、根兹布尔格和尼古拉耶夫等，他们自称为“结构派”，主张通过“功能主义的方法”来改造周围环境。功能主义方法以生产和日常生活为基础，趋向大众普及型建筑的标准化和定式化。当时，西方的“现代化运动”使人们的生活节奏加快，工业社会对建筑美学有了新的探索，苏联社会主义制度的建立客观上使社会对实用性大众型建筑的需求量剧增。

莫斯科红场

在纯理性派和结构派建筑师的共同努力下，20 世纪 20 年代，“苏维埃结构派”形成。苏维埃结构派建筑将立方体、平行六面体等多种几何图形结合在一起，窗子的规格和形式各异，建材基本上使用灰色的混凝土。典型的苏维埃结构派建筑有：由建筑师黑格洛和科利切夫斯基设计的彼得堡高尔基文化宫和维堡文化宫，由列维松和穆努设计的彼得格勒工业合作社文化宫等。当今俄罗斯联邦国家杜马大楼也是苏维埃结构派建筑艺术的精品之一，它建成于 20 世纪 30 年代，当时是劳动和国防委员会大楼。俄罗斯传统的陵墓建筑群为木结构。

在苏联社会主义工业化时期，工业厂房不断增多，这类建筑也是结构派的产物，它的外形多为方形，讲求直线美，装饰越来越少直至没有任何装饰。在大型生产设施的建设中，20 世纪 20—30 年代由韦斯宁兄弟设计建造的第聂伯河水电站成为该时期工业建筑的杰作。工业的发展引起了城市人口的激增，新式的多住户住宅楼也建立起来。这种建筑结构简单，注意公用设施、住宅布局、绿地、生活设施和商业服务网点的配合。供工人居住的标准化楼房一般为四层或五层，楼四周有大片的草地。20 世纪 20 年代末，在标准化建筑基础上形成的居民新区和新型的公用建筑——工人俱乐部遍布莫斯科、列宁格勒和巴库等许多大城市。

建筑风格是反映时代特征的一面镜子。如果说 20 世纪 20 年代苏联建筑形式的简单明了体现了社会主义的民主思想的话，那么，到 20 世纪 30 年代中期，建筑艺术的重点则转移到突出社会主义建设的胜利这一主题上。因此，自 20 世纪 30 年代中期至二战前，苏联建筑风格出现了复古倾向，古典主义建筑风格在苏联再现。另外，此时多层建筑也开始问世。苏联在高层建筑方面最典型的尝试是中途夭折的苏维埃宫工程。1939 年，由约凡、休科和格里弗列伊赫设计的“苏维埃宫”工程。作为社会主义制度在苏联完全胜利的标志，苏维埃宫建在被推倒的救世主大教堂上，它的设计高度为 300 米，其上还拟竖一尊高达 100 米的列宁雕塑。虽然工程因战争而中止，但是，它的设计对于 20 世纪 50 年代的建筑风格产生了深远的影响。

20 世纪 30 年代末，莫斯科城市改造的总体工程结束。在保持历史上形成的环形结构的基础上，莫斯科城区的面积向外扩展。为了使街道和广场的布局规范化，莫斯科对一些地区进行了重新规划，结果导致一些建筑名胜被拆，俄罗斯的文化遗产遭到了破坏。这一时期，莫斯科的农业展览馆、列宁图书馆和莫斯科河上的克里木桥等建筑相继竣工。地铁是苏联建筑成就的最佳体现之一。20 世纪 30 年代中期，为了显示“世界第一流强国”的气魄，苏联开始在首都修建世界一流的地铁。1935 年 5 月，全长 11.6 千米的第一条地铁线建成通车。苏联的第一批地铁站基本上都是按古典风格建造的，如共青团站，内部起支撑作用的是古朴、敦实的圆柱，天花板上缀有装潢精美的水晶吊灯，地铁站内墙壁上嵌有反映苏军胜利场面的马赛克。站内空间开阔，装饰物雄伟壮观，身处其中的人们不由得会为古典风格的宏伟气派所折服。从 20 世纪 30 年代至今，莫斯科地铁的扩展工程从来没有停止过。目前，它的肢躯几乎遍及城市的各个角落。继莫斯科地铁之后，苏联各加盟共和国的首府都先后建造了地铁，地铁成为苏联方便、快捷、实惠、舒适及最富美感的交通工具。

在卫国战争期间，苏联建筑师们在建设国防工程的同时，也没有忘记被毁建筑的恢复工作。自 1944 年起，苏联的城市恢复工作开始进行。休谢夫设计组制订了诺夫哥罗德城的恢复计划，他们将新建筑的风格同被恢复的俄罗斯建筑艺术珍品的风格有机地融为一体。1947 年，苏联政府决定再修建一批高层建筑，以此作为纪念卫国战争胜利的象征物。由建筑师卢德涅夫、切尔尼舍夫、阿布罗希莫夫和赫里亚科夫设计的莫斯科大学的主楼就是这在一时期竣工的。莫斯科大学的主楼有 36 层，该建筑的整体布局呈几何对称形，正面有廊柱矗立，顶部为哥特式的尖塔，注重装饰性，内部空间大，楼房举架高。坐落在莫斯科的乌克兰宾馆、外交部大楼等其他七座类似的建筑都是按照上述标准建造的。人们经常将这种高大、宏伟的建筑风格称为“斯大林风格”。

1955 年，苏共中央和部长会议通过了《关于消除建筑物上的累赘的决议》。决议批评斯大林时期的建筑风格太庸俗，认为它为国家带来了不必要的浪费。自此，苏联的建筑风格发生了变化。一大批简洁、经济、体现现代技术的新式建筑产生。一般的居民住宅楼为五层，无电梯、住宅面积小、楼房举架低。为了节省空间，一些居民住宅还被设计成公共宿舍式的，即若干户住在一个套房里，厨房和盥洗室都是公用的。这类建筑造价低廉，其坚固性也远比斯大林风格的建筑逊色。赫鲁晓夫时期的建筑风格在“停滞”时期被保持下来。由波索洪设计的经互会大楼（现为莫斯科市政府所在地），由布尔金和什库德等设计的高达 553 米的中央电视塔等都体现着这一时期的特征。虽然，建筑师们曾制订了苏联建筑发展的远景规划，但是，由于经济的停滞，这些设想事实上未能实现。20 世纪 80 年代初，苏联奥林匹克体育中心落成，体育综合体遍布全国各大、中城市。

戈尔巴乔夫时期，与“恢复历史的本来面目”相伴随，苏联建筑中的复古主义情绪高涨。宗教复兴运动使拜占庭葱头圆顶式的东正教教堂在苏联再展风采。东正教教堂的恢复、重建及增建工作至今仍在持续。同时，经济的滑坡导致人民生活水平下降，国家财政赤字严重。受资金条件的限制，经济实用的多层住宅楼群成为城市新建居民小区的主体建筑。

第八节　科学和技术

苏联在科学和技术领域取得了举世瞩目的成就。这些成就的取得与苏维埃政权对科学的重视及人民的努力是密不可分的。苏维埃政权建立之初，十分重视科学的发展。1918 年，列宁在《科学技术工作计划草稿》中，强调科学必须和实践相结合，必须促进生产力的发展和经济的繁荣。接着，政府给科学院拨款资助其工作。1918 年秋，最高国民经济委员会的科学技术部成立，它吸收知名科学家，如现代空气动力学的创始人茹科夫斯基（1847 年—1921 年）和的航空设计师图波列夫（1888 年—1972 年）等参加工作，科学技术部建立的宗旨是促进科学技术在生产中的应用。为了更好地发挥知识分子的专业特长，许多自然科学部门还成立了研究机构，《俄罗斯电气化计划》就是由 200 多名科技专家共同制订的。生物育种学家米丘林（1855 年—1935 年）的苗圃被收归国有后，苏维埃政权仍聘请他负责树苗栽培及其他科研工作，还为他配备助手，调拨物资和设备。1921 年，著名生理学家巴甫洛夫（1849 年—1936 年）的研究条件得到了保障。在应用技术方面，1918 年，下诺夫哥罗德成立了无线电实验室。内战时期，虽然经济条件十分艰苦，但苏维埃政权仍关注着人才资源的保护，对做出过突出贡献的学者发放“院士口粮”。

苏维埃时期的社会科学一开始就具有明显的政治倾向性。为了建设一支红色的社科知识分子队伍，1918 年，苏联成立了社会主义社会科学院。1920 年，马克思恩格斯研究院、十月革命史和苏联共产党史料征集出版研究委员会等相继成立。同年，史学家波克罗夫斯基（1868 年—1932 年）的《俄国历史概要》出版。该书第一次按照社会经济形态来阐述上古至 20 世纪初的俄国历史，侧重分析经济社会发展、阶级斗争及政治制度的演变，它的问世成为无产阶级史学诞生的标志。列宁对苏维埃俄国第一位无产阶级史学家的作品给予了高度评价，该书被当作 20 世纪 20 年代苏维埃学校的教材。波克罗夫斯基自 1918 年 5 月起任副教育人民委员，他为培养社会主义社科人才立下了汗马功劳。苏维埃的第一批工农速成中学就是根据他的倡议成立的。他先后担任过共产主义学院、历史研究所、马克思主义历史家协会、苏联和苏俄中央档案馆、红色教授联合学院的常任领导，还在红色教授学院及各重点高等学校从事过教学工作，他的思想对苏联的第一批知识分子的形成产生了直接的影响。

1925 年，以俄国科学院为前身的苏联科学院成立。当时，全苏联有各类研究机构和科学协会共 750 个，科学院属于全国最高科研机构。随后，各加盟共和国也相继建立了苏联科学院的分支机构。从 20 世纪 20 年代中期开始，苏联开始了社会主义工业化和农业集体化运动。为了保卫世界上第一个社会主义国家，斯大林提出以优先发展重工业为特征的社会主义工业化方针。20 世纪 20 年代末至 30 年代初，建立在高度集权和行政命令体制基础上的重视重工业、轻视轻工业和忽视农业发展的“斯大林经济模式”形成。为使科学更好地服务于国民经济建设，国家采取倾斜政策，优先发展与实际需要相关的科学领域和部门。1929 年，科学院设立技术科学部，一批新的、与国家工业化联系密切的研究机构成立，其中主要的研究所有：科学—汽车发动机研究所、运输研究所、金属工业设计研究所、金属研究物理研究所、物理问题研究所、可燃矿物研究所等。在自然科学领域，应用数学、物理学、化学、生物学等都获得了长足的发展。数学家康托罗维奇的研究奠定了线性规划的基础，他本人因此成为苏联国民经济规划及管理理论的创始人。1929 年—1931 年，物理学家斯科贝尔琴得出了证明宇宙线粒子簇射存在的第一批数据。20 年代末，科学家齐奥尔科夫斯基完成了利用火箭进行星际航行的理论性专著《宇宙火箭》和《宇宙火箭飞行》。为了将其理论应用于实践中，1935 年，苏联成立了火箭科学研究所，齐奥尔科夫斯基成为苏联航空和火箭动力学以及飞机和飞船理论方面的权威学者和发明家，是苏联宇航学的奠基人。20 世纪 30 年代上半期，苏联科学家建立了第一批雷达。1936 年，苏联第一台，也是全欧洲第一台回旋加速器正常运转。化学家列别捷夫发明了制造人造橡胶的方法，这一成果使苏联成为世界上第一个生产人造橡胶的国家。20 世纪 30 年代，生物学家巴甫洛夫揭示出高级神经系统的活动规律，创立了第二信号系统理论，其学说为国际学术界所公认。1935 年，遗传学家米丘林在长期研究植物有机体变异条件的基础上，培育出 300 多个植物新品种，他的植物杂交技术曾在中国农学界推广。1940 年，在全苏原子核会议上，学者们专门讨论了铀的问题。这表明，到二战前夕，苏联的原子物理学已经步入先进国家的行列。

然而，20 世纪 20 年代末到二战前夕，苏联科学发展的外部环境并不佳。随着斯大林“阶级斗争尖锐化”理论的出台，苏联开展了“加强理论战线的阶级斗争”运动。首先受害的是社会科学。在苏联哲学界，由斯大林亲自策划和领导的一场批判德波林的斗争展开。德波林这位苏联院士因“出身问题”和对列宁主义客观的思考而被定为“孟什维克化的唯心主义者”。对德波林的全盘否定表明：在苏联社会科学中，学术与政治问题已经被严重混淆，学者们开始成为政治斗争的牺牲品；经济学领域的境况也是如此。那些对苏联的社会主义模式和强制性的农业集体化运动持保留意见的学者以及主张走新经济政策道路的学者都被解除了工作。一些知名学者，如杰出的经济学家恰亚诺夫和孔德拉季耶夫还遭到逮捕和处决。1938 年，在斯大林本人的参与下，一部美化“斯大林主义”的政治性史书《联共（布）党史简明教程》出版。自此至 20 世纪 50 年代中期，这部书一直主导着苏联社会科学的研究方向。《联共（布）党史简明教程》获得了苏联史学的权威性。苏联第一位马克思主义史学家波克罗夫斯基也没有逃脱受批判的命运，20 世纪 30 年代末 40 年代初，苏联史学界掀起了批判波克罗夫斯基历史观的运动。1933 年，科学院转归人民委员部领导，次年，科学院从列宁格勒迁至莫斯科。科学院的一些自主权被取消，行政命令的手段在科学界确立。苏联的“大清洗”使许多著名科学家遭受厄运。苏联导弹之父科洛廖夫曾于 1938 年—1944 年间锒铛入狱。总之，肃反扩大化，对社会主义法制的破坏阻碍了苏联科学的发展。

卫国战争开始后，苏联政府及时地将科学资源的服务方向转到国防上来。为适应战争环境，科学院的机构迅速向东部迁移，同时，还建立了一批新的研究机构，制订了与国防及军工联系密切的研究课题计划。在科学家们的努力下，乌拉尔、西西伯利亚、伏尔加河沿岸及卡拉干达等地的煤炭、石油、天然气、黑色和有色金属等矿产资源很快得到了探明。苏联科学家在研制军事武器方面所取得的成就尤为显著。自国民经济转入战时轨道时起，仅仅两三年的时间，苏联就生产出科学院自行设计的新式大炮、火箭炮、坦克、穿甲弹、战斗机等军事装备。1942 年，苏联的喷气式飞机试验成功。新式坦克、“喀秋莎”多管火箭炮等地面设备与空中机群配合作战，为苏联卫国战争的胜利提供了可靠的保障。苏联科学家不仅为苏联人民，而且为世界人民的反法西斯战争都做出了不可磨灭的贡献。

战争使苏联科学发展的物质基础与设施蒙受了惨重的损失。战后，国家加大投资力度，资助科研工作的恢复。20 世纪 50 年代初，苏联科学院的各分支机构基本恢复。另外，根据实际需要还增设了一些新的分支机构。随着新学科的出现，一些新的研究所，如精密机械和计算机技术研究所、无线电技术和电子学研究所、原子能研究所和核问题研究所等建立起来。科学家们还走向企业、建筑工地、农庄及国营农场，为生产建设提供科技咨询，努力发挥科技“第一生产力”的作用。然而，国家领导者决策的严重失误影响了科学潜力的充分发挥和科学的全面发展。社会科学在肃反扩大化中再次走向低谷。1947 年，苏联学术界展开了由主管意识形态问题的高层领导日丹诺夫参加的哲学争论活动。1950 年和 1951 年，学术界进行了有斯大林参加的语言学和政治经济学问题争论活动。在学术讨论中，领导的发言被当作学术指示。外行领导内行的局面客观上剥夺了苏联社会科学发展的自由空间。“冷战”时期，苏联对先进国家的科学成就持排斥态度。外国学者在物理学、量子力学、化学和控制论等领域的重大发现被苏联当作唯心主义的东西加以排斥。观点陈旧，但得到了国家领导层支持的李森科集团的学说在农业生物学中占据了统治地位，遗传学被当作伪科学，普通生物学的一些领域成为学术禁区。

自 20 世纪 50 年代中期起，人类跨入了科技革命的时代。科技革命的方向是在广泛使用电子计算机的基础上实现生产、监督和管理的自动化，发现和利用新能源，创造和运用新的结构材料。从此，科学的发达程度及科技成果在生产中的转化率成为衡量一个国家经济发展水平的主要标志。“解冻”时期，人们的思想在一定程度上获得了解放，苏联科学有了一个宽松的发展环境。当时的苏联领导人奉行着社会主义超前论思想，赶超美国、争做世界一流的大国成为苏联领导层决策的既定方针。在这种情况下，苏联科学出现了一段快速发

世界上第一颗人造地球卫星“斯普特尼克”

展时期。1954 年，世界上第一座原子能发电站在苏联投入运行。1956 年，谢苗诺夫因研究出化学链反应理论而获诺贝尔奖。1957 年，苏联研制的世界上第一艘原子能破冰船“列宁”号下水。同年，苏联发射了世界上第一颗人造地球卫星，这一重大事件使苏联的“冷战”对手美国极为震惊。1961 年，加加林乘“东方号”宇宙飞船完成了人类有史以来的第一次宇宙飞行，它表明苏联的宇航业已经处在世界的最前列。1962 年，物理学家朗道由于对液氦理论的研究而荣获诺贝尔奖。1964 年，巴索夫和普罗霍罗夫因在量子电子学领域的基础性研究成果而获得了诺贝尔奖。航空设计师、苏联科学院院士图波列夫领导科学家们研制出 100 多个型号的军用和民用飞机，图波列夫先后创造了 78 项世界纪录，成为苏联航空史上的“一代天骄”。同图波列夫齐名的是苏联航天学功臣谢·科洛廖夫，在他的领导下，苏联制造出第一颗人造地球卫星。另外，他还指挥研制了多种用途的卫星。加加林乘坐的“东方号”宇宙飞船就是他领导设计的。

苏联的世界超级大国地位在勃列日涅夫时期确立下来。勃列日涅夫时期，苏联不断扩充军队，增加军费开支。从20世纪60年代末起，苏美军事实力的差距越来越小。苏联一直把拥有强大的军备和核威慑力看作是推行外交政策的先决条件。将国民经济中80%的工业投资用于发展重工业尤其是军事工业。20世纪70年代初，苏联将洲际导弹、潜艇发射导弹的数量从原来相当于美国的1/3增加到与美国数量对等。70年代中期，又发展到超过美国50%。军事实力的增强对苏联国民经济的发展并没有起到积极作用，反而导致了经济的停滞。资金的不足制约了科学的发展。人们虽然在研究科学集约化的课题，但是，科学的潜力并没有挖掘出来，科研与生产脱节的现象十分严重。长期以来，苏联科学的部门发展很不平衡，与重工业，特别是与军工相关的领域一直受到国家的重视，而与人民生活密切联系着的轻工业及农业各学科却被严重冷落。意识形态因素的影响导致苏联在控制论、信息论及电子学等前沿科学方面长期处于落后状态。“停滞”时期隐藏的危机到20世纪80年代中期全部爆发出来。戈尔巴乔夫时期，苏联的轻工业品、日用品严重短缺，食品、服装、鞋帽，甚至连手纸等日用品都要用外汇进口，这无疑使滑坡的经济雪上加霜。直到20世纪90年代初，苏联轻纺工业中许多领域在技术上仍跟不上时代的步伐。如苏联的牛仔布染色工艺水平十分低下。虽然苏联中亚地区能够为牛仔布的制作提供优质原料——长绒棉，但是，拙劣的染色工艺使苏联自产的牛仔服在色调上比其他国家的同类产品低档得多，老百姓只好花高价买进口产品。电子科学的停滞使周边国家的电子表、收录机、录（音）像带等产品在20世纪90年代初走俏苏联市场。戈尔巴乔夫的加速科技发展战略因国内局面的混乱而未能有效地实施。

戈尔巴乔夫时期，苏联的社会科学领域出现了重大变化。在消除历史的“空白点”的过程中，苏联掀起了一股史学热。1988年，苏联国家人民教育委员会作出了取消中学所有历史考试的决定，代之以不进行评分的公开讨论。苏联官方认为，过去的教科书是“一代一代传下来的谎言”，因此需要编写新的历史教科书。在20世纪80年代末出版的新编历史教科书中，传统的革命史和政治史内容被取消，重点叙述的是以前不涉及或很少涉及的内容，这表明苏联史学研究方向发生了根本的变化。一些历史上的冤案错案，如布哈林案、李可夫案、马克思列宁主义联盟案、莫斯科中心案、托洛茨基—季诺维也夫反苏联合中心案等得到了平反，当事人的名誉得到恢复。同时，苏联史学研究的视野变得更加开阔，以全球文明史为背景的苏联文明史研究开始起步。苏联史学界、思想界对列宁等重大历史人物进行重新评价。在哲学及艺术领域，以否定苏联现存制度为动机的五花八门的西方思潮迅速蔓延开来。

第十六章 苏联解体和解体后的文化求索

第一节 苏联解体

戈尔巴乔夫，1978年当选为苏共中央书记，1980年起为中央政治局委员，1985年3月11日入主克里姆林宫，任苏共中央总书记。在同年4月召开的苏共中央全会上，戈尔巴乔夫提出了包括民主化、公开性和新思维等内容的改革设想，积极推行改革。1986年2月25日至3月6日，苏共召开第二十七次代表大会。戈尔巴乔夫代表苏共做政治报告，对赫鲁晓夫提出的“全面开展共产主义建设”和勃列日涅夫提出的“发达社会主义”等观点进行了批评。他强调，苏联处在发达社会主义的起点，现阶段苏联纲领性的任务是“有计划地全面完善社会主义”。大会通过了“加速发展战略”，并决定进行经济和政治的根本改革。这次代表大会被认为是苏联大规模社会改革的开端。

戈尔巴乔夫的《改革和新思维》是应美国出版商的要求撰写的。1987年11月，该书由苏联政治书籍出版社、美国哈泼－罗公司分别用俄文和英文同时出版，在国际社会引起了广泛的轰动。不久，就有包括中文版在内的多种文字的版本问世。戈尔巴乔夫在书中对斯大林20世纪30年代的工业化、农业集体化，对赫鲁晓夫的内外政策，对勃列日涅夫和柯西金1965年开始的经济改革等问题，重新作了评价；并对苏联当时正在进行的改革的实质、内容、步骤、问题和前景作了介绍。戈尔巴乔夫说：世界已今非昔比，世界上的新问题再不能按照过去世世代代留下来的思维方式来解决了。他还说，他写这本书的目的，是想同各国人民直接对话。

在上编“改革”中，戈尔巴乔夫强调，苏联社会已经活动起来了，不能让它停下来，应让公开性大放光明，走民主化的道路。他还提出，改革就是革命，要坚决加快苏联的经济社会发展和精神发展速度，就要在走向崭新状态的道路上实现根本改革，这无疑是一次革命性任务。在下编“新思维与世界”中，戈尔巴乔夫详尽论述了新的政治思维的基本原则。他认为，核战争不可能成为达到政治、经济、意识形态及其他任何目的的手段。他认为他的这个结论具有真正的革命性质，因为它与传统的关于战争与和平的概念彻底决裂。须知，战争的政治功能一向是它为自己辩护的理由，使它具有“合理的”意义。核战争是毫无意义的，反理智的。在全球性的核冲突中，既没有胜利者，也没有失败者，但世界文明将不可避免地被摧毁。

1988 年 6 月底，苏共在莫斯科召开第代表会议。会议的中心议题是政治体制改革的问题。戈尔巴乔夫认为，苏共第二十七次代表大会召开后，经济改革之所以成效不大，主要的原因是政治改革滞后。他在《关于苏共二十七大决议执行情况和深化改革的任务》的报告中，明确提出政治体制改革问题，围绕着这个问题，会议通过了《关于苏联社会的民主化和政治体制改革》《关于同官僚主义斗争》《关于民族间关系》《关于公开性》《关于法制改革》，以及《具体实施国家政治体制的若干紧急措施》等决议。但是，苏联的社会危机没有发生任何实质性的改变。

1990 年 7 月上旬，苏共在国内政治、经济、民族诸方面的危机不断加剧的情况下，召开了第二十八次代表大会。大会通过了新党章和苏共纲领性声明《走向人道的和民主的社会主义》，以及《关于经济改革和向市场经济过渡》等重要文件。苏共纲领性声明指出：苏联共产党是以社会主义为选择，以共产主义为前景，以建设人道的、民主的社会主义为前进目标的党。它将同“专制的官僚体制彻底决裂”，放弃“政治垄断地位”，放弃“包揽国家和经济管理机构的做法”，变“国家党”为“政治领袖党”。大会认为，为改变苏联社会发展陷于困境、社会动荡加剧的状况，应尽一切努力使改革作为一种和平革命向前发展。苏共民主纲领派首领叶利钦、莫斯科市市长波波夫、列宁格勒市苏维埃主席索布恰克等 8 人公开表示了对这次党代会的不满，宣布退出苏共。会后苏共党内明显分成 3 派，即人道的、民主的社会主义纲领派，也称“主流派”“中间派”；民主纲领派，也称“激进派”；马克思主义纲领派，也称“传统派”或“保守派”。

戈尔巴乔夫的“新思维”及他所领导的政治经济改革，没有有效地解决苏联社会的矛盾，反而加剧了各种社会矛盾，特别是久已存在的民族矛盾更加尖锐。1990 年 3 月 11 日，立陶宛首先宣布独立，表示不再受苏联宪法和苏联法律的约束。不久，爱沙尼亚、拉脱维亚等也相继发表《独立宣言》，其他一些加盟共和国也都发表主权宣言，宣布共和国的宪法和法律高于一切；还有的加盟共和国要求建立自己的军队，发行自己的货币，民族矛盾越来越尖锐，多次出现了流血冲突，统一的苏联国家面临着解体的严重威胁。

1991 年 8 月 19 日凌晨，苏联副总统亚纳耶夫发布命令宣布：鉴于苏联总统戈尔巴乔夫的健康状况，已不能履行总统职务，根据苏联宪法，副总统即日起履行总统职务；同时还宣布，已成立了苏联国家紧急状态委员会，该委员会由代总统亚纳耶夫、苏联国防会议第一副主席巴克拉诺夫、苏联国家安全委员会主席克留奇科夫等 8 人组成。当日下午，亚纳耶夫在记者招待会上宣布，紧急状态委员会正承担起对祖国命运的责任，并充满决心要采取最严厉的措施，使国家和社会尽快摆脱危机。莫斯科军区司令加里宁上将被任命为莫斯科市卫戍司令，并授权他发布保障紧急状态得以实施必须执行的命令的权力。8 月 21 日下午，形势发生急剧的变化，当晚，戈尔巴乔夫发表声明，宣布他已经控制了局势，恢复了同外界的联系，近日内将完全恢复总统的职权。22 日，戈尔巴乔夫从黑海休养地克里米亚返回莫斯科，并在记者招待会上宣布苏联已经进入变革的决定性阶段。权力在变化，所有制关系在变化，联邦也在变化。

“8・19”事件后，苏联政局发生急剧变化。执政 80 多年的苏联共产党被停止活动，苏共在国家机关、军队和企业中的党组织被取消并中止一切活

苏联解体

动，苏共的办公楼和财产被没收，档案被接管，原来的苏共已经不再存在。与此同时，苏联解体的进程明显加快，乌克兰、白俄罗斯、乌兹别克、哈萨克斯坦、摩尔多瓦、吉尔吉斯斯坦、塔吉克斯坦、亚美尼亚、土库曼斯坦、爱沙尼亚、拉脱维亚、阿塞拜疆等先后宣布独立，联盟名存实亡。12 月 25 日晚，戈尔巴乔夫发表电视讲话，宣布他停止在苏联总统职位上的活动。7 时 32 分，苏联国旗从克里姆林宫降下，7 时 45 分，一面三色的俄罗斯联邦国旗升至克里姆林宫上空，克里姆林宫成为俄罗斯的总统府，苏联解体。

第二节　苏联解体后俄罗斯文化的多元化

俄罗斯文化的多元化，首先在俄罗斯文学中有突出的表现。俄罗斯文学的突出特点之一，是文学与社会生活有着密切联系，文学作品表现社会生活甚至干预社会生活。现实主义是俄罗斯文学的重要传统，文学从来不是“纯粹”的文学，它要承担很多社会功能，苏联解体前后都是这样。这也就是说，要充分认识俄罗斯文化的历史联系。俄罗斯文化的多元化，并不是在解体后才出现，只是在“解体”后，有其特定的时代特点而已。这正如有学者所认为的那样：俄罗斯人有两极性：他们一方面是天生的国家主义者，另一方面也是天然的“无政治”主义者。俄罗斯双头鹰的形象，一边是无政治主义者，一边是国家主义者。例如，米哈伊尔·波波夫创作的《莫斯科佬》是近年俄罗斯的畅销小说，看起来像是一部侦探小说，小说人物遭遇曲折，情节惊险，但这只是一个切入点。该小说在深入刻画人物性格、展现世态的同时，也以独特的视角反映了俄罗斯与乌克兰的关系问题。作品有广泛影响，被翻译成中、英、法、德、阿拉伯和拉脱维亚语。

20 世纪 80 年代，解体前的苏联曾经出现开放“禁书”的热潮。苏联解体后，开放“禁书”仍然在继续，并表现出不同的特点。据不完整统计，80 年代开放的“禁书”有 7930 种，这些作品中相当一部分是“持不同政见者”的著作。“开放禁书”推动了对受到不公正对待的作家和诗人的重新评价。例如，苏联作家扎米亚京十月革命前曾加入布尔什维克，期间积极参加革命活动，两次被流放。1912 年，扎米亚京发表了《外省小城》，备受文学界关注。1917 年秋，他回国投入革命后的文化建设，加入高尔基主持的世界文学出版社工作，为其主办的《新生活报》撰稿。1920 年，扎米亚京完成了《我们》的创作，但在国内却无法出版。1924 年英译本《我们》在国外出版，这迫使他退出作家协会，流亡法国，最后客死巴黎。《我们》是一部融科幻与社会讽刺于一体的长篇小说。讲述“我”——未来的大统一王国的数学家、设计师的故事。大统一王国由大恩主领导，人们高度一律，都没有独特的姓名，只有编号。这个王国的人们连作息都严格按照王国下发的作息时间戒律表来进行。王国的人们也不可能自己去找对象，而是在统一领导下由王国的有关机构指定对象。王国给那些有编号的男女发一种粉红色的小票，让他们凭票进行性生活。1922 年，扎米亚京被认为是“反革命分子”和“反动作家”，在彼得格勒被逮捕，一度被关进牢房，长篇小说《我们》也被查禁。20 世纪 80 年代，扎米亚京和他的《我们》又重新出现在苏联读者面前，《旗》和《文学评论》等杂志重新刊发了扎米亚京的著作，作家出版社还出版了《扎米亚京作品选》，不仅在政治上为他彻底平反，而且对他在艺术上的成就给予充分肯定。

苏联解体后，在莫斯科曾举办苏联时期的地下文学作品展，展览名为“萨米兹达特”。俄语中的“萨米兹达特”一词，由“自己”和“出版”两词组合而成。所谓“萨米兹达特”，特指作者或读者自行以手抄，或用打字机在复写纸上打印、装订，甚至亲手绘制插图，而后手手相传的地下图书。许多著名的苏联小说家和诗人的作品，如帕斯捷尔纳克的《日瓦戈医生》、布尔加科夫的《大师和玛格丽达》，以及阿赫玛托娃、古米廖夫和曼捷斯塔姆的诗歌等，一度只能以萨米兹达特的形式在大众中间流传。有不少人认为，苏联解体后，苏联时期的一些著名的作家，如高尔基、马雅可夫斯基、法捷耶夫，以及肖洛霍夫等，可能会因是苏联社会主义建设的“吹鼓手”，而被逐出文学史和公众视野，但事实并不是这样。以 1994 年出版的《二十世纪俄罗斯文学史》为例，尽管这部著作新增加了扎米亚京、古米廖夫、阿赫玛托娃、茨维塔耶娃、巴别尔、普拉东诺夫、布尔加科夫等长期被排斥在苏联文学史之外的作家，但是，高尔基、马雅可夫斯基等“红色作家”仍然被包括在内，编写者强调，只有这样才能完整地反映出俄罗斯文学的全貌。

在历史认识方面，苏联解体之初，俄罗斯史学界提出以文明为标志的“文明史观”时，曾出现全面否定马克思主义唯物史观的情况。随着历史研究的不断深入和社会环境的变化，越来越多的人放弃了全盘否定苏联时期史学理论与方法的绝对化做法。马克思主义社会经济形态发展理论也有其存在的合理性，它的主要贡献在于为人类指出了以经济为基础去揭示历史奥秘的思路。在历史认识多元化的主张下，以前被禁止的马克斯·韦伯、斯宾格勒、汤因比等人的著作都可以出版了，西方史学理论方法论也都被介绍到俄罗斯史学界。

俄罗斯历史研究的领域明显地拓宽了，社会史、人口史、城市史、经济史、民族史、妇女史、家庭史等研究的选题和成果明显地增加了。不仅如此，还提出了一些新的问题，例如，关于革命与改良的关系问题，以往强调革命，轻视改良，把革命作为划分时代的标志，如把英国资产阶级革命作为世界近代史开端，把俄国十月革命作为世界现代史开端等。现在则加强对改良的研究，把改良视为一种独立的、重要的力量，而非是革命的副产品。沙皇亚历山大一世、亚历山大二世、亚历山大三世和保罗一世时期的改革，乃至维特和斯托雷平改革，都成为时髦的历史研究选题。

从 20 世纪 90 年代末俄罗斯的史学出版，可看出解体后俄罗斯史学发展的上述特点。这些出版物主要有波赫列勃金的《罗斯、俄国和苏联外交政策一千年》（1995 年）、达尼洛夫的《苏维埃时期的俄罗斯持不同政见史》（1995 年）、维林斯基的《俄罗斯——历史各阶段》（1995 年）、普拉东诺夫的《20 世纪的俄罗斯秘史（斯大林时期）》（1996 年）、布德尼茨基的

《19—20 世纪的俄罗斯恐怖活动史》（1996 年）、尼古拉耶夫的《20 世纪的主要轰动事件》（1996 年）、康达科娃编的《公开的档案》（1997 年）、达尼列夫斯基等《史料学、理论、历史和方法——俄罗斯史料》（1998 年）、根金的《俄国银行与经济政策》（1997 年）、列彼娜的《苏联城市的日常生活（1920 年—1930 年）》（1999 年）、潘根耶夫的《俄罗斯民族的习俗与传统》（1999 年）、伊金别尔格的《俄国知识分子与西方（19 世纪）》（1999 年）、杜科夫的《18—19 世纪的俄国消遣文化》（2000 年）、阿依梅尔马赫尔的《苏联和后苏联时期的民族史》（1999 年）、吉莫什娜的《俄罗斯经济史》（2000 年）、里姆斯基的《19 世纪的俄国东正教会》（顿河罗斯托夫，1997 年）和《19 世纪的东正教会与国家》（顿河罗斯托夫，1998 年）、杜布罗沃尔斯基的《古拉格：建设者、居户和主人——古拉格集中营对东正教会的剥夺与排挤》（1999 年）、谢亚尼夫斯卡娅的《20 世纪的战争心理学：俄国的历史经验》（1999 年）。

解体后俄罗斯的多元文化，主要是相对于斯大林时代的苏维埃文化、赫鲁晓夫时代的文化“解冻”“封冻”，以及戈尔巴乔夫的“新思维”和苏维埃文化的最后历程而言。人们在思考解体后俄罗斯文化的历史继承性和延续性时，也在思考这个时期俄罗斯多元文化发展的环境和状况。俄罗斯多元文化表现在各个方面，除上述已经提及的，俄罗斯电影作为大众的文化消费产品，在解体后经历了困惑和危机，否定苏联社会的“反思电影”、揭示社会现实的“社会电影”，以及对战争进行不同阐释的“战争电影”等活跃在俄罗斯银幕上。“多元化”，不仅在内容上，而且在电影表现的艺术风格上也是如此，影片编导个人意志的表达、语言风格、叙事结构，以及银幕形象的塑造等都是多元的。这方面影响较大的影片是：《阿富汗创伤》（1991 年）、《微笑》（1991 年）、《死亡岛》（1992 年）、《深渊》（1992 年）、《浑浊的河流上》（1993 年）、《我只有你一个》（1993 年）、《迷恋》（1994 年）、《狗年》（1994 年）、《夏日的人们》（1995 年）、《母与子》（1996 年）、《聋人之国》（1997 年）、《望月》（1997 年）、《金盏花》（1998 年）、《西伯利亚理发师》（1999 年）、《罗曼诺夫帝王之家》（2000 年）、

《静静的港湾》（2000年）、《姐妹》（2001年）、《俄罗斯方舟》（2002年）、《回归》（2003年）等。

第三节　俄罗斯社会中的宗教热

1988年，是东正教传入俄罗斯的第1000年，人们为纪念这个日子而提出的口号是：“俄罗斯与东正教——共同的历史，共同的母亲！”无论是在苏联时期，还是在苏联解体后，一种有影响的观点是：东正教深刻地影响着俄罗斯国家、俄罗斯民族、俄罗斯文化和俄罗斯的民族精神，东正教不仅使俄罗斯人民保持着统一思想和民族意识，对于俄罗斯国家的形成，东正教也起了巨大作用。在苏联时期，东正教先后经历了被剥夺时期、政教关系正常化时期、潜在复苏时期和逐步繁荣时期。1917年苏维埃国家建立后，颁布了一批有关宗教的法令，宣布实行宗教信仰自由政策，然而在实践中，苏联领导人在对待宗教的态度上，长期以来过多地强调无神论与宗教的对立性，无视和平时期宗教在人们思想道德和社会文化中的积极作用，由此导致苏联宗教矛盾突出。

1990年10月苏联解体前夜，苏联颁布了《信仰自由和宗教组织法》，赋予宗教组织以法人地位，取消了对宗教团体的限制，扩大了宗教团体参与社会政治生活的范围。因受到压抑的宗教信仰与宗教感情集中爆发，东正教、天主教及伊斯兰教在20世纪80年代末90年代初迅速发展起来。教徒人数、宗教活动场所、宗教学校数量大幅增加。东正教活动场所在80年代只有7000多处，到1990年初增加到2万多处。1985年，全苏只有两个伊斯兰宗教团体登记，而到1989年则有202个。从1987年起在短短的三四年间，中亚地区的清真寺就由16座激增至5000多座。1991年，苏联解体以后，长期受压制的宗教开始反弹，东正教等宗教以不可抵挡的势头在俄罗斯迅速复兴起来，到处都在翻修或者重新起用教堂，到1995年，仅莫斯科就修复和新建326座教堂，年轻人的婚礼多在教堂举行，新生儿普遍受洗，人临死之前又恢复了祷告和忏悔的仪式，《圣经》经常被作为礼物送给他人。然而，东正教并非是俄罗斯单一的宗教信仰。

1993 年，俄罗斯联邦《宪法》规定，俄罗斯联邦是世俗国家，任何宗教都不能被确定为国教或必须信奉的宗教；宗教与国家分离，在法律面前人人平等。同时还规定，宪法保障公民的宗教信仰自由，包括公民信奉或不信奉宗教的权利、传播宗教并进行相应活动的权利。1997 年 9 月，俄罗斯国家杜马和联邦委员会又通过了《俄罗斯联邦宗教自由和宗教团体法》，不仅重申了 1993 年宪法中规定的上述条文，而且对其做了详细的诠释和补充：俄罗斯联邦承认俄罗斯东正教在俄罗斯历史上、在俄罗斯精神及文化的形成和发展过程中所起的重要作用，同时尊重天主教、伊斯兰教、佛教、犹太教和其他成为俄罗斯人民历史财产不可分割的一部分的各派宗教。同时修改了宗教团体的组成规定，规定只要有 10 名信徒就可以组织一个宗教团体，因此形形色色的宗教团体在这时纷纷出现。据不完整统计，到 1995 年初，俄罗斯登记在册的宗教团体已超过 1.1 万个，俄罗斯出现了名副其实的“宗教热”，宗教对于俄罗斯的社会生活、道德生活，甚至政治生活，都产生了十分深远的影响。例如，在社会转型过程中，宗教教义可以起着某种道德规范的作用，对人们的社会行为产生一定的约束力。它还能给一些精神痛苦的人以安慰，让他们把宗教作为生活的力量。

“宗教热”的表现之一，是无神论者的人数日趋减少，由 1990 年占被调查总人数的 16% 下降到 1996 年的 5.5%。在 20 世纪 90 年代中期，东正教也进入了它自传入俄罗斯以来发展的鼎盛时期。1994 年 3 月，时任俄罗斯国防部长的格拉乔夫大将与俄罗斯东正教大牧首签署联合声明：俄联邦军队与东正教会携手合作，共同致力于军队的精神道德教育和爱国主义教育，军校中开设宗教历史课。军人工作委员会专门成立了宗教事务处，处理涉及宗教的事务。俄罗斯东正教从此在军队获得了合法的地位。俄罗斯还开设了各种各样的东正教学校，学生人数不断增加。东正教会还积极开展社会福利和慈善活动，为教区、养老院和孤儿院提供医疗服务等人道主义援助，日渐成为俄罗斯公众生活的一个重要组成部分，宗教与国家进入了新的和谐发展时期，教会在这方面的作用不可替代。

俄罗斯东正教教堂

苏联解体后，俄罗斯的出版业为宗教热起了推波助澜的作用。在普希金、果戈理和托尔斯泰、高尔基等俄罗斯文豪著作的印数趋减的情况下，宗教性著作的印数却明显地增加。诸如《基督教百科全书》《东正教基础》《新旧约全书简明图解》《通用圣经辞典》《儿童圣经故事》《插图本圣经》《我们的传统》等图书大量出版。这些书籍不仅在书店、书亭和教堂、修道院销售，还通过各级学校赠送，有些通俗性的普及读物，甚至能做到学生人手一册。例如，流传甚广的小册子《对话：对非信徒问题的答复》，其编写宗旨是帮助读者“消除通往基督教之路上遇到的某些迷惘”，使读者知道“通向基督教比您想象的要容易得多”。有些著作还强调，俄国人民的历史与东正教会的历史密切联系。对于每个人一生中的几个关键时刻：出生、结婚和死亡，宗教都赋予它们极为重要的意义。

此外，宗教哲学家的著作受到空前的重视。例如，别尔嘉耶夫的著作大量出版，如《历史的意义》《自由的哲学》《精神王国与恺撒王国》《论人的使命》《精神与实在》《论人的奴役与自由》等。别尔嘉耶夫，1874 年 3 月 6 日生于俄国基辅一贵族家庭，早年就读于基辅的圣弗拉基米尔大学自然学系。十月革命后曾任莫斯科大学历史和哲学系的教授。1921 年因涉“策略中心”案被捕，后被驱逐出俄国，先在德国柏林居住，后长期定居于法国，直至去世。在侨居国外期间，别尔嘉耶夫写出了一系列的重要著作，跻身于当时欧洲最重要的哲学家的行列，被誉为“当代最伟大的哲学家和预言家之一”。别尔嘉耶夫认为耶稣基督虽然昭示了人类的自由之路，提出了人类解放的宏伟蓝图，但是历史上的基督教是不成功的。别尔嘉耶夫提倡“新基督教”，认为在新基督教中基督的精神将建立身体和灵魂、个人与社会的和谐，解放人类被束缚的创造力。

后　记

习近平主席指出："不同文明没有优劣之分，只有特色之别。要促进不同文明不同发展模式交流对话，在竞争比较中取长补短，在交流互鉴中共同发展，让文明交流互鉴成为增进各国人民友谊的桥梁、推动人类社会进步的动力、维护世界和平的纽带。"我们编写这套丛书的目的是为中国广大读者朋友了解世界其他国家和地区文明服务，为加深不同文明之间的交流和互鉴服务，为实现中华民族伟大复兴的中国梦、推动构建人类命运共同体服务。

倪培耕同志对丛书写作的总体思路、基本原则和内容构架等提出许多富有创见的新观点，负责撰写各分册的作者开展了高效和富有创造性的辛勤工作，曹启璋同志对本套丛书的出版给予了大力支持，刘雨同志对本套丛书进行了精心设计，在此致以最衷心的感谢。

由于时间、人力、物力及水平等多方面的限制，丛书在编辑的过程中，可能还会存在这样那样的问题，恳请读者朋友们谅解，并提出宝贵意见。

文明因交流而多彩，文明因互鉴而丰富，愿这套丛书对文明交流互鉴有所助益。

再次感谢所有关注、支持、帮助本套丛书出版工作的朋友和同志们！

编　者